U0616649

高等学校交通运输专业规划教材

普速铁路技规基础教程

左大杰　何必胜　张守帅　薛　锋　主编

西南交通大学出版社
·成　都·

内容简介

本书介绍了我国普速铁路技术管理的基本规章，是一本较为全面的介绍普速铁路技术规章的基础教程。主要内容包括：绪论、技术设备、编组列车、调车工作、行车闭塞、接发列车、列车运行、安全工作、案例分析等九章内容。

本书就普速铁路技术规章进行基础知识的描述，侧重说明了普速铁路各部门、单位、工种在从事铁路运输生产时，必须遵循的基本原则及工作方法。本书适合高等学校交通运输相关专业（方向）学生使用，也适合从事铁路运输组织工作和研究的科研人员参考。

图书在版编目（C I P）数据

普速铁路技规基础教程／左大杰等主编. 一成都：
西南交通大学出版社，2023.1
ISBN 978-7-5643-8906-2

Ⅰ . ①普… Ⅱ . ①左… Ⅲ . ①铁路运输－技术管理－
管理规程－中国－高等学校－教材 Ⅳ . ①U29-65

中国版本图书馆 CIP 数据核字（2022）第 165476 号

Pusu Tielu Jigui Jichu Jiaocheng
普速铁路技规基础教程

左大杰　何必胜　张守帅　薛　锋／主　编　　　　责任编辑／周　杨
封面设计／何东琳设计工作室

西南交通大学出版社出版发行
（四川省成都市金牛区二环路北一段 111 号西南交通大学创新大厦 21 楼　610031）
发行部电话：028-87600564　　028-87600533
网址：http://www.xnjdcbs.com
印刷：成都中永印务有限责任公司

成品尺寸　185 mm×260 mm
印张　13.25　　字数　288 千
版次　2023 年 1 月第 1 版　　印次　2023 年 1 月第 1 次
书号　ISBN 978-7-5643-8906-2
定价　38.00 元

课件咨询电话：028-81435775

【 前 言 】 >>>>

　　《铁路技术管理规程（普速部分）》规定了普速铁路各部门、单位、工种在从事铁路运输生产时必须遵循的基本原则、责任范围、工作方法、作业程序和相互关系，规定了信号的显示方式和执行要求。

　　车务系统是铁路大系统的重要子系统之一，在行车组织中发挥着重要作用。随着铁路的快速发展，为适应铁路运输专业发展以及培养相关人才的需求，我们编写了本书。

　　本书共分为九章，第一章绪论，阐述了铁路法律法规及规章体系，以及铁路规章的主要作用；第二章技术设备，对铁路线路、道岔、区间划分、铁路信号、通信、机车车辆、供电给水、铁路信息系统，以及房屋建筑和铁路用地进行了分析；第三章编组列车，针对列车的基本定义以及列车编组的基本要求进行了总结；第四章调车工作，介绍了调车工作基本要求、计划及准备、调车作业的具体作业等内容；第五章行车闭塞，描述了半自动闭塞、自动闭塞、自动站间闭塞、电话闭塞等不同方式闭塞的主要内容；第六章接发列车，对接发列车的基本要求进行了分析；第七章列车运行，介绍了列车运行过程中出现突发情况时的应对方法；第八章安全工作，对普速铁路安全工作进行了总结；第九章案例分析。

　　本书第一、第三章由左大杰编写；第二、第八章由薛锋编写；第四、第六章由何必胜编写；第五、第七、第九章由张守帅编写。全书由左大杰统稿。

　　本书适合高等学校交通运输相关专业（方向）学生使用，也适合从事铁路及城市轨道交通行车有关工种的工程技术人员参考。

　　本书获得西南交通大学校级教材建设项目的资助，在此表示感谢。

　　本书在编写过程中参考了相关文献，在此对相关作者表示衷心的感谢！

　　由于铁路技术设备以及行车组织理论与实践仍在快速发展中，以及编者水平和能力所限，本书难免会存在不足之处，欢迎读者批评指正。

编　者

2022 年 3 月

【 目 录 】 >>>>

第一章 绪 论

本章重点：

✧ 铁路法律法规及规章体系

✧ 《技规》概述

众所周知，铁路具有极高的安全性，这是其重要技术经济特征之一。但是，铁路列车运行速度可达 350 km/h，列车质量可达 20 000 t，具有如此巨大动能、动量的物体，其危险的物理属性和面临的风险是不言而喻的。那么，铁路安全的技术属性从何而来？这正是本书将要探讨的主题。

第一节　铁路法律法规及规章体系

铁路是由车、机、工、电、辆以及供电、信息等子系统共同构成的一个复杂大系统。如何组织该系统安全、高效生产是一个复杂的问题，必须有一整套法律法规及规章制度体系予以保证，主要包括法律、行政法规、法规性文件、部门规章、规范性文件等五个层级。

一、铁路法规制度

1．法　律

与铁路运输有关的法律主要包括《中华人民共和国铁路法》(以下简称《铁路法》)、《中华人民共和国安全生产法》(以下简称《安全生产法》)。此外，全国人民代表大会常务委员会涉及铁路法律的决定，最高人民法院、最高人民检察院涉及铁路的解释，也归于此类范畴。

（1）《中华人民共和国铁路法》。

为了保障铁路运输和铁路建设的顺利进行，适应社会主义现代化建设和人民生活的需要，制定《中华人民共和国铁路法》。

1990 年 9 月 7 日第七届全国人民代表大会常务委员会第十五次会议通过，自 1991 年 5 月 1 日起施行，是我国管理铁路的第一部大法。距今先后经历过两次修订，根据 2009 年 8 月 27 日第十一届全国人民代表大会常务委员会第十次会议《关于修改部分法律的决定》第一次修正；根据 2015 年 4 月 24 日第十二届全国人民代表大会常务委员会第十四次会议《关于修改〈中华人民共和国义务教育法〉等五部法律的决定》第二次修正。

该法适用于：国家铁路、地方铁路、专用铁路和铁路专用线。

（2）《中华人民共和国安全生产法》。

2002 年 6 月 29 日第九届全国人民代表大会常务委员会第二十八次会议审议通过了《中华人民共和国安全生产法》（以下简称《安全生产法》），自 2002 年 11 月 1 日正式实施。

《安全生产法》是安全生产的专门法律，它确立了我国安全生产的基本法律制度，适用于中国境内所有从事生产经营活动的单位的安全生产。相关法律、行政法规对消防安全、道路安全、水上交通安全、民用航空安全等另有规定的，从其规定；没有规定的，同样要适用《安全生产法》。

根据 2014 年 8 月 31 日第十二届全国人民代表大会常务委员会第十次会议《关于修改〈中华人民共和国安全生产法〉的决定》第二次修正。根据 2021 年 6 月 10 日第十三届全国人民代表大会常务委员会第二十九次会议《关于修改〈中华人民共和国安全生产法〉的决定》第三次修正。《全国人民代表大会常务委员会关于修改〈中华人民共和国安全生产法〉的决定》已由中华人民共和国第十三届全国人民代表大会常务委员会第二十九次会议于 2021 年 6 月 10 日通过，现予公布，自 2021 年 9 月 1 日起施行。

2．行政法规

行政法规一般由国务院以"条例"的形式发布，如《铁路安全管理条例》《铁路交通事故应急救援和调查处理条例》等。各省级人民政府也可以"条例"的形式发布行政法规，如《四川省铁路安全管理条例》。以下简要介绍《铁路安全管理条例》和《铁路交通事故应急救援和调查处理条例》。

（1）《铁路安全管理条例》。

《铁路安全管理条例》是经 2013 年 7 月 24 日国务院第 18 次常务会议通过，并在 2013 年 8 月 17 日中华人民共和国国务院令第 639 号公布的文件，自 2014 年 1 月 1 日起施行。该条例分总则、铁路建设质量安全、铁路专用设备质量安全、铁路线路安全、铁路运营安全、监督检查、法律责任、附则共 8 章 108 条。该条例中第 108 条决定，自 2014 年 1 月 1 日起废止 2004 年 12 月 27 日国务院公布的《铁路运输安全保护条例》。

（2）《铁路交通事故应急救援和调查处理条例》。

为了加强铁路交通事故的应急救援工作，规范铁路交通事故调查处理，减少人员伤亡和财产损失，保障铁路运输安全和畅通，根据《中华人民共和国铁路法》和其他有关法律的规定，制定了《铁路交通事故应急救援和调查处理条例》。

《铁路交通事故应急救援和调查处理条例》是经 2007 年 6 月 27 日国务院第 182 次常务会议通过，2007 年 7 月 11 日中华人民共和国国务院令第 501 号公布的文件；根据 2012 年 11 月 9 日中华人民共和国国务院令第 628 号公布，自 2013 年 1 月 1 日起施行的《国务院关于修改和废止部分行政法规的决定》修正。该条例分总则、事故等级、事故报告、事故应急救援、事故调查处理、事故赔偿、法律责任、附则共 8 章 40 条，自 2007 年 9 月 1 日起施行。

3．法规性文件

法规性文件一般由国务院或国务院办公厅以文件形式发布。以下主要介绍《国务院关于改革铁路投融资体制加快推进铁路建设的意见》和《国务院办公厅关于支持铁路建设实施土地综合开发的意见》两个法规性文件。

（1）《国务院关于改革铁路投融资体制加快推进铁路建设的意见》。

铁路是国家重要的基础设施和民生工程，是资源节约型、环境友好型运输方式。改革铁路投融资体制，加快推进铁路建设，对于加快工业化和城镇化进程、带动相关产业发展、拉动投资合理增长、优化交通运输结构、降低社会物流成本、方便人民群众安全出行，都具有不可替代的重要作用。近年来，我国铁路发展取得了显著成就，但与经济社会发展需要、其他交通方式和国外先进水平相比，铁路仍然是综合交通运输体系的薄弱环节，发展相对滞后。当前，铁路管理体制进行了重大改革，实现了政企分开，为深化铁路投融资体制改革，更好地发挥政府和市场的作用，促进铁路持续发展创造了良好条件。为此，国务院 2013 年 8 月 9 日印发了《国务院关于改革铁路投融资体制加快推进铁路建设的意见》（国发〔2013〕33 号）。

（2）《国务院办公厅关于支持铁路建设实施土地综合开发的意见》。

为落实《国务院关于改革铁路投融资体制加快推进铁路建设的意见》（国发〔2013〕33 号），实施铁路用地及站场毗邻区域土地综合开发利用政策，支持铁路建设。经国务院同意，2014 年 7 月 29 日印发了《国务院办公厅关于支持铁路建设实施土地综合开发的意见》（国办发〔2014〕37 号）。该意见按照支持铁路建设与新型城镇化相结合、政府引导与市场自主开发相结合、盘活存量铁路用地与综合开发新老站场用地相结合等基本原则，提出了共 18 条意见，对于实施铁路用地及站场毗邻区域土地综合开发利用具有重要意义，是加快铁路投融资体制改革和铁路建设的重要举措。

4．部门规章

部门规章一般由国务院各部委以部令的形式发布。例如：《铁路无线电管理办法》（工业和信息化部 交通运输部令第 56 号）《高速铁路安全防护管理办法》（交通运输部令 2020 年第 8 号）《铁路机车车辆驾驶人员资格许可办法》（交通运输部令 2019 年第 43 号）、《铁路运输企业准入许可办法》（交通运输部令 2014 年第 19 号）《交通运输部关于修改〈铁路运输企业准入许可办法〉的决定》（交通运输部令 2017 年第 31 号）等。

铁路部门 2013 年 3 月实行政企分开之后，部分部门规章至今仍在沿用，如《铁路交通事故调查处理规则》（铁道部令第 30 号）。

1949 年 6 月 2 日，铁道部发布第一部《铁路行车事故处理规则》（以下简称《事规》），同年 6 月 10 日起执行。此后直至 2000 年 4 月 28 日发布第十一部《事规》，同年 7 月 1 日起执行。在 2007 年 7 月 11 日国务院公布《铁路交通事故应急救援和调查处理条例》（国务院令第 501 号）之后，铁道部于 2007 年 8 月 28 日公布第十二部《铁路交通事故调查处理规则》（铁道部令第 30 号），2007 年 9 月 1 日起实行，并沿用至今。

2012 年 11 月 9 日中华人民共和国国务院发布第 628 号令，公布《国务院关于修改和废止部分行政法规的决定》，自 2013 年 1 月 1 日起施行，其中，《铁路交通事故应急救援和调查处理条例》第三十三条被删去，修改为事故造成铁路运输企业承运的货物、包裹、行李损失的，铁路运输企业应当依照《中华人民共和国铁路法》的规定承担赔偿责任。该条例第三十三条规定的原文是：事故造成铁路旅客人身伤亡和自带行李损失的，铁路运输企业对每名铁路旅客人身伤亡的赔偿责任限额为人民币 15 万元，对每名铁路旅客自带行李损失的赔偿责任限额为人民币 2 000 元。

5．规范性文件

规范性文件一般由政府主管部门或行业监督管理部门以文件的形式发布。例如，《国家铁路局关于印发〈国家铁路局政府信息公开实施办法（暂行）〉的通知》（国铁综〔2013〕27 号）、《国家铁路局政府信息公开实施办法》（国铁综〔2019〕21 号）等。

专栏 1-1　山东省铁路安全管理条例（节选）

学习要求：理解本规章在铁路安全生产中的重要作用。

第四章　线路安全

第二十三条　铁路线路安全保护区的范围、划定、公告等，依照《铁路安全管理条例》的规定执行。

铁路隧道结构外、地下车站结构外沿线向外五十米的区域，一并纳入铁路线路安全保护区范围。

第二十四条　铁路建设单位、铁路运输企业应当根据安全保护区划定范围，设置安全保护区标桩或者标识，铁路沿线有关单位和个人应当予以协助。

任何单位和个人不得破坏和擅自移动安全保护区标桩或者标识。

第二十五条　禁止在铁路线路安全保护区内从事下列活动：

（一）烧荒、放养牲畜；

（二）种植影响铁路线路安全和行车瞭望的树木等植物；

（三）排污、倾倒垃圾以及其他危害铁路安全的物质；

（四）法律、法规规定的其他禁止行为。

第二十六条　任何单位和个人不得实施下列危害铁路电气化设施、设备的行为：

（一）向铁路电气化设施、设备抛掷物品；

（二）在铁路电气化线路导线两侧各五百米范围内升放风筝、气球、孔明灯等低空飘浮物体；

（三）攀爬铁路供电杆塔、支柱，或者在杆塔、支柱上架设其他设施、设备；

（四）在铁路供电杆塔、支柱、拉线周围二十米范围内取土、打桩、钻探或者倾倒有害化学物品；

（五）利用铁路供电杆塔、拉线作起重牵引地锚；

（六）在铁路供电杆塔、拉线上拴牲畜、悬挂物品，或者拆卸杆塔、拉线上的器材；

（七）法律、法规规定的其他禁止行为。

任何单位和个人不得在铁路电气化线路导线两侧各五百米范围内升放无人机；确因现场勘查、施工作业等需要升放无人机的，应当征得铁路运输企业同意，并采取必要的安全防范措施。法律、法规另有规定的，依照其规定执行。

第二十七条　从事下列活动，应当征得铁路运输企业同意，签订安全保护协议，并由铁路运输企业对施工现场进行安全监督：

（一）在铁路线路安全保护区内，新建、改建、扩建建筑物、构筑物等设施；

（二）在铁路线路安全保护区内，取土、挖砂、挖沟、采空作业或者临时堆放、悬挂物品；

（三）在铁路线路安全保护区内，架设或者埋置电力、通信线路电缆、管道设施、穿凿通过铁路路基的地下坑道。

在铁路线路路堤坡脚、路堑坡顶、铁路桥梁外侧起向外各一千米范围内，以及在铁路隧道上方中心线两侧各一千米范围内，从事露天采矿、采石或者爆破作业的，应当与铁路运输企业协商一致，并依照有关法律、法规的规定报县级以上人民政府有关部门批准，采取安全防护措施后方可进行。

从事本条第一款、第二款所列活动，危及铁路安全的，应当立即停止相关作业，消除危险后方可恢复作业；影响铁路运输的，建设单位或者施工单位应当给予铁路运输企业合理补偿。

第二十八条　在铁路线路安全保护区的邻近区域采用彩钢瓦、铁皮、塑料薄膜等轻质材料搭建板房、彩钢棚、塑料大棚和铺设防尘网、防晒网的，其产权人或者管理人应当加强管理，采取必要的安全防护措施，防止因掉落、脱落、飘浮影响铁路运输安全。

第二十九条　开发利用铁路隧道顶上的山坡地或者在高速铁路线路两侧山坡地修建山塘、水库、堤坝的，开发利用单位或者建设单位应当征求铁路运输企业的意见；可能影响铁路线路安全的，应当采取有效防护措施。

第三十条　铁路线路安全保护区与公路建筑控制区、河道管理范围、水利工程管理和保护范围、航道保护范围或者石油、电力以及其他重要设施保护区重叠的，各相关部门应当建立安全保护沟通协调机制，共同制定安全防护方案，落实安全保护措施。

第三十一条　铁路线路安全保护区内依法建设的油气管线以及通信线路、电力线路、渡槽等设施，其产权人或者使用人应当加强日常巡查维护，采取必要的安全防护措施，及时排除安全隐患；发现安全隐患不能及时排除的，应当立即报告当地县级人民政府有关部门。

产权不清或者管理主体不明的上跨铁路的桥梁、渡槽、管线和下穿铁路的涵洞等设施，由当地县级人民政府组织有关部门与铁路运输企业予以拆除；不能拆除的，由当地县级人民政府有关部门指定维护管理单位，落实安全管理责任。

第三十二条　在铁路线路两侧建造、设立生产、加工、储存或者销售易燃、易爆或者放射性物品等危险物品的场所、仓库，应当符合国家标准、行业标准规定的安全防护距离。

第三十三条　对铁路沿线既有的已取得许可、但是不符合安全防护距离要求的管道或者其他设施、设备，当地县级人民政府有关部门应当进行重点监管，并按照国家有关规定进行安全评价，有关产权人或者使用人应当根据评价结果采取必要的安全措施；经评价无法保证安全的，由县级人民政府有关部门责令产权人或者使用人立即停止使用相关设施、设备。

第三十四条　高速铁路线路路堤坡脚、路堑坡顶或者铁路桥梁外侧起向外各二百米范围内禁止抽取地下水。

在前款规定范围外，高速铁路线路经过的区域属于地面沉降区域，抽取地下水危及高速铁路安全的，应当按照国家有关规定设置地下水禁止开采区或者限制开采区。

在铁路线路两侧的其他区域抽取地下水危及铁路安全的，铁路运输企业应当报告当地县级人民政府水行政主管部门，由水行政主管部门组织进行评价，并根据评价结果采取相应安全措施。

第三十五条　在铁路线路两侧设置新建、改建、扩建建筑物、构筑物或者设置杆塔、种植树木等，建筑物、构筑物、杆塔和树木等与铁路线路的距离应当符合国家标准、行业标准以及国家和省有关规定，产权人或者管理人应当采取措施防止其倒伏后侵入铁路建筑限界。

建筑物、构筑物、杆塔等倒伏后危及铁路安全的，铁路运输企业可以先行采取处置措施，并告知产权人或者管理人。

树木危及铁路安全的，铁路运输企业可以先行采取修剪、砍伐或者其他必要的安全措施，并向当地人民政府有关部门报告。

第三十六条　铁路沿线县级人民政府有关部门和铁路运输企业，应当按照国家有关规定加强铁路道口安全管理，明确辖区内铁路道口安全管理责任分工，并组织看守或者监护。

铁路专用线、专用铁路的道口，由产权单位看守或者监护。

第三十七条　对符合改为立体交叉道口条件的既有铁路平交道口，由铁路沿线县级以上人民政府会同铁路产权单位按照国家和省有关规定逐步进行立交改造；对未经铁路运输企业同意擅自设置的平交道口、人行过道、临时通道等，由当地县级人民政府组织有关部门拆除。

第三十八条　下穿铁路的涵洞，有关管理单位应当按照产权分工分别负责涵洞的日常管理、维护，防止淤塞、积水。涵洞框架、铁路地界内的线路边坡挡土墙，由铁路运输企业负责管理、维护；涵洞道路及其排水、照明和安全防护等附属设施，由道路管理部门或者道路经营单位负责管理、维护。

上跨铁路的立交桥梁，其建设单位或者管理单位应当按照国家和省有关规定，加强立交桥梁相关设施的管理、维护，防止发生立交桥梁坠物、渗漏或者其他危害铁路安全的情形。

第三十九条　铁路沿线的地质灾害风险隐患，属于铁路用地范围以内的，由铁路运输企业负责整治；属于铁路用地范围以外的，由当地人民政府组织有关部门进行整治；因工程建设等活动引发的，由责任单位负责整治。

第四十条　任何单位和个人不得占用、堵塞、封闭铁路线路维修通道或者救援通道，不得占用光缆径路、电缆径路新建、改建、扩建建筑物或者构筑物。

2021年3月24日山东省第十三届人民代表大会常务委员会第二十七次会议通过

二、铁路行业规章

以下主要介绍铁路技术管理规程、铁路行车组织规则、站段工作细则等三个铁路行业规章。

1．铁路技术管理规程

《铁路技术管理规程》（以下简称《技规》）依据《中华人民共和国铁路法》《铁路

运输安全保护条例》等有关法律法规制定，是铁路技术管理的基本规章。铁路其他规章和规范性文件以及各部门、各单位制定的技术管理文件等，都必须符合《铁路技术管理规程》的规定。我国铁路《技规》的编制工作始于新中国成立后，第一版《技规》于1950年1月出版，之后随着中国铁路的不断发展，先后进行过10次修订，现行版本为2017年的修订版。

现行《技规》包括普速铁路和高速铁路两部分，其中：普速铁路部分适用于线路设计速度在200 km/h以下的铁路（仅运行动车组列车的铁路除外），高速铁路部分适用于线路设计速度在200 km/h以上的铁路以及仅运行动车组列车的铁路。

此外，各铁路局集团有限公司（以下简称"铁路局集团"）应根据《技规》规定的原则，结合局管内具体条件，制定普速铁路《铁路行车组织规则》（以下简称《行规》）、《车站行车工作细则》（以下简称《站细》）、《段行车工作细则》（以下简称《段细》）等规章。

2．铁路行车组织规则

《行规》是根据《技规》的规定，并结合各局的具体情况和广大职工生产实践经验制定的补充规则，是各局行车组织的基本法规。

《行规》一般由总则、用语说明、行车设备、编组列车、调车工作、行车闭塞、列车运行与接发、通信信号、特殊规定、事故救援及应急处理、附则等部分构成，各铁路局集团的《行规》间大同小异。

3．站段工作细则

为切实加强基层站段基础工作，进一步完善专业管理，适应基层站段体制改革的工作需要，铁路局集团车站、段归口管理部门负责基本规章制度及上级专业规章制度的细化、落实。车站应制定《站细》；段根据需要制定《段细》。

（1）《车站行车工作细则》。

《站细》是车站行车工作组织的基本规章，是车站编制日常作业计划，执行接发列车、调车作业和各项技术作业，进行日常运输生产分析总结、铁路局集团下达技术指标任务的主要依据。凡在车站作业的车务、机务、车辆、工务、电务、供电、信息等部门人员必须遵照执行。

《站细》由车站站长会同有关单位，根据技规、行规和有关规定，结合具体情况进行编制和修订。车站技术管理和作业组织应在《站细》中规定，其主要内容包括：

① 车站技术设备的基本情况及使用、管理规定。
② 日常作业计划及生产管理制度。
③ 行车组织工作，含接发列车和调车工作。
④ 与行车有关的客运、货运、军事运输工作。
⑤ 列车技术作业程序和时间标准。
⑥ 车站通过、改编能力。

⑦ 作为附件的有关资料：如附注有坡度的车站线路平面图、进站信号机外制动距离内平纵断面图、联锁图表及电气化区段接触网高度分相分段绝缘器位置、驼峰控制系统及厂矿企业在站内作业安全协议。

机务、车辆、工务、电务、供电、通信、信息、房建等单位须及时向车站（车务段）提供有关的技术资料，车站（车务段）应及时将《站细》或有关内容摘录分发给有关处所和单位。凡在车站参加作业的站、段、所等有关人员，均须熟悉和执行《站细》的有关规定。

（2）其他业务站段管理工作细则。

《段细》是为进一步加强和规范铁路局集团直属段的管理工作，确保安全生产有序可控，运输组织科学合理，结合车务系统实际制定的工作细则。

"段"是铁路局集团下属的铁路运输基层生产单位，各段必须按照《段细》要求，严格接受铁路局集团的监督、检查和管理，确保运输生产的安全、正点和各项运输生产指标的完成。制定《段细》的单位由铁路局集团规定。

第二节 《技规》概述

现行《技规》包括普速铁路和高速铁路两部分，其中：普速铁路部分适用于线路设计速度在 200 km/h 以下的铁路（仅运行动车组列车的铁路除外），高速铁路部分适用于线路设计速度在 200 km/h 以上的铁路以及仅运行动车组列车的铁路。本书探讨的主要是普速铁路部分。

一、《技规》的主要作用

《铁路技术管理规程》作为我国铁路技术管理的基本规章，它规定了各部门、各单位、各工种在从事铁路运输生产时，必须遵循的基本原则、责任范围、工作方法、作业程序和相互关系；规定了信号的显示方式和执行要求；明确了铁路工作人员的主要职责和必须具备的基本条件，是编制其他基本技术规章和专业技术规章的基础。

《技规》以及其他基本技术规章和专业技术规章在铁路安全生产中发挥着巨大作用，从而使铁路具有极高的安全性。

二、《技规》的主要内容

《技规》的主要内容包括一个总则，三篇共十九章，其主要结构如图 1-1 所示。

本书将在简要介绍技术设备基本知识之后，以《技规》第二篇《行车组织》为主线，分别介绍编组列车、调车工作、行车闭塞、接发列车、列车运行以及安全工作等方面的知识。

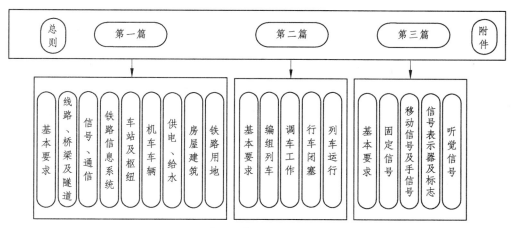

图 1-1 《技规》的主要内容

三、行车组织原则

行车工作必须坚持集中领导、统一指挥、逐级负责的原则。

（1）局与局间由中国国家铁路集团有限公司（以下简称"国铁集团"）统一指挥。

（2）局管内各区段间由铁路局集团，一个调度区段内由本区段列车调度员统一指挥。

（3）车站由车站值班员，线路所由线路所的车站值班员统一指挥。

（4）凡划分车场的车站，各车场由该车场的车站值班员统一指挥。

（5）车场间接发列车进路互有关联的行车事项，由指定的车站值班员统一指挥。

（6）列车和单机由司机负责指挥，列车或单机在车站时，所有乘务人员应按车站值班员的指挥进行工作。

（7）在调度集中区段，调度集中控制车站有关行车工作由该区段列车调度员直接指挥；但转为车站控制时，由车站值班员指挥。

专栏 1-2 胶济线特别重大事故（案例）

学习要求：整理本专栏中涉及的铁路法律法规及规章，理解铁路规章在铁路安全生产中的重要作用。

一、事故概况

2008 年 4 月 28 日 4 时 41 分，北京开往青岛的 T195 次旅客列车运行至山东境内胶济铁路周村至王村间脱线，第 9 节至 17 节车厢在铁路弯道处脱轨，冲向上行线路基外侧。此时，正常运行的烟台至徐州的 5034 次旅客列车刹车不及、最终以 70 km/h 的速度与脱轨车辆发生撞击，机车（内燃机车编号 DF11-0400）和第 1 至第 5 节车厢脱轨。胶济铁路列车相撞事故已造成 72 人死亡，416 人受伤，被认定是一起人为责任列车事故。

二、事故追踪

事发地点是一条为了修建胶济客运专线而修建的临时便线上的一个弯度较大的拐弯，该处限速为 80 km/h。济南铁路局 4 月 23 日曾印发了《关于实行胶济线施工调整列车运行图的通知》，其中含对该路段限速 80 km/h 的内容。但在 4 月 26 日，该局又发布了一个调度命令，取消了多处限速命令，其中包括事故发生段。各相关单位根据 4 月 26 日的调度命令，修改了运行监控器数据，取消了限速条件。4 月 28 日 4 时 02 分济南局补发了该段限速 80 km/h 的调度命令，但该命令没有发给 T195 次列车。当 T195 次列车高速过弯时，速度则达到了 131 km/h，而此时 5034 次恰好经过，由于距离太近未能停车，从而导致机车与 T195 次车辆发生碰撞。王村站值班员和机车司机也没有尽到车机联控和认真瞭望的责任，从而导致事故的发生。

三、事故调查处理所涉及的规章及作业标准分析

（1）事故主要责任人违反《中华人民共和国刑法》第一百三十二条规定，构成铁路运营安全事故罪。

（2）事故相关责任人违反《中华人民共和国铁路法》第七十一条的规定，构成刑事犯罪。

违反《技规》第 268 条和《TB/T 3059—2002 车机联控标准》的有关规定，没有主动与 T195 次机车司机进行车机联控，提醒司机限速运行。

违反《技规》第 181 条的规定，施工调度员在未确认北京铁路局等有关单位是否按 154 号文件要求修改列车运行监控数据的情况下，盲目发布了 4158 号调度命令，取消了 4240 号临时限速调度命令。直接导致北京机务段修改了 T195 次列车司机 IC 卡中对事故路段限速 80 km/h 的数据，将事故路段的速度恢复为 145 km/h。

（3）违反《济南铁路局调度所施工调度员作业标准》的规定，未经审核发布了 4158 号调度命令。

（4）违反《铁路运输调度规则》第 58 条第 5 款的规定，列车调度员在得到出现危及行车安全的报告时，没有及时指示有关人员立即停车，查明情况，妥善处理。

（5）违反《铁路运输调度规则》第 57 条第 2 款的规定，致使 4444 号调度命令发至济南东站时，T195 次列车已经驶离车站。

（6）违反《铁路运输调度规则》第 57 条第 14 款的规定，没有安排王村站指示 T195 次列车停车，交付调度命令。

（7）《车站行车工作细则》对车机联控由谁负责规定得不明确。

（8）根据《铁路交通事故应急救援和调查处理条例》第三十三条的规定，对旅客进行损失赔偿。

四、涉及的规章条款原文

（1）《中华人民共和国刑法》第一百三十二条：铁路职工违反规章制度，致使发生铁路运营安全事故，造成严重后果的，处三年以下有期徒刑或者拘役；造成特别严重后果的，处三年以上七年以下有期徒刑。

（2）《中华人民共和国铁路法》第七十一条：铁路职工玩忽职守、违反规章制度造成铁路运营事故的，滥用职权、利用办理运输业务之便谋取私利的，给予行政处分，情节严重、构成犯罪的，依照刑法有关规定追究刑事责任。

（3）《技规》第 268 条（2006 年修订版）和《TB/T 3059—2002 车机联控标准》（3.1）：车机联控是车务、机务等行车有关人员利用列车无线调度电话，按规定联络，确认行车要求，提示行车安全信息，确保行车安全的互控措施。

（4）《技规》第 181 条（现行《铁路技术管理规程》（普速铁路部分）第 231 条）（2006 年修订版）：指挥列车运行的命令和口头指示，只能由列车调度员发布。

（5）《铁路交通事故应急救援和调查处理条例》第三十三条：事故造成铁路旅客人身伤亡和自带行李损失的，铁路运输企业对每名铁路旅客人身伤亡的赔偿责任限额为人民币 15 万元，对每名铁路旅客自带行李损失的赔偿责任限额为人民币 2 000 元。火车票亦含有最高赔偿额度 2 万元的保险。

（6）《铁路运输调度规则》第 58 条第 5 款：当得到现场关于列车、线路等出现危及行车安全的报告时，应及时指示有关热源立即停车，查明原因，妥善处理。

第二章

技术设备

本章重点

◇ 铁路线路
◇ 道 岔
◇ 区 间 及 其 划 分
◇ 铁路信号

第一节 铁路线路

一、线路分类

铁路线路分为正线、站线、段管线、岔线、安全线及避难线。

1．正 线

正线指连接车站并贯穿或直股伸入车站的线路。图 2-1 为单线铁路正线示意图，图 2-2 为双线铁路正线示意图。

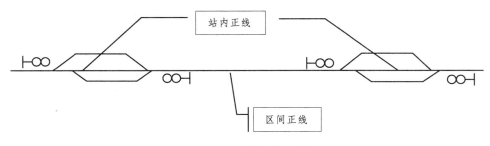

图 2-1　单线铁路正线

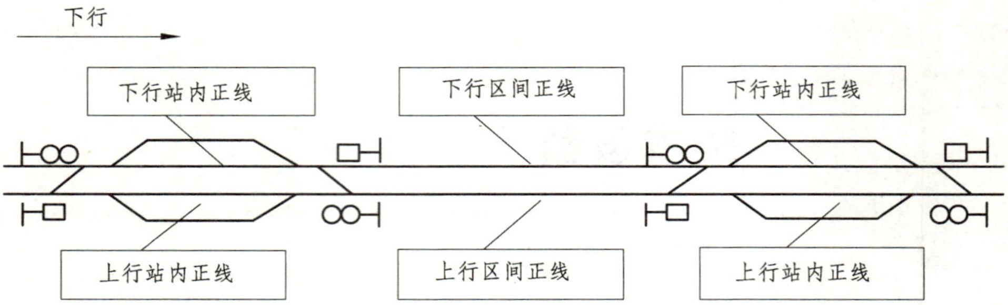

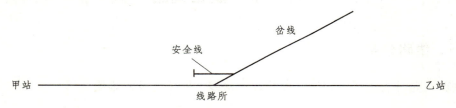

图 2-2 双线铁路正线

2．站　线

站线指到发线、调车线、牵出线、货物线及站内指定用途的其他线路。

3．段管线

段管线指机务、车辆、工务、电务、供电等段专用并由其管理的线路。

4．岔　线

岔线指在区间或站内接轨、通往路内外单位的专用线路。岔线在区间与正线接轨如图 2-3 所示，岔线在站内接轨如图 2-4 所示。

图 2-3　岔线在区间与正线接轨示意图

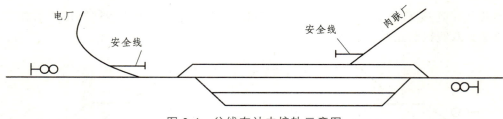

图 2-4　岔线在站内接轨示意图

5．特别用途线

特别用途线是指安全线和避难线。

（1）安全线。

安全线的设置原则：

① 岔线在区间与正线接轨时（注：新建的岔线，不准在区间内与正线接轨）。

② 岔线、段管线在站内与正线、到发线接轨时。

③ 进站信号机外制动距离内进站方向为超过 6‰ 下坡道的车站,在正线或到发线的接车方向末端应设置安全线,如图 2-5 所示。

④ 合资铁路、地方铁路及专用铁路与国家铁路车站接轨,其接轨处或接车线末端应设隔开设备(设有平行进路并有联锁时除外)。

⑤ 安全线向车挡方向不应采用下坡道,其有效长度一般不小于 50 m。

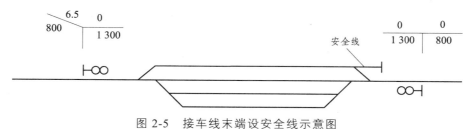

图 2-5　接车线末端设安全线示意图

(2)避难线。

避难线的设置原则:

为防止在陡长坡道上运行的列车因制动失效而失去控制,闯入车站发生冲突,在进站一端或接车方向末端应设置避难线。其长度应能容纳得下一个列车,并有反坡,以缓和列车冲力,如图 2-6 所示。

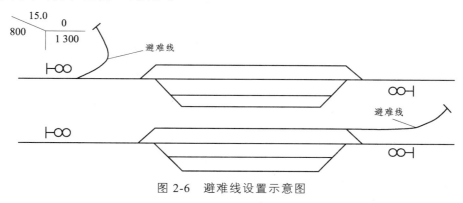

图 2-6　避难线设置示意图

二、区间线路站内线路

1. 区间线路

(1) Ⅰ、Ⅱ级铁路区间线路最小曲线半径见表 2-1。

表 2-1　铁路区间线路最小曲线半径

铁路等级	Ⅰ			Ⅱ	
设计速度/(km/h)	200	160	120	120	80
一般	3 500	2 000	1 200	1 200	600
特殊困难	2 800	1 600	800	800	500

（2）Ⅰ、Ⅱ级铁路区间线路最大限制坡度见表2-2。

表2-2 铁路区间线路最大限制坡度

铁路等级		Ⅰ		Ⅱ	
		一般	困难	一般	困难
牵引种类	电力	6.0	15.0	6.0	20.0
	内燃	6.0	12.0	6.0	15.0

（3）客运专线最小曲线半径见表2-3，国外高速铁路最小曲线半径见表2-4。

表2-3 客运专线最小曲线半径

设计速度/（km/h）	最小曲线半径/m	
	一般	困难
200	2 200	2 000
250	4 000	3 500
300	4 500	
350	7 000	

表2-4 国外高速铁路最小曲线半径值 （单位：m）

	法国		德国	意大利	日本			
	TGV 东南线	TGV 大西洋线			东海道	山阳	东北	上越
一般区间	4 000	6 000	7 000	3 000	2 500	4 000	4 000	4 000
特别困难区间	3 200	4 000	5 100		2 000	3 000		

2. 站内线路

（1）车站应设在线路平道、直线的开阔处。

（2）车站必须设在坡道上时，其坡度不应超过1‰；在地形特别困难的条件下，会让站、越行站可设在不大于6‰的坡道上，且不应连续设置，并保证列车的起动。

（3）车站必须设在曲线上时，到发线有效长范围内不得设在反向曲线上，其曲线半径不得小于该区段内的最小曲线半径，且不得小于表2-5中规定的数值。

表2-5 车站平面最小曲线半径

路段设计行车速度 /（km/h）	最小曲线半径/m		
	区段站	中间站、会让站、越行站	
		一般	困难
80	800	600	600
120		1 200	800
160	1 600	2 000	1 600
200	2 000	3 500	2 800

三、线路平面及纵断面

线路平面及纵断面应保持原有标准状态。区间线路变动时，须经铁路局集团批准，但曲线半径不得小于该区间规定的最小曲线半径，坡度不得大于该区间规定的最大限制坡度。线路平面及纵断面有变动时，必须及时通知有关单位。

凡变更线路平面及纵断面，竣工后由施工单位立即检查，并形成完整的竣工资料，移交负责维修和使用的单位。

在任何情况下，线路平面及纵断面的变动都必须满足限界要求。

四、路　基

路基面的宽度，应考虑远期发展的铁路等级、维修和机械化作业，并根据路拱断面、轨道类型、道床标准形式及尺寸、线间距、电缆槽、接触网支柱、路肩宽度等计算确定。

有砟轨道路肩宽度：线路设计速度为 200 km/h 区段的路肩宽度不应小于 1.0 m；线路设计速度为 160 km/h 及以下的铁路，位于路堤上的路肩宽度不应小于 0.8 m，位于路堑上的路肩宽度不应小于 0.6 m。牵出线的中心线至路肩边缘的宽度不得小于 3.5 m。

曲线地段路基外侧加宽办法按铁路有关规定、规范执行。

路基应避免高堤深堑。

路肩标高受洪水或潮水位控制时，其路肩标高不低于设计洪水位加波浪侵袭高加壅水高再加 0.5 m。

路基两侧应留有足够宽度的铁路用地，保证路基稳定，满足维修检查通道、栅栏设置、绿色通道建设及防沙工程的要求。

路基应按铁路等级采用优质填料填筑坚实，基床及过渡段应强化处理，并设置良好的防排水设备、完善的防排水系统、安全可靠的防护设施和支挡结构，工后沉降应满足相应的限值要求。对不良地质条件、特殊土及特殊环境等地段的路基，应采取可靠的加固处理措施，困难时应以桥梁等结构物代替。应及时、彻底整治路基病害，对于一时难以彻底整治的病害，应加强路基监视和检查，并分期整治。

在路基范围内埋设电缆和接触网支柱基础时，必须保证路基的稳定和坚固及排水等设施的正常使用。

路基宜优先采用有利于环保的植物（以灌木为主）保护，并结合混凝土、土工合成材料等其他防护措施进行防护，但不得影响列车司机瞭望，倒树不应侵入限界和接触网的安全距离。

五、桥隧建（构）筑物

铁路桥梁、涵洞及隧道，均应修建为永久性结构，具有良好的耐久性，符合工程结构抗震和相应的技术规范要求，桥上和隧道内有砟轨道应满足大型养路机械清筛作业的要求，其限界应根据规划考虑发展的需要。

桥涵的承载能力和动力性能要符合有关规定的技术要求，并根据承载能力及技术状态，制定运用条件。桥涵建（构）筑物应确保通过的线路具有良好的稳定性和平顺性，结构构造应便于检查和养护，并设置检查设施。桥上通过超重货物列车、重型铁路救援起重机前，应进行承载性能检算。

隧道断面面积应满足旅客舒适性要求，衬砌、洞门结构、洞口仰坡、轨下基础应安全稳定，并具备良好的防排水系统。

全长 500 m 以上的钢桥、全长 3 000 m 以上的隧道设置通信设备，必要时设置固定照明、安全警报装置；非全封闭运营时，应进行巡守，必要时进行监视。

桥梁、涵洞孔径及净空，应满足国家防洪设防标准，能保证设计的最大洪水正常通过，并保证流冰、泥石流、漂浮物和通航等必要高度。

桥梁墩台基础应有足够深度，当基础及其附近存在超过容许冲刷时，应防护、加固既有桥涵基础，必要时改建原有桥涵。墩台基础工后沉降应满足相应的限值要求。

桥梁、涵洞应考虑排洪和灌溉等综合利用。

桥梁、隧道应按规定设置作业通道、避车台（洞）、电缆沟（槽）、电气化预埋件及必要的检查和消防设备等。铁路桥梁作业通道和隧道内安全空间、救援通道、应急照明和通信以及其他相关设施的设置等应符合有关设计规范规定。隧道内空气标准达不到规定要求时，应设置机械通风，瓦斯隧道还应设置必要的瓦斯监测设备。

直线桥梁自线路中心至作业通道栏杆内侧的净距：钢梁明桥面应不小于 2.45 m，混凝土梁桥面应不小于 3.00 m，线路允许速度 160 km/h 以上桥梁桥面应不小于 3.25 m。作业通道宽度应不小于 0.8 m。

六、轨　道

新建、改建铁路正线宜采用 60 kg/m 钢轨的跨区间无缝线路，重载铁路正线宜采用 60 kg/m 及以上类型钢轨的无缝线路。钢轨优先采用 100 m（60 kg/m）、75 m（75 kg/m）长定尺轨。

设计速度 120 km/h 以上铁路正线有砟轨道应采用Ⅲ型轨枕和与轨枕配套的弹条扣件、一级碎石道砟。

轨距是钢轨头部踏面下 16 mm 范围内两股钢轨工作边之间的最小距离。直线轨距标准为 1 435 mm，曲线轨距按表 2-6 规定加宽。

表 2-6　曲线轨距加宽值

曲线半径 R/m	加宽值/mm
R ≥ 295	0
295 > R ≥ 245	5
245 > R ≥ 195	10
R < 195	15

注：曲线轨距加宽值不符合上述规定时，应有计划地进行改造。

验收线路时，线路、道岔轨距相对于上述标准的静态允许偏差规定见表 2-7。

表 2-7　线路、道岔轨距静态允许偏差

线路允许速度/（km/h）	v ≤ 120	120 < v ≤ 160	160 < v ≤ 200
线路/mm	+6 −2	+4 −2	±2
道岔/mm	+3 −2	+3 −2	±2

线路两股钢轨顶面，在直线地段应保持同一水平。

曲线地段的外轨超高，应按有关规定的办法和标准确定。最大实设超高：双线地段不得超过 150 mm，单线地段不得超过 125 mm。

验收线路时，线路两股钢轨水平较上述标准的静态允许偏差规定见表 2-8。

表 2-8　钢轨水平静态允许偏差

线路允许速度/（km/h）	v ≤ 120	120 < v ≤ 160	160 < v ≤ 200
正线及到发线/mm	4	4	3
道岔/mm	4	4	3

铁轨接头的预留轨缝应根据钢轨长度、当地历史最高及最低轨温、更换钢轨或调整轨缝时的轨温经计算确定。

绝缘接头的最小轨缝为 6 mm，最大轨缝为构造轨缝。长度大于或等于 25 m 钢轨铺设在历史最高与最低轨温差大于 100 ℃ 的地区时，预留轨缝应进行个别设计。

七、车站股道编号

（1）单线车站：按站舍由近及远顺序编号，正线用罗马字。

（2）双线车站：从正线起按列车运行方向向外顺序编号，上行为双号，下行为单号。

（3）尽头式车站：向终点方向由左侧开始顺序编号，如图 2-7 所示。

（4）有数个车场时：各车场分别顺序编号。

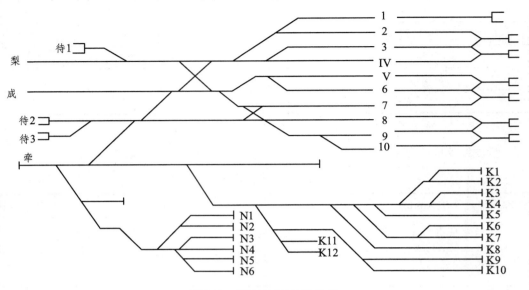

图 2-7　某车站平面示意图

【练习 2-1】　对某单线铁路车站（图 2-8）车站股道编号。

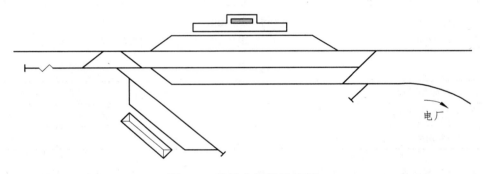

图 2-8　单线中间站示意图

【练习 2-1】参考答案：

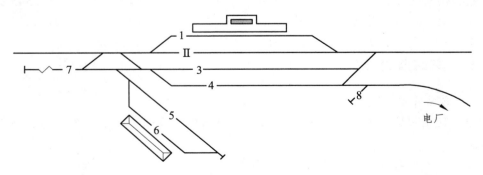

八、股道容车数的计算

股道容车数按到发线、调车线、货物线等类别分别确定，见式（2-1）~式（2-3）。式中，$m_容$ 为股道容车数，$l_{有效}$ 为股道有效长，$l_机$ 为机车附加长度，$l_{附加}$ 为安全附加距离。

1．到发线

$$m_容 = \frac{l_{有效} - l_机 - l_{附加}}{11} \tag{2-1}$$

2．调车线

$$m_容 = \frac{0.75 l_{有效}}{11} \quad 或 \quad m_容 = \frac{0.75 l_{有效}}{14.3} \tag{2-2}$$

最大换算容车数

$$m_容 = \frac{l_{有效}}{11} \quad 或 \quad m_容 = \frac{l_{有效}}{14.3} \tag{2-3}$$

3．货物线

按实际可能利用的长度计算。

九、线路其他设备

1．防护栅栏

防护栅栏设置应符合铁路线路防护栅栏有关标准的规定。

防护栅栏的设备管理由工务部门负责，治安管理由铁路公安部门负责。

对各类通道须设门加锁，由使用单位落实管理责任。

铁路工务、电务、车务、供电等部门因作业需要设置作业门时，按照"谁使用，谁申请，谁管理"的原则，由使用单位提出申请报铁路局栅栏设备管理部门批准，站区内还需经车务部门批准，经与栅栏设备管理单位和属地铁路公安部门办理书面手续后方可设置。

铁路工作人员专用通道、作业门应有警示标识。

2．声屏障

根据铁路噪声排放治理需要，可在铁路两侧设置声屏障。声屏障应满足国家和行业相关标准和规范的要求。

声屏障设置应符合铁路建筑限界的规定，须保证运输安全，并满足铁路设施检修和维护的要求，不得影响其他行车设备的安全运行。

声屏障应进行定期检查和维护。

路基声屏障连续长度超过 500 m 时，应根据疏散和检修要求统一设置安全通道，安全通道外边坡处应有安全通行条件；桥梁声屏障安全通道应结合救援疏散通道设置。

第二节　道　岔

一、道岔的铺设

道岔应铺设在直线上，正线道岔不得与竖曲线重叠，其他道岔应尽量避免与竖曲线重叠。

正线道岔钢轨应与线路上的钢轨采用同一类型。其他道岔钢轨在不得已情况下采用与线路钢轨不同类型时，须保证道岔钢轨强度不低于线路钢轨强度，并在道岔前后各铺一节与道岔同轨型的钢轨。道岔类型的选择见表 2-9。

表 2-9　道岔类型的选择

条件	采用类型
允许速度 120 km/h 及以下区段的正线道岔	固定型辙叉道岔
线路允许速度 120～160 km/h，或货车轴重 25 t 及以上区段的正线道岔	可动心轨道岔或固定型辙叉道岔，并采用外锁闭设备
允许速度 160 km/h 以上区段的正线道岔	可动心轨道岔、外锁闭装置

道岔应保持良好状态，道岔各零部件应齐全，作用良好，缺少时应及时补充。道岔出现伤损或病害时，应及时修理或更换。

联锁道岔应配备紧固、加锁装置，以备联锁失效时用以锁闭道岔。联锁失效时防止扳动的办法，应在《站细》内规定。

未设联锁而需加锁的道岔也应安装加锁装置。

加锁装置包括锁板、勾锁器、闭止把加锁、带柄标志加锁。

站内线路的道岔及车站与其他单位所管线路相衔接的道岔（包括防护道岔），由车站负责管理。有的机务段也设有集中操纵的道岔，由机务段人员负责操纵。

道岔组、道岔区的范围划分，人工扳动道岔的清扫分工，道岔加锁的钥匙、电动转辙机手摇把管理办法，均应在《站细》内规定。电动转辙机手摇把，要实行统一编号、集中管理，建立登记签认制度。集中操纵道岔的清扫分工由铁路局规定。部分铁路局集团集中操纵的道岔由车务部门或电务部门负责清扫。

二、道岔辙叉号数的规定

道岔辙叉号数的规定见表 2-10。

表 2-10　道岔辙叉号数的规定

情况	不得小于
正线道岔的直向通过速度	路段设计行车速度
侧向通过列车的单开道岔的辙叉号数	根据列车侧向通过的最高速度合理选用
侧向接发停车旅客列车的单开道岔	12 号
侧向接发停车货物列车并位于正线的单开道岔	中间站不得小于 12 号，在其他车站不得小于 9 号
列车轴重大于 25 t 的铁路正线单开道岔	12 号
其他线路的单开道岔	9 号
狭窄的站场采用交分道岔	9 号，但尽量不用于正线，必须采用时不得小于 12 号
峰下线路的对称道岔	6 号，三开道岔不得小于 7 号
段管线的对称道岔	6 号

　　既有道岔的类型及辙叉号数不符合上述规定时，应按该道岔的辙叉号数限制行车速度，且应有计划地进行改造。

三、道岔编号

　　站内的道岔及股道，应由工务部门会同电务部门、车站共同统一顺序编号。
　　（1）从列车到达方向起顺序编号，上行一侧为双号，下行一侧为单号。
　　（2）尽头式车站，向线路终点方向顺序编号。
　　（3）渡线两端道岔及同一梯线上的数个道岔应连续编号。
　　（4）车站划分数个车场时，每个车场的道岔单独编号，此时可用三位数表示，第一位代表车场。
　　（5）为便于使用管理、维修，一个车站的道岔不准有相同的编号。
　　【练习 2-2】　请对图 2-9 所示单线车站股道和道岔编号。

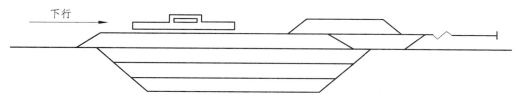

图 2-9　单线车站示意图

【练习 2-2】参考答案：

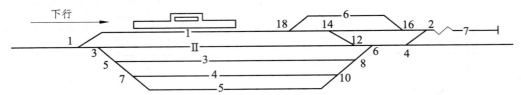

【练习 2-3】 请对图 2-10 所示双线车站股道和道岔编号。

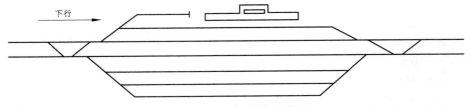

图 2-10 双线车站示意图

【练习 2-3】参考答案：

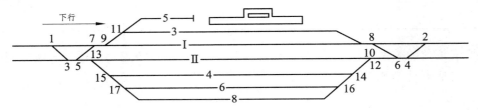

【练习 2-4】 图 2-11 所示股道和道岔编号正确吗？

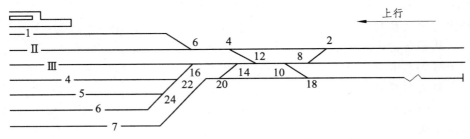

图 2-11 某车站股道及道岔编号

【练习 2-4】参考答案：

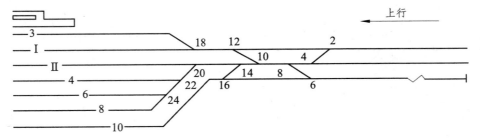

四、道岔定位的规定

1．定位的概念

道岔除使用、清扫、检查、修理时外经常向某一线路开通的位置叫道岔的定位，向另一线开通的位置叫道岔的反位。

2．道岔定位原则

（1）单线车站正线进站道岔——由车站两端向不同线路开通的位置，如图2-12所示。

（2）双线车站正线进站道岔——各正线开通的位置，如图2-13所示。

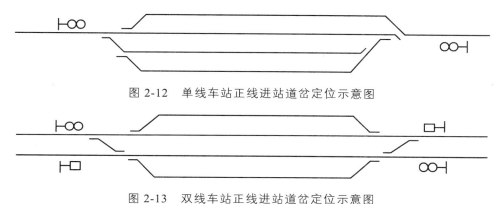

图 2-12　单线车站正线进站道岔定位示意图

图 2-13　双线车站正线进站道岔定位示意图

（3）区间内正线道岔及站内正线上其他道岔（引向安全线、避难线的除外）——正线开通的位置。

（4）引向安全线、避难线的道岔——安全线、避难线开通的位置。

（5）到发线上的中岔——到发线开通的位置。

（6）其他由车站负责管理的道岔——由车站规定。

（7）为减少扳动次数，减轻作业人员的劳动强度，集中操纵的道岔及不办理接发列车的非集中操纵的道岔（到发线上的中岔和引向安全线、避难线的道岔除外）——可不保持定位。

（8）车站道岔的定位，应在《站细》内记明。

（9）段管线道岔的定位，由各段自行规定。

第三节　区间及其划分

本节介绍分界点、区间划分、车站分类等概念。

一、分界点

分界点是将铁路线划分成许许多多小的"线段"的技术设备的集合，使得在一个"线段"中同一时间只有一列列车运行。

车站——有配线的分界点。

线路所、自闭区段通过信号机——无配线的分界点。

二、区间的划分

（1）站间区间——车站与车站间。单线区段站间区间界限如图 2-14 所示，双线区段站间区间界限如图 2-15 所示。

（2）所间区间——两线路所间，或车站与线路所间。所间区间界限如图 2-16 所示。

（3）闭塞分区——自动闭塞区间同方向相邻的两架色灯信号机之间。闭塞分区界限如图 2-17 所示。

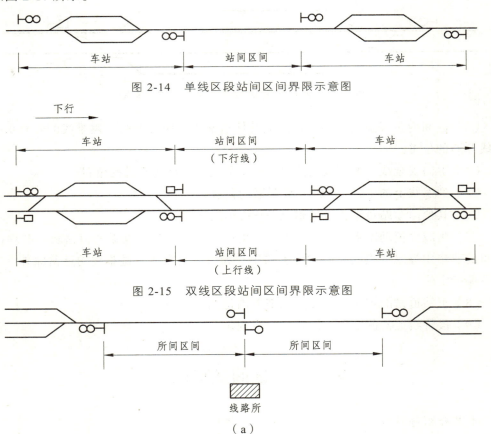

图 2-14 单线区段站间区间界限示意图

图 2-15 双线区段站间区间界限示意图

（a）

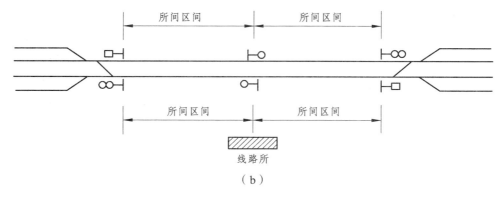

线路所

（b）

图 2-16　所间区间界限示意图

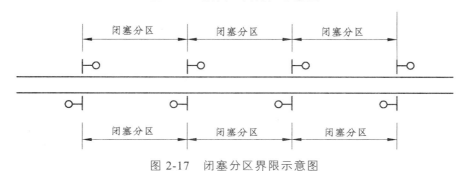

图 2-17　闭塞分区界限示意图

三、车站设备和客、货运所需行车设备

车站根据业务性质、运量大小及技术作业的需要，设置下列主要设备：

（1）到发线。

（2）调车线。

（3）牵出线。

（4）机车运转整备线、车辆站修线及救援列车停留线、自轮运转特种设备停留线等。

（5）办理货物装卸作业的车站，应有货物装卸线，并根据需要设置高架货物线、换装线、轨道衡线、货车洗刷线、油罐列车整备线、机械冷藏车加油线及特殊危险货物车辆停留线。

（6）机务段所在地车站，应设有机车出入段专用的机车走行线和机待线。

（7）与动车组运用所（简称动车所）、动车段相连接的车站，应设动车组走行线（当设有专用的机车走行线并具有相同进路时，可以合设）。

（8）动车组长期停放的车站应设动车组存车线。

（9）通信、信号、联锁、闭塞设备。

（10）编组站、区段站应根据作业需要，修建简易驼峰、半自动化驼峰或自动化驼峰，设置车辆减速器、减速顶、加速顶等调速设备。

（11）根据接发列车、调车作业的需要设置隔开设备等安全设施。

（12）调车作业繁忙的车站，应设置站场扩音设备、站场无线通信设备、货运票据和调车作业通知单传递（输）装置，车场内线路间、牵出线和推峰线调车人员经常走行区域应填平（不得高于道床），并设有排水和高架照明设备，车场间应有硬路面的通道。

（13）列车预确报、现在车管理等信息系统设备。

（14）无线调车灯显设备、无线调车机车信号和监控系统（STP）。

（15）货物列车尾部安全防护装置（简称货物列车列尾装置）主机的维修、检测设备等。

（16）编组站、区段站和开行动车组列车的客货共线线路入口车站应设超偏载检测装置、轨道衡、超限检测仪、货车装载视频监控设备等货运安全检测设备。

（17）机车乘务组、动车组司机及随车机械师、客运乘务组进行中途换乘作业的车站，应配备值班室、休息室和必要的配套设施。

（18）有货物列车列检作业的编组站到发线间地面应具备方便作业条件。

1．客运设备

客运站房应根据客运量设有便于购买车票、办理行李包裹、候车、问询、引导、广播、时钟、携带品寄存，以及为旅客服务的文化、卫生及生活上的必要设备。根据规定还应设置实名制验证和制证设备、安全检查设备、客运信息查询设备、视频监控设备、行李包裹到达查询设备、垃圾存放设备、消防设备等，根据需要设置电梯、自动扶梯、无障碍通道和相应的助残设施、污物处理、自动售检票和取票设备等。

办理客运业务的车站应设旅客站台，并应有照明、引导、广播、时钟和视频监控设备。车站应设置围墙或栅栏。

办理行李包裹业务的车站应设行包通道，站台长度应满足行包装卸作业需要。

大、中型客运站站前应有广场，站台应有雨棚，跨越线路应采用天桥或地道。

在国铁集团指定的空调发电车加油点，动车组、客车卸污点所在车站，应设置加油车、吸污车、垃圾运送车走行通道，可与其他通道合设。

2．货运设备

办理货运的车站，应设有办理托运、检斤、制票、收款、问询、交付等必要设备，并应根据需要设有货物站台、仓库及货位、堆场、集装箱装卸场地、雨棚、排水、消防、照明、通路及围墙、货运安全检测及防护、视频集中监控、信息化系统等设备。

货物装卸作业量较大的车站，应分设综合性货场和专业性货场；根据需要设爆炸品、剧毒品的专用货场和仓库，轨道衡、货车洗刷、散堆装货物抑尘等设备。

办理集装箱的车站，根据需要配备集装箱专用装卸设备和超偏载检测设备。

货车洗刷除污地点，应设有处理污染及排泄设备。

在尽头站台处应设有车钩缓冲装置。

货物装卸作业应采用机械化设备。

重载铁路编组站应设置列车组合车场和空车分解车场，根据需要设置机车整备、车辆检修、线路维护、通信信号设备维修、供电设备维修、应急救援等设施。

集装箱中心站，应按整列装车的要求设置线路有效长及配套设施。根据需要设置集装箱装卸、储存、称重、交付、检修、清洗、多式联运、综合物流等设备及信息管理系统。

四、车站的分类

按业务性质不同，可分为营业站、非营业站，营业站分为客运站、货运站、客货运站。针对目前全路一部分车站既不办理客运业务、也不办理货运业务的现状，为使车站按业务性质分类能涵盖所有车站，新增"营业站和非营业站"的分类。

按技术作业性质不同，可分为中间站，区段站，编组站。区段站和编组站统称为技术站，铁路线路以技术站划分区段。

按车站等级不同，可分为特、一、二、三、四、五等站。

1．中间站

（1）设置位置。

中间站一般设在区段内。

（2）办理作业。

① 客运业务——旅客乘降，行包发到等。

② 货运业务——货物承运、保管、装卸、交付等。

③ 行车技术作业——列车接发、会让、越行，车辆摘挂、取送，极少数中间站还办理始发直达列车的编组作业。

（3）车站图型。

基本上是横列式。

（4）技术设备。

① 到发线：一般2条。

② 货物线：1~2条。

③ 牵出线：为减免车辆摘挂及取送作业对正线行车的干扰，在较大的中间站设置牵出线。

④ 货场：靠近主要货流方向，结合地形条件设于站房同侧或对侧。

⑤ 旅客站台：基本站台，较大的中间站设有中间站台。

2．区段站

（1）设置地点。

路网牵引区段的两端，主要任务是为邻接区段提供机车。

（2）办理作业。

① 客运业务——旅客乘降，行包发到等。

② 货运业务——货物承运、保管、装卸、交付等。

③ 行车技术作业——列车的到达、出发作业，货物列车的中转作业，部分货物列车的解体、编组作业，车辆取送作业等。

④ 机车业务——更换机车、乘务组，机车的整备和检修。

⑤ 车辆业务——车辆的技术检查和修理。

（3）技术设备。

① 客、货运业务设备。

② 运转设备：到发线、调车线、牵出线、驼峰等。

③ 机务设备：机务段（或折返段），机车整备设备等。

④ 车辆设备：车辆段，列检作业场，站修所等。

⑤ 其他设备：通信信号、照明、给排水等。

（4）基本图型。

主要是横列式，即到发场与调车场并列配置。横列式区段站示意图如图 2-18 所示。

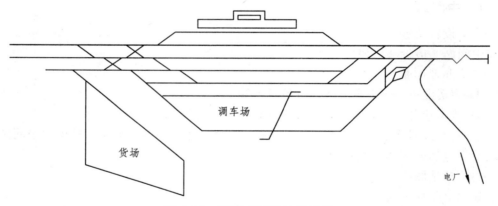

图 2-18　横列式区段站示意图

区段站与中间站的区别见表 2-11。

表 2-11　区段站与中间站的区别

	区段站	中间站
设置地点	牵引区段的两端	牵引区段内部
主要任务	提供机车	无提供机车任务
技术作业	要办理列车中转和改编作业	基本不办理列车中转和改编
机、辆业务	有机车车辆业务	无机车车辆业务
技术设备	较多	较少

3．编组站

（1）设置地点。

大量车流集散地，或几条铁路线的交汇点。

（2）办理作业。

① 技术作业——列车到、发作业，大量的列车解体、编组作业，少量的列车中转作业，车辆的取、送作业。

② 机车业务——更换机车、乘务组，机车的整备和检修。

③ 车辆业务——车辆的技术检查和修理。

④ 极少的客、货运业务。

（3）技术设备。

大量的线路和先进的调车设备。

（4）常见图型。

① 单向横列式（一级三场）。

② 单向纵列式（三级三场）。

③ 单向混合式（二级四场）。

④ 单向混合式（二级三场）。

⑤ 双向纵列式（三级六场）。

郑州北站站场平面示意图如图 2-19 所示。

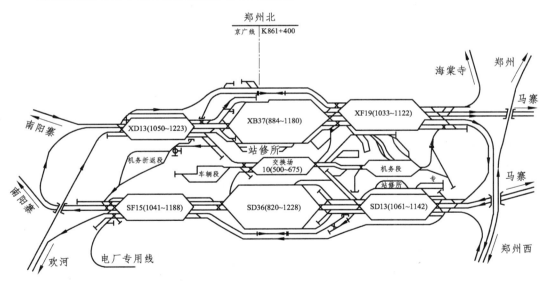

图 2-19　郑州北站站场平面示意图

（5）编组站与区段站的区别。

① 在地理位置上，编组站主要考虑路网布局和车流情况；区段站对此考虑较少，主要考虑提供牵引动力的能力。

② 在办理作业上，编组站主要是解体、编组货物列车，即改编调车作业，其次才是列车的中转作业，故编组站素有"列车工厂"之称；区段站主要是办理列车中转作业，改编作业量不大；编组站客货运业务量极小，甚至不办理客运，枢纽内一般设有专门的客运站和货运站；区段站客货运业务与行车技术作业同时并存，客货运量比编组站大得多。

③ 在技术设备上，编组站拥有强大的调车设备，如机械化驼峰、自动化驼峰，车场较多，线路也很多；区段站技术设备远不如编组站强，通常是简易驼峰或非机械化驼峰，车场一般只有两个，即到发场和调车场，线路数也较少。

第四节　铁路信号

广义的铁路信号：由铁路信号、联锁、闭塞设备与铁路信号的自动控制及远程控制组成的系统。

狭义的铁路信号：对有关行车人员发出指示列车运行和调车工作命令而规定的物理特征符号。

为保证信号、通信设备的质量，应设电务段、通信段等电务维修机构。

电务段、通信段管辖范围应根据信号、通信设备等条件确定。

一、信　号

1．信号的分类

铁路信号分为听觉信号和视觉信号两大类。

听觉信号是以号角、口笛、响墩发出的音响和机车、轨道车的鸣笛声等表示的信号。

视觉信号是用信号机、信号灯、信号旗、信号牌、火炬等显示的信号。

视觉信号又分为固定信号、移动信号和手信号。

2．几种常见信号机

进站信号机：用于防护车站，指示列车可否进站以及进站时的运行条件。它设在距进站最外方道岔尖轨尖端（逆向道岔）或警冲标（顺向道岔）不少于 50 m 的地方，因调车作业或制动距离需要延长时，一般不超过 400 m，如图 2-20 所示。

出站信号机：指示列车能否由车站向区间发车的信号机。车站的正线和到发线上，应装设出站信号机。出站信号机应设在每一发车线的警冲标内方（对向道岔为尖轨尖端外方）适当地点。在调车场的编发线上，必要时可设线群出站信号机。在自动闭塞和半自动闭塞区段，出站信号机开放是占用区间的凭证，如图 2-21 所示。

图 2-20　进站信号机

图 2-21　出站信号机

　　进路信号机：指示列车能否在站内从一个车场到另一个车场运行的信号机。进路信号机按照在列车进路上设置的位置和所起作用，可分为接车进路信号机、发车进路信号机和接发车进路信号机 3 种。进路信号机只有在几个车场纵列布置的大型编组站和区段站上才有条件设置。接车进路信号机和接发车进路信号机的显示方式与方法应和进站信号机一样，发车进路信号机的显示方式与方法与出站信号机相同。

　　通过信号机：是防护自动闭塞线路上的闭塞分区或非自动闭塞线路上的所间区间，指示列车可否进入它所防护的闭塞分区或所间区间。通过信号机应设在闭塞分区或所间区间的分界处，如图 2-22 所示。

　　预告信号机：是将主体信号机（即半自动闭塞、自动站间闭塞区段进站信号机，半自动闭塞、自动站间闭塞区段线路所通过信号机，遮断信号机）的信号显示状态提前告诉司机。列车运行速度不超过 120 km/h 的区段，预告信号机与其主体信号机的安装距离不得小于 800 m，当预告信号机的显示距离不足 400 m 时，其安装距离不得小于 1 000 m。列车运行速度超过 120 km/h 的区段，设置两段接近区段，在第一接近区段和第二接近区段的分界处，设接近信号机，在第一接近区段入口内 100 m 处，设置机车信号接通标，如图 2-23 所示。

图 2-22　通过信号机

图 2-23　预告信号机

驼峰信号机：用于指示驼峰调车机车进行车列解体等作业的信号机，它设于驼峰峰顶，如图 2-24 所示。

图 2-24　驼峰信号机

调车信号机：装设在电气集中联锁的车站，经常进行调车作业的线路上（如到发线、咽喉道岔区等），用来指示机车进行调车作业，如图 2-25 所示。

图 2-25　调车信号机

3．信号机的定位规定

信号机的定位规定见表 2-12。

表 2-12　信号机的定位规定

信号机名称	定位显示
进站信号机	显示停车信号
出站信号机	
进路信号机	
线路所通过信号机	
调车信号机	
自闭区段通过信号机	显示进行信号
预告信号机及通过臂板	显示注意信号

4．信号机的关闭时机

信号机的关机时机见表2-13。

表2-13　信号机的关机时机

信号机名称		关机时机
集中联锁车站	进站信号机	机车、车辆第一轮对越过该信号机后自动关闭
	出站信号机	
	进路信号机	
线路所通过信号机		
自闭区段通过信号机		
调车信号机		调车车列全部越过该信号机后自动关闭
非集中联锁车站	进站信号机	列车进入接车线轨道电路后信号机自动关闭
	出站信号机	列车进入出站方面轨道电路后信号机自动关闭

5．信号机及表示器，在正常情况下的显示距离

信号机及表示器的显示距离见表2-14。

表2-14　信号机及表示器的显示距离

信号机种类	最小显示距离/m
进站、通过、接近、遮断信号机	1 000
高柱出站、高柱进路信号机	800
预告、驼峰、驼峰辅助信号机	400
调车、矮型出站、矮型进路、复示信号机，容许、引导信号及各种表示器	200
在地形、地物影响视线的地方，进站、通过、接近、预告、遮断信号机	200

6．信号集中监测系统

信号集中监测系统包括站机、采集设备、服务器、各级终端及数据传输设备，应全程联网，实现远程诊断和故障报警功能。

7．驼峰信号

机械化、半自动化、自动化驼峰调车场应采用道岔自动集中；简易、非机械化驼峰调车场，根据需要可采用道岔自动集中。

8．道口自动信号及自动通知

道口自动信号，应在列车接近道口时，向道路方向显示停止通行信号，并发出音响通知；如附有自动栏杆（门），栏杆（门）应自动关闭。

二、联 锁

1．联锁的含义

为了保证车站行车或调车的安全，在进路、道岔和信号机之间建立起来的一定的制约关系，称为联锁关系，简称联锁。

2．联锁的分类

联锁设备分为集中联锁（计算机联锁和继电联锁）和非集中联锁（色灯电锁器联锁和臂板电锁器联锁）。

编组站、区段站和电源可靠的其他车站，采用集中联锁。列车调度指挥系统（TDCS）和调度集中系统（CTC）区段，车站应采用集中联锁。

3．列车进路

列车在车站到、发、通过所需占用的一段站内线路称为列车进路。

（1）接车进路：从进站信号机至接车线末端出站信号机，如图 2-26 所示。

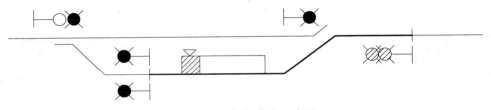

图 2-26　接车进路示意图

（2）发车进路：从列车前端至相对方向进站信号机或站界标，如图 2-27 所示。

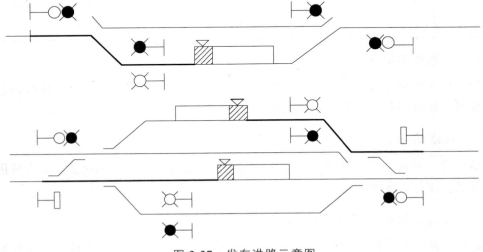

图 2-27　发车进路示意图

（3）通过进路：从一端进站信号机至另一端进站信号机或站界标，如图 2-28 所示。

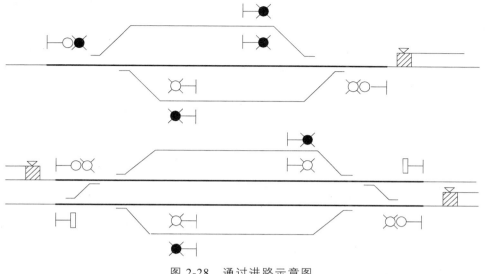

图 2-28　通过进路示意图

4．各种联锁设备应满足的条件

（1）当进路上的有关道岔开通位置不对或敌对信号机未关闭时，防护该进路的信号机不能开放。

（2）信号机开放后，该进路上的有关道岔不能扳动，其敌对信号机不能开放。

（3）半自动闭塞、自动站间闭塞及三显示自动闭塞区段，正线上的出站信号机未开放时，进站信号机不能开放通过信号。

（4）主体信号机未开放时，预告信号机不能开放。

（5）区间辅助所内正线上的道岔未开通正线时，两端站不能开放有关信号机。设在辅助所的闭塞设备与有关站闭塞设备应联锁。

三、闭　塞

1．闭塞的含义

正常情况下，列车运行采用空间间隔法行车，即在同一时间、同一区间只准许一列列车运行。为实现这一要求的技术设备称为闭塞设备，实现这一要求的方法称为闭塞法。

2．闭塞的分类

（1）自动闭塞——利用通过信号机把区间划分为若干个装设轨道电路的闭塞分区，通过轨道电路将列车和信号机的显示联系起来，使信号机的显示随着列车运行位置而自动变换的一种闭塞方式。

（2）自动站间闭塞——采用轨道检查装置自动检查区间空闲，列车以站间区间为间隔运行，通过办理发车进路和检查列车出清区间的方式，自动实现区间闭塞和区间开通的闭塞方式。

（3）半自动闭塞——由人工办理行车联络手续，以出站信号机的开放显示作为行车凭证，列车出站压上专用轨道电路，出站信号机即自动关闭，在列车到达对方站以前，两站的出站信号机都不能再次开放的闭塞方式。

以上三种为基本闭塞法，基本闭塞法停用时采用电话闭塞法。

在列车运行速度超过 120 km/h 的双线区段，采用速差式自动闭塞，列车紧急制动距离由两个及以上闭塞分区长度保证。

四、列车调度指挥系统与调度集中系统

调度集中是调度中心（调度员）对某一区段内的信号设备进行集中控制、对列车运行进行直接指挥和管理的技术装备。

调度员可在调度所的操纵台上，监督和操纵管辖区段内各站的有关信号机和道岔，直接组织和指挥列车运行。区段两端的编组站、区段站或较大的中间站，因作业繁忙可不列入集中操纵，但出站信号机必须受调度集中控制。

铁路运输指挥应采用列车调度指挥系统（TDCS）或调度集中系统（CTC）。

1．列车调度指挥系统（TDCS）

TDCS 由国铁集团、铁路局集团、车站三级构成，应能实时自动采集列车运行及现场信号设备状态信息，并传送到国铁集团调度指挥中心和铁路局集团调度所，完成列车运行实时追踪、无线车次号校核、自动报点、正晚点统计分析、交接车自动统计、列车实际运行图自动绘制、阶段计划人工和自动调整、调度命令及行车计划下达、站间透明、行车日志自动生成等功能，实现各级运输调度的集中管理、统一指挥和实时监督。

2．调度集中系统（CTC）

CTC 由铁路局集团、车站两级构成。CTC 除实现 TDCS 的全部功能外，还应实现列车编组信息管理、调车作业管理、综合维修管理、列车/调车进路人工和计划自动选排、分散自律控制等功能。

五、机车信号、列车运行监控装置、轨道车运行控制设备

针对最高运行速度不超过 160 km/h 的机车，机车信号设备与列车运行监控装置（LKJ）结合使用，轨道车等自轮运转特种设备使用轨道车运行控制设备（GYK）。

1．机车信号

机车信号分为连续式和接近连续式。自动闭塞区段应装设连续式机车信号，半自动闭塞和自动站间闭塞区段应装设接近连续式机车信号。

车站正线、到发线应实现电码化或采用与区间同制式轨道电路。

机车信号的显示，应与线路上列车接近的地面信号机的显示含义相符。机车停车位置，应以地面信号机或有关停车标志为依据。

2．列车运行监控装置（LKJ）

列车运行监控装置（LKJ）具有监控、记录、显示及报警等功能。

LKJ软件、基础数据和控制模式设定的管理，按国铁集团有关规定执行。各机车、动车组运用区段车载数据文件的编制和控制模式的设定和调整，应由铁路局集团专业机构实施，由铁路局集团实行集中统一管理。

装备在机车上的LKJ设备应按高于线路允许速度2 km/h报警、3 km/h卸载、5 km/h常用制动、8 km/h紧急制动设置模式曲线。

LKJ产生的列车运行记录数据是行车安全分析的重要依据，任何单位和人员不得更改。电务维修机构应妥善保存LKJ列车运行记录数据。

3．轨道车运行控制设备（GYK）

轨道车运行控制设备（GYK）具有轨道电路信息接收、运行监控、警醒、数据记录、语音记录及人机交互等功能。

轨道车运行控制设备（GYK）具有正常监控模式、目视行车模式、调车模式、区间作业模式和非正常行车模式等控制模式。

六、CTCS-2级列控系统

CTCS-2级列控系统就是要把整个的控制系统从原来的地面和车的各自独立的状态，改成地面和车的闭环控制。原来的运行控制模式通俗一点讲，就是司机自己开自己的车，地面管自己的设备，车地之间没有信息交换。而采用了CTCS-2级列控系统后，地面控制的信息是要传达到车上去的，而且是实时地传上去。同时，车站的ATP设备（列车运行自动防护系统，防止列车的超速）能自动生成列车的控制模式曲线，也会适时地传给车载设备，这样司机就不用看地面的信号机，而是通过ATP的人机界面，根据里面传输过来的信息来驾车了。CTCS-2这种采用车地一体化系统设计的列车运行控制系统，适应了速度为200 km/h的列车的运行需求，适用于各种限速区段。

CTCS-2级列控系统基于轨道电路和点式应答器传输行车许可信息，采用目标距离连续速度控制模式监控列车运行。完全监控模式下按高于线路允许速度2 km/h报警、5 km/h常用制动、10 km/h紧急制动设置模式曲线。

1．设备组成

CTCS-2 级列控系统由列控车载设备和地面设备组成。列控车载设备主要由车载安全计算机、轨道电路信息读取器、应答器信息接收单元、列车接口单元、记录单元、人机界面等部件组成。列控地面设备由列控中心、临时限速服务器、ZPW-2000 系列轨道电路、应答器等设备组成，如图 2-29 所示。

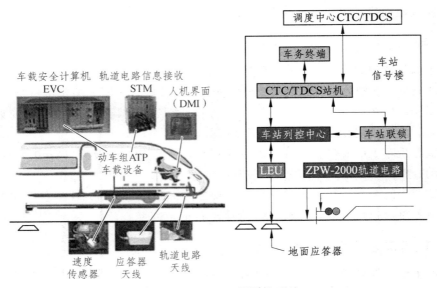

图 2-29　CTCS-2 级列控系统

2．系统构成

CTCS-2 级列控系统包括两个子系统：地面子系统和车载子系统。

地面子系统产生出列车控制所需要的全部基础数据，例如列车的运行速度、间隔时分等，并将地面传来的信号进行信息处理，形成列车速度控制数据及列车制动模式，用来监督或控制列车安全运行。CTCS-2 级列控系统改变了传统的信号控制方式，可以连续、实时地监督列车的运行速度，自动控制列车的制动系统，提高线路的通过能力，实现列车的超速防护。

地面子系统由以下部分组成：应答器、ZPW-2000 轨道电路、无线通信网络 GSM-R、车站列控中心（包括地面电子单元 LEU）等。其中 GSM-R 不属于 CTCS-2 级列控系统设备，是其信息传输平台。

车载子系统以车载安全计算机为核心，实现对列车运行控制信息的综合处理，生成目标距离模式曲线，防止列车超速运行，保证列车运行间隔。

车载子系统由 CTCS 车载设备和无线系统车载模块组成。CTCS 车载设备是基于安全计算机的控制系统，通过与地面子系统交换信息来控制列车运行。无线系统车载模块用于车载子系统和车站列控中心进行双向信息交换。

3．车站列控中心

CTCS-2 级列控系统首次采用了按统一标准、功能需求和技术平台研发的具有自主知识产权的车站列控中心，所有的控车数据都是由列控中心来控制的，经过逻辑运算处理之后再发送给列车，这就实现了车地的闭环控制。从既有线的角度来说，实现了地面指定信息适时传输到列车上。采用车站列控中心后，脱离以前的运行模式，可以完全取消地面信号机，司机完全可以不靠地面信号机来驾车，而靠车载设备提供的信息来驾车。从整个方案来说，这是技术上的大跨越，也是铁路原始创新的重大成果。

车站列控中心是 CTCS-2 级列控系统的核心设备，作为地面设备的总负责系统，它既需要和既有系统接口，又是地面 LEU 电子单元和点式应答器设备的控制中心，它在列控系统中连接各个控制系统，从而起到纽带作用。由于列车进路和线路临时限速是保证列车安全运行的关键信息之一，所以要求车站列控中心必须是安全系统，符合"故障-安全"设计原则。在任何情况下，不会因为车站列控中心的故障，导致向 LEU 电子单元发送可能危及行车安全的报文。车站列控中心与 LEU 通信连接中断后，将由 LEU 发送车站进路报文和线路临时限速报文，保证列车运行安全。

第五节　铁路通信

铁路通信网是覆盖铁路的统一、完整的专用通信网，为运输生产和经营管理提供话音、数据和图像通信业务。

铁路通信应根据下列主要通信业务，配置相应通信设备：

（1）普通电话（固定、移动）。

（2）专用电话（固定、移动），包括调度电话、车站（场）电话、站间行车电话等。

（3）会议电话。

（4）广播。

（5）数据承载。

（6）数据终端（铁路电报、列车调度命令信息无线传送、车次号校核信息无线传送、列车尾部风压信息传送、列车安全防护预警信息传送等）。

（7）图像通信（会议电视、综合视频监控等）。

（8）应急通信。

（9）时钟、时间同步基准信号。

一、承载网

传输网应提供多种速率、类型的通信通道。传输网应对重要业务通道进行保护，重要业务节点的系统和设备应采用冗余配置。

数据通信网应为铁路运输组织、客货营销、经营管理等信息系统和综合视频监控、会议电视、应急通信、GPRS、旅客服务等业务提供承载平台。

数据通信网中的重要节点设备应冗余配置，其设备间的连接应采用不同的物理路由。

二、业务网

铁路各调度区段应设置调度通信系统，提供调度电话、车站（场）电话、站间行车电话等专用电话业务，满足铁路运输组织和生产指挥的需要。调度通信网络应保持相对独立和专用。

三、支撑网

在国铁集团调度指挥中心、铁路局集团调度所、车站等节点根据需要设置时钟同步及时间同步系统设备，为铁路各专业系统及地面电子时间显示设备提供统一的时钟、时间同步基准信号源。

在通信机房，设置电源及机房环境监控系统，对温度、湿度、门禁、通信电源系统等状况进行统一监控。

铁路通信网应设置网元管理和综合网管系统。根据需要设置光缆监测、漏缆监测、铁塔安全监测、无线电频率干扰监测、GSM-R网络接口监测等系统。

四、信号、通信线路及其他

干线、地区及站场的光、电缆宜敷设在预埋管道或预制电缆槽内。调度所、通信枢纽、车站、区间信号中继站、通信基站、牵引变电所等重要业务站点宜采用不同物理路由的光缆引入。

铁路信号、通信线路应敷设在铁路线路安全保护区内。

信号传输线路，可采用电缆、光缆等传输手段。通信传输线路以光缆为主。

在最大弛度时，架空光电缆及线条最低点至地面、轨面的一般距离规定如下：

（1）在区间，距地面不小于 3 000 mm。

（2）在站内，距地面不小于 4 500 mm。

（3）跨越道路，距地面不小于 5 500 mm。

（4）在与铁路交叉地点，距钢轨顶面不小于 7 500 mm。

第六节　机车车辆

一、机车设备

为保证机车良好的技术状态，应有进行检修和整备作业的机务段、机车检修段等机务维修机构。

机务段宜设置在客、货列车始发终到较多，车流大量集散的枢纽地区，有利于机车的集中配置使用。段内停放机车和整备作业的线路应平直，线路纵断面的坡度不得超过 1‰。

机务段、机车检修段根据承担机车运用、整备、检修的范围配备必要的机车运用、整备、检查、检测、修理设备和设施。

机车整备根据需要应有股道管理自动化系统和整备库（棚）、检测棚、整备线检查坑和作业平台等设施，设置机车补充砂、水、润滑油、燃料及转向、检查、检测、清洗、保养、卸污、化验等机车整备设备；配备机车检修必要的设备、设施；电力机车整备线的接触网应有分段绝缘器、隔离开关设备及联锁标志灯等。

机车检查、检测、修理根据需要应有机车检修库和配件修理、辅助加工、动力、起重、运输、检测、试验、存储等厂房及设备，应设置行车安全设备检测、维修的设备和设施。

配属、支配使用内燃机车的机务段根据运用整备需要还应有 1～2 个月的机车燃料储存油库。

机车车辆轮渡应有船舶、栈桥、墩架、船舶整备和检修等设备，并应经常保持良好状态。轮渡船舶应按国家规定进行检验和检修。

二、车辆设备

为了保证车辆良好的技术状态，应有进行检修和整备作业的车辆段等车辆维修机构。

车辆段应设在编组站、国境站和枢纽，以及货车大量集散和始发终到旅客列车较多的地区。

车辆段应有车辆修理库、油漆库、配件检修库、预修库、车辆停留线和轮对存放库，并按车辆检修作业要求配备相应的起重、动力、配件检修、储油、压力容器、试验、化验、探伤、照明及废油、污水和污物处理等设备和设施，以及检测、维修车辆运行安全监测系统、轴温报警、客车尾部安全防护装置和车辆信息化系统、车辆集中空调及管道清洗消毒等设备和设施。段内的车辆检修、整备、停留的线路应平直，线路纵断面的坡度不得超过 1‰。

客车技术整备场所须有车辆停留线、整备库、临修库、材料配件库，并有相应的检修地沟、地面电源、污水和污物处理、车顶作业等满足检修要求的设备和设施，根据需要还须有带动力电源的空调检修库、轮对镟修、暖气预热等设备和设施。设置电动脱轨器、微机控制列车制动机试验设备和客车尾部安全防护装置检测设施。

车辆技术检查作业场所须设有值班室、待检室、待班室、材料配件库及站场对讲、广播、地面试风系统、集控联锁安全防护装置，客列检作业场所还须设置列车预确报、现在车管理等信息系统设备终端。有货车技术检查作业的车站或枢纽应设站修场所。

站修场所须有修车库、材料配件库、轮对存放库，并有满足车辆检修作业要求的设备及风管路、水管路、电焊回路、照明等设施；根据需要还应有轮对镟修设备。

配备车辆运行安全监测系统的线路按规定设置探测站。国铁集团设全路车辆运行安全监管中心，铁路局设车辆运行安全中心监测站和行调复示终端，车辆段设车辆运行安全管理工作站，货车技术作业场所设车辆运行安全中心复示站，根据需要设置动态检车室。

翻车机、散装货物解冻库应进行定期检修和测试。新设、大修及重大技术改造的翻车机、散装货物解冻库应符合规定的技术条件，并经检测合格后方可投入使用。其他装卸设备应满足爱护铁路车辆的有关要求。

车辆段、客车技术整备场所根据需要设置固定或移动卸污设备。

三、车　辆

车辆按用途分为：客车、货车及特种用途车（如试验车、发电车、轨道检查车、检衡车等）。

车辆应有识别的标记：路徽、车型、车号、制造厂名及日期、定期修理的日期及处所、自重、载重、容积、换长等；车辆应有车号自动识别标签；客车及固定配属的货车上应有所属局段的简称；客车还应有车种、定员、最高运行速度标记；罐车还应有容量计表标记；电气化区段运行的客车、机械冷藏车等应有"电化区段严禁攀登"的标识。

车辆实行计划预防修，并逐步扩大实施状态修、换件修和主要零部件的专业化集中修。客车和特种用途车实行以走行公里为主、时间周期为辅的计划预防修，最高运行速度不超过 120 km/h 的客车修程分为厂修、段修、辅修，最高运行速度超过 120 km/h 的客车修程分为 A4、A3、A2、A1；货车修程分为厂修、段修、辅修。

检修周期及技术标准，按国铁集团车辆检修规程执行。

四、动车组设备

动车段、动车所应具备动车组运用检修、行车安全设备检修、客运整备能力及相应的存车条件；承担动车组三、四、五级修程的动车段还应具备动车组相应修程的检修能力。

动车段、动车所应设有动车组管理信息系统。

五、动车组

动车组应有识别的标记：路徽、配属局段简称、车型、车号、定员、自重、载重、全长、最高运行速度、制造厂名和日期、定期修理日期、修程和处所。动车组应有"电化区段严禁攀登"的标识。

动车组应具有列车运行安全监控功能，对重要的运行部件和功能系统进行实时监测、报警和记录，并能及时向动车段、动车所传输。

动车组须配备机车综合无线通信设备（CIR）、列控车载设备、车载自动过电分相装置等，满足相应速度等级运行需要。

动车组重联或长编组时，工作受电弓间距为 200～215 m。在特殊情况下，工作受电弓间距不满足 200～215 m 时，须校核分相布置及工作受电弓间距匹配情况，并通过上线运行试验确认。

动车组实行以走行公里周期为主、时间周期为辅的计划预防修，检修方式以换件修为主，主要零部件采用专业化集中修。动车组修程分为一、二、三、四、五级，检修周期及技术标准按国铁集团动车组检修规程执行。

六、自轮运转特种设备

自轮运转特种设备是在铁路营业线上运行的铁路轨道车、救援起重机及铁路施工、维修专用车辆（包括架桥机、铺轨机、接触网作业车、大型养路机械等）。

自轮运转特种设备须符合国家和铁道行业有关标准。轨道车等自轮运转特种设备按列车运行时，轨道车运行控制设备、列车无线调度通信设备应作用良好，运行状态下应满足机车车辆限界的规定。

自轮运转特种设备的设计、制造、审查、监造、验收、试验、运用、检修及过轨技术检查，按有关规定执行。

第七节　供电、给水

一、牵引供电

为保持牵引供电设备良好的技术状态，保证牵引供电系统安全运行，应设供电段等供电维修机构。供电维修机构管辖范围应根据线路及供电设备条件确定。

牵引供电设备包括：变电设备（变电所、开闭所、分区所、自耦变压器所）、接触网和远动系统。

牵引供电设备应保证不间断行车的可靠供电。牵引供电能力应与线路的运输能力相适应，满足规定的列车重量、列车密度和运行速度的要求。接触网标称电压值为 25 kV，最高工作电压为 27.5 kV，短时（5 min）最高工作电压为 29 kV，最低工作电压为 19 kV。

牵引变电所须具备双电源、双回路受电。牵引变压器采用固定备用方式并具备自动投切功能。当一个牵引变电所停电时，相邻的牵引变电所能越区供电。运行期间平均功率因数不低于 0.9。

牵引供电调度系统应具备对牵引供电设备状况进行远程实时监控的条件，并纳入调度系统集中统一管理。

接触网的分段、分相设置应考虑检修停电方便和缩小故障停电范围，并充分考虑电力牵引的列车、动车组正常运行和调车作业的需要。分相的位置应避免设在进出站和变坡点区段。双线电气化区段应具备反方向行车条件。

负荷开关和电动隔离开关应纳入远动控制。

枢纽及较大区段站应设开闭所。

确需由车站接触网引接小容量非牵引负荷时，须经铁路局批准。

牵引供电设备检修、试验和抢修应配备牵引供电安全检测监测系统，变电检测、试验设备，接触网检修、检测设备，接触网抢修车列，绝缘子冲洗设备等设备、设施。

接触网一般采用链型悬挂方式，其最小张力，见表 2-15。接触线一般采用铜合金材质。

表 2-15　接触网最小张力

列车运行速度/（km/h）	综合张力/kN	接触线张力/kN
$v \leqslant 120$	25	10
$120 < v \leqslant 160$	28	13
$160 < v \leqslant 200$	30	15

接触线距钢轨顶面的高度不超过 6 500 mm；在区间和中间站，不小于 5 700 mm（旧线改造不小于 5 330 mm）；在编组站、区段站和个别较大的中间站站场，不小于 6 200 mm；站场和区间宜取一致；双层集装箱运输的线路，不小于 6 330 mm。

在电气化铁路竣工时，由施工单位在接触网支柱内缘或隧道边墙标出线路的轨面标准线，开通前供电、工务单位要共同复查确认，有砟轨道每年复测一次，复测结果与原轨面标准线误差不得大于 ±30 mm。特殊情况需调整轨面标准线时，由供电、工务部门共同确认，并经铁路局批准。

接触网带电部分至固定接地物的距离，不小于 300 mm；至机车车辆或装载货物的距离，不小于 350 mm。跨越电气化铁路的各种建（构）筑物与带电部分最小距离，不小于 500 mm。当海拔超过 1 000 m 时，上述数值应按规定相应增加。大风、严寒地区应预留风力、覆冰对绝缘距离影响的安全余量。

在接触网支柱及距接触网带电部分 5 000 mm 范围内的金属结构物须接地。天桥及跨线桥跨越接触网的地方，应按规定设置安全栅网。

有大型养路机械作业的路基地段，接触网支柱内侧距线路中心距离不小于 3 100 mm。

架空电线路跨越接触网时，垂直距离应符合表 2-16 和表 2-17 的规定：

表 2-16　跨越接触网的架空电线路与接触网的垂直距离

跨越接触网的电力线路电压等级/kV	电力线至接触网的垂直距离/mm
35～110	≥3 000
220	≥4 000
330	≥5 000
500	≥6 000

表 2-17　跨越接触网的超高压架空电线路距轨面最小垂直距离

跨越接触网的电力线路电压等级/kV	距轨面最小垂直距离/mm
750	21 500
1 000	27 000（单回）
	25 000（双回）
直流±800	21 500

35 kV 以下的电线路（包括通信线路、广播电视线路等）不得跨越接触网，应由地下穿过铁路。

接触网支柱不应附挂通信、有线电视等非供电线路设施，特殊情况需附挂时，应经铁路局批准。

为保证人身安全，除专业人员执行有关规定外，其他人员（包括所携带的物件）与牵引供电设备带电部分的距离，不得小于 2 000 mm。

在设有接触网的线路上，严禁攀登车顶及在车辆装载的货物之上作业；如确需作业时，须在指定的线路上，将接触网停电接地并采取安全防护措施后，方准进行。

双线电气化铁路实行 V 形天窗作业时，为确保人身安全，应在设备、机具、照明、作业组织等方面采取相应措施。

二、电力、给水

电力设备包括变电所、配电所、自闭贯通电线路、箱式变电站等。

电力设备应具备：贯通线路由两端变、配电所供电的互供条件，变、配电所跨所供电的条件，远程监控条件，电气试验设备，快速抢修能力。

电力变、配电所的控制保护测量设备，应纳入远动系统调度管理；箱式变电站应设置远动终端，纳入远动系统。

10 kV 及以上电力线路不允许附挂通信、有线电视等非供电线路设施。

铁路各车站及设有人员看守的道口都应有可靠的电力供应，沿线车站原则上通过电力贯通线供电。根据需要，铁路应自备发电所或发电机组。自动闭塞信号应由单独架设的自闭电线路供电。

铁路供电设备应满足下列要求：

一级负荷应有两个独立电源，保证不间断供电；二级负荷应有可靠的专用电源。

受电电压根据用电容量、可靠性和输电距离，可采用 110 kV、35（63）kV、10 kV 或 380 V（220 V）。用户受电端供电电压允许偏差见表 2-18。

表 2-18　用户受电端供电电压允许偏差

条件	允许偏差
35 kV 及以上高压供电线路	10%（电压正负偏差的绝对值之和）
10 kV 及以下三相供电线路	±7%
220 V 单相供电线路	−10%～7%
自动闭塞信号变压器二次端子	±10%
电力系统非正常情况下	±10%（用户受电端的电压值）

第八节　铁路信息系统

一、铁路信息系统的定义

铁路信息系统是铁路运输生产和经营管理的重要手段。信息系统建设应坚持统一领导、统一规划、统一标准、统一建设、统一管理的原则，做到资源集中、互联互通、信息共享、应用集成、业务协同、安全可靠。

二、信息系统设备的分类

按其用途和性质分为两类。

一类设备：用于铁路运输生产和经营管理并且要求不间断运行的系统设备，主要为服务器端设备、网络设备和要求不间断运行的客户端设备等。

一类设备应具有高可用性和高可靠性，采用冗余和备份配置，采用监控诊断、数据备份与恢复、安全防护等技术措施和设备，应提供 7×24 h 技术支持与维护服务，保证系统安全可靠运行。

二类设备：一类设备之外的其他设备。

二类设备应配备一定比例的备用设备，采用相应的安全防护技术措施和设备，应提供不低于 5×8 h 技术支持与维护服务，保证设备的正常使用。

三、铁路信息网络

铁路信息网络由国铁集团、铁路局集团、站段三级局域网及其互联的广域网构成。国铁集团、铁路局集团局域网分为安全生产网、内部服务网和外部服务网，站段局域网分为安全生产网、内部服务网。直接关系铁路运输生产的信息系统应部署在安全生产网，为铁路内部提供一般性服务的信息系统应部署在内部服务网，为社会提供公共服务的应用系统应部署在外部服务网。

安全生产网与内部服务网间实行逻辑隔离。安全生产网、内部服务网与外部服务网间实行安全隔离。禁止安全生产网和内部服务网直接与互联网连接，禁止外部服务网用户和设备直接访问安全生产网、内部服务网资源。

第九节　房屋建筑和铁路用地

一、房屋建筑

为保证房建设备良好的技术状态，应设房建段等维修机构，根据检查和维修需要配备相应的维修工机具、备品备件及运输工具。

铁路运输房建设备，包括为铁路运输服务的房屋、构筑物及附属设备，是铁路运输生产的重要基础设施，须满足运输生产、调度指挥及客货营销的需要，应保持完好和使用安全。发生自然灾害或其他意外事故造成影响房建设备安全使用时，应及时组织抢修，迅速恢复使用。

铁路局集团应定期组织对管内房建设备的技术状态和使用安全情况进行检查，根据技术状态实行分级管理和有计划、按周期进行修缮（包括检修、综合维修和大修）。对无站台柱雨棚、大型钢结构房屋及幕墙等房建设备应进行预防性修缮，实时掌握其结构变化，及时消除病害隐患。

对有倒塌危险或存在严重安全隐患的房屋建（构）筑物，应尽快排险解危，须停止使用和整栋拆除的，应由房建单位书面通知使用单位。对技术状态不良、条件差的房建设备，要全面规划，逐年进行大修和改造。

需要改变房建设备使用环境和用途时，须征得房建部门的同意，报铁路局集团相关部门批准。需要拆除或报废房建设备时，须经房建部门审核，按规定办理固定资产报废手续。

二、铁路用地

铁路用地是铁路的重要资产和运输生产的重要基础，应以保障用地安全、实现保值增值为目的，加强保护，合理利用。

铁路用地分为运输生产用地、辅助生产用地、生活设施用地和其他用地。

铁路土地利用规划应依据铁路发展规划以及当地土地利用总体规划、城乡总体规划进行编制，并纳入当地土地利用总体规划和城乡总体规划。

铁路用地应按规定申请土地登记，领取土地权属证书并集中保管。对涉及铁路用地的相关资料，应进行收集、分类、组卷、归档、统计。开展铁路用地图绘制和定期修测。建立铁路用地监察网络，开展巡查和看护，对违法用地行为依法清理整治。

涉及铁路用地改变权属、用途等开发利用行为及在铁路用地范围内实施穿越、跨越等工程，应按规定程序审核、批准，办理相关用地手续。

铁路用地应按地界线埋设地界桩，地界桩制作和埋设应符合有关标准。

铁路封闭设施应在地界线设置。需为通行、排水、耕作等提供便利条件的地段，可在地界线内 0.5 m 处或根据实际情况设置。封闭设施设置在地界线上的，可不埋设地界桩。

铁路建设应及时收集整理建设用地资料，编制建设用地竣工文件，按规定标准绘制竣工用地平面图。建设项目竣工后，应组织建设用地验收。

三、行车时刻

全国铁路的行车时刻，均以北京时间为标准，从零时起计算，实行 24 小时制。

为确保时钟准确，铁路地面固定设备的系统时钟，当具备条件时，应接入铁路时间同步网；不具备条件时，可独立设置卫星授时设备。

铁路行车房舍内和办理行车工作的有关人员均应备有钟表。钟表的时刻应与调度所的时钟校对。

调度所的时钟及各系统的时钟须定期校准。钟表的配置、校对、检查、修理及时钟校准办法，由铁路局集团规定。

专栏 2-1 "10.15"黎湛线 43031 次货物列车脱轨铁路交通重大事故

一、事故概况

2020 年 10 月 15 日 8 时 10 分，南宁局集团公司管内 43031 次货物列车运行至黎湛线塘口至湛江站间下行线 K302＋500 处，因发生路基滑塌，造成机后第 7 至 27 位车辆脱轨，其中机后 16、17、19、20 位侵入上行线，无人员伤亡，中断黎湛上行线行车 8 小时 46 分、下行线行车 41 小时 47 分，构成铁路交通较大事故。

二、应急处置情况

事故发生后，国家铁路局高度重视，立即责成广州铁路监督管理局主要负责同志带队赶赴事故现场，会同湛江市人民政府、南宁局集团公司、南宁铁路公安局等单位共同做好事故应急救援、现场处置等工作。经救援，15 日 16 时 56 分开通上行线路、17 日 1 时 57 分开通下行线路，恢复黎湛线行车。

三、事故发生的原因

事故地段 K302＋441—K302＋558 路基地下水位较高，修建年代早、标准低，建设期未对软弱地基进行处理；受第 16 号台风"浪卡"影响，10 月 13 日至 15 日超百年一遇的连续强降雨，经道砟下渗，路堤填料含水量增加、力学指标降低，下滑力增加；路堤坡脚受水浸泡，土层力学指标降低，抗滑力减小；加之过往列车荷载，致使路堤突然失稳滑塌。43031 次货物列车运行至该段线路时因轨道结构破坏、承载力缺失脱轨。

四、事故造成的人员伤亡和直接经济损失

（1）人员伤亡情况：事故未造成人员伤亡。

（2）直接经济损失：事故造成直接经济损失为 1 446.172 7 万元。

五、事故定性定责

依据《铁路交通事故应急救援和调查处理条例》《铁路交通事故调查处理规则》有关规定，该起事故是恶劣气象和特殊地质条件下路堤边坡突发滑塌所致，为自然灾害造成的铁路交通较大事故，列中国铁路南宁局集团有限公司非责任事故。

第三章

编组列车

本章重点：

◇ 列车
◇ 基本要求
◇ 列车中机车的编挂
◇ 旅客列车中车辆的编挂
◇ 列车编组顺序表
◇ 货物列车中车辆的编挂
◇ 列车中车辆摘挂的分工

第一节　列　车

一、列车的含义

按照列车编组计划、列车运行图和《技规》等有关规定编挂在一起的车列，并挂有机车及规定列车标志，称为列车。动车组列车为自走行固定编组列车。列车标志是根据列车种类及运行的线路和方向，在头部和尾部分别显示不同的标志。

单机、动车、重型轨道车虽未完全具备列车条件，亦按列车办理。单机（包括单机挂车）、大型养路机械及重型轨道车，因运输需要，需发往区间时，由于其编组内容较一般列车简单，因而部分条件可以简化，不必完全具备列车条件，即没有车列或部分列车标志，但其他运行条件，仍须符合《技规》的规定。并在办理闭塞、接发列车手续和要求上，在服从调度指挥及发生事故处理等方面，均应按照列车运行的规定办理。

为了保证旅客列车的运行安全，便于后行列车确认，旅客列车的尾部标志应使用电灯。为了加强灯具的保管、维修，规定除动车组以外的旅客列车尾部标志灯的摘挂、保管由车辆部门负责。对中途转向的，除动车组以外的旅客列车，为了节省换挂标志灯的时间，应有备用标志灯，以备转向时使用，确保列车能正点运行。动车组尾部标志灯不能摘挂，不需要对尾部标志灯的摘挂、保管。

二、列车的分类

1．按运输性质分类

（1）旅客列车（动车组列车，特快、快速、普通旅客列车等）。旅客列车分类中增加动车组列车，动车组列车已成为一种重要的旅客运输工具，运行速度和行车条件与其他列车有较大差别，需单独增加动车组列车的分类。

（2）特快货物班列。

（3）军用列车。

（4）货物列车（快速货物班列、快运、重载、直达、直通、冷藏、自备车、区段、摘挂、超限及小运转列车等）。"行邮列车"更名为"特快货物班列"，使用行邮车底，单独分类；"行包列车"更名为"快速货物班列"，纳入货物列车分类。

（5）路用列车。

2．列车运行等级顺序

列车运行等级顺序原则上按速度等级从高到低排序，同速度等级的列车原则上按以下等级顺序：

（1）动车组列车。

（2）特快旅客列车。

（3）特快货物班列。

（4）快速旅客列车。

（5）普通旅客列车。

（6）军用列车。

（7）货物列车。

（8）路用列车。

开往事故现场救援、抢修、抢救的列车，应优先办理。

特殊指定的列车或列车种类，其等级应在指定时确定。

3．货物列车的分类

（1）按编组地点和运行距离分。

① 直达列车：含始发直达列车、阶梯直达列车、基地直达列车、空车直达列车、技术直达列车。

② 直通列车。

③ 区段列车。

④ 摘挂列车。

⑤ 小运转列车：含区段小运转列车、枢纽小运转列车。

列车分类如图 3-1 所示。

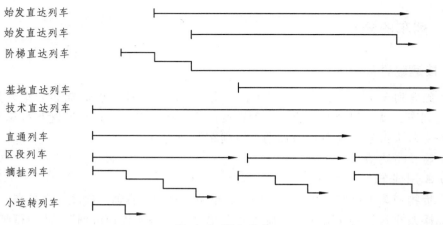

图 3-1 列车分类

（2）按运输种类和用途分。

① 五定班列——定点、定线、定车次、定时（运到时间）、定价的远距离直达列车。五定班列又细分为集装箱五定班列和普通五定班列。

② 快运货物列车——快速运送鲜活、易腐及其他急运货物的列车。

③ 煤炭直达列车——专门运输煤炭的直达列车。

④ 石油直达列车——专门运输石油的直达列车。

⑤ 超限货物列车——挂有装载超限货物车辆的列车。

⑥ 重载货物列车——列车总重不低于 5 000 t 的列车。

⑦ 军用列车——运送军用物资的列车。

⑧ 保温列车——由保温车（冷藏车）组成的列车。

⑨ 自备车列车——由企业自备车组成的列车。

⑩ 路用列车——运送铁路自用物资的列车。

⑪ 救援列车——为事故救援开行的列车。

专栏 3-1　计划不清，重点列车错办停车

一、事故概况

2007 年 7 月 1 日 14 时 38 分，××车务段××站车站值班员接到列车调度员布置："7501 次列车待避 L195 次，L195 次跟着前行的 T165 次开"。L195 次在邻站通过后，车站值班员布置了 5 道接车。当 L195 次于 15 时 00 分在陇西站 5 道停车后，客运值班员发现 L195 次是调运犯人列车，即向车站值班员汇报。车站值班员与列车调度员取得联系后，才知道该列车为重点列车，随即开放信号，L195 次在陇西站 15 时 03 分开车。

二、事故定性

根据《铁路行车事故处理规则》第 9 条：通过列车在站内停车，构成耽误列车运行一般事故。

三、事故涉及的规章条款原文

（1）《技规》第 165 条规定：列车调度员应注意列车在车站到发及区间的运行情况，正确、及时地处理临时发生的问题，防止列车运行事故。

（2）《技规》第166条规定：发收调度命令时，应填记《调度命令登记簿》（附件七），指定受令人员中一人复诵，并记明发收人员姓名及时刻。

（3）《技规》第167条规定：特殊指定的列车的等级，应在指定时确定。

（4）《调规》第50条规定：列车调度员根据列车实际运行情况，及时铺画和下达3~4小时列车运行调整计划。重点列车注意事项。

（5）《调规》第51条规定：专运和特殊指定的列车，按指定的等级运行。

（6）《调规》第56条规定：调度指挥，必须坚持安全生产。各级调度人员应做到：值班中要精力集中，坚守岗位，严格遵守规章制度，正确、及时处理问题。

三、列车车次的规定

为确保列车车次的全路统一性及有关行车设备和信息系统正常运行，列车车次编排仅限于使用大写汉语拼音字母和阿拉伯数字，总位数原则上不得超过7位。列车编用车次，旅客列车在全路范围、货物列车在铁路局集团管内不得重复，旅客列车车次由国铁集团确定，各铁路局集团不得超出上述车次规定范围擅自编造使用车次。

季节性、特定时间段开行的动车组、全程客运机车牵引的临时旅客列车，可使用相应等级图定车次。

列车运行方向，原则上以开往北京方向为上行方向。枢纽地区的列车运行方向有铁路局集团规定。列车须按规定编定车次，上行列车编为双数，下行列车编为单数。个别区间如按规定运行方向变更车次有困难时，可与规定方向不符。

我国现行列车车次编排见表3-1。

表3-1　列车车次

列车种类		车次范围	备注
一、旅客列车	1. 高速动车组旅客列车	G1—G9998	"G"读"高"
	其中：跨局	G1—G5998	
	管内	G6001—G9998	
	2. 城际动车组旅客列车	C1—C9998	"C"读"城"
	其中：跨局	C1—C1998	
	管内	C2001—C9998	
	3. 动车组旅客列车	D1—D9998	"D"读"动"
	其中：跨局	D1—D3998	
	管内	D4001—D9998	
	4. 直达特快旅客列车	Z1—Z9998	"Z"读"直"
	5. 特快旅客列车	T1—T9998	"T"读"特"

列车种类		车次范围	备注
	其中：跨局	T1—T4998	
	管内	T5001—T9998	
	6. 快速旅客列车	K1—K9998	"K"读"快"
	其中：跨局	K1—K6998	
	管内	K7001—K9998	
	7. 普通旅客列车	1001—7598	
	（1）普通旅客快车	1001—5998	
	其中：跨三局及其以上	1001—1998	
	跨两局	2001—3998	
	管内	4001—5998	
	（2）普通旅客慢车	6001—7598	
	其中：跨局	6001—6198	
一、旅客列车	管内	6201—7598	
	8. 通勤列车	7601—8998	
	9. 临时旅客列车	L1—L9998	"L"读"临"
	其中：跨局	L1—L6998	
	管内	L7001—L9998	
	10. 旅游列车	Y1—Y998	"Y"读"游"
	其中：跨局	Y1—Y498	
	管内	Y501—Y998	
	11. 动车组检测车	DJ5501—DJ5598	"DJ"读"动检"
	12. 回送出入厂客车底列车	001—00298	
	13. 回送图定客车底	在车次前冠以"0"	
	14. 因故折返旅客列车	原车次前冠以"F"	"F"读"返"
二、行包专列	1. 行邮特快专列	X1—X198	"X"读"行"
	2. 行包快运专列	X201—X998	
三、货物列车	1. 直达货物列车	80001—87998 10001—19998	
	其中：货运五定班列	80001—81748	
	快运货物列车	81751—81998	

列车种类		车次范围	备注
三、货物列车	煤炭直达列车	82001—84998	
	石油直达列车	85001—85998	
	始发直达列车	86001—86998	
	空车直达列车	87001—87998	
	技术直达列车	10001—19998	
	2. 直通货物列车	20001—29998	
	3. 区段货物列车	30001—39998	
	4. 摘挂列车	40001—44998	
	5. 小运转列车	45001—49998	
	6. 超限货物列车	70001—70998	
	7. 万吨货物列车	71001—72998	
	8. 冷藏列车	73001—74998	
	9. 军用列车	90001—91998	
	10. 自备车列车	60001—69998	
	11. 抢险救灾列车	95001—97998	
四、单机和路用列车	1. 单机	50001—52998	
	其中：客车单机	50001—50998	
	货车单机	51001—51998	
	小运转单机	52001—52998	
	2. 补机	53001—54998	
	3. 试运转列车	55001—55998	
	4. 轻油动车、轨道车	56001—56998	
	5. 路用列车	57001—57998	
	6. 救援列车	58101—58998	

第二节　基本要求

一、编组列车的依据

列车编组计划——全路的车流组织计划。列车中车组的编挂（编组内容、编挂顺序），须根据国铁集团和铁路局集团的列车编组计划进行；

列车运行图——铁路行车组织工作的基础。编组列车需符合运行图关于列车重量和长度标准的要求；

《铁路技术管理修程》——国家铁路技术管理的基本规章。编组列车需符合《技规》关于机车车辆编入列车的技术条件，隔离和编挂限制，"关门车"数量和位置要求，列车后部挂车及单机挂车等规定。

1．铁路运输组织主要内容

铁路运输组织流程如图 3-2 所示，图中还可见列车编组计划和列车运行图在铁路运输组织中所处的位置。

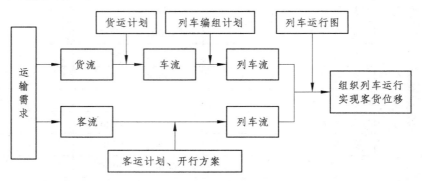

图 3-2　铁路运输组织流程

铁路运输组织主要包括旅客运输组织、货物运输组织、行车组织等三大部分。铁路运输组织学研究内容主要包括：

（1）客流、货流、运输流——运输组织的对象。

（2）车流组织——列车编组计划。

（3）列车流组织——列车运行图。

（4）月度运输计划——客货运计划，技术计划，运输方案。

运输方案是保证完成月、旬运输工作的综合部署。铁路局集团、站段，应根据实际情况，按照月度货物运输计划、技术计划、施工计划的要求和列车编组计划、列车运行图、机车周转图的规定，按级编制货运工作、列车工作、机车工作和施工安排等方案。各级运输部门，均应主动与路内外有关单位密切配合，共同编制和执行运输方案。

（5）日常运输计划——日、班计划，分以下三个层次。

① 车站（点）运输组织工作。

② 铁路局集团（线、局部路网）运输组织工作。

③ 国铁集团（全国路网）运输组织工作。

运输能力——实现运输的保证，本质是运输资源，含通过能力（主要按固定设备计算）以及输送能力（考虑活动设备和员工配备）。

运输统计分析——对运输成绩的考核与反思。

2．列车编组计划

（1）概念。

列车编组计划——全路的车流组织计划。列车中车组的编挂，须根据国铁集团和铁路局集团的列车编组计划进行。列车编组计划的编制，应在加强货流组织的基础上，最大限度地组织成组、直达运输，合理分配各编组站、区段站的中转工作，减少列车改编次数。

车流——具有一定去向的车辆的集合，分为重车流和空车流。

车流组织——把车流转变成列车流的工作。

列车流（简称"列流"）——具有一定去向的列车的集合。

车流组织具体解决两大问题：① 各线路方向究竟开行哪些列流？② 各支列流究竟吸收哪些车流？

（2）列车编组计划的内容与格式。

货物列车编组计划规定了车流编入列车的办法，是车流组织的具体体现，最后用表格的形式将它表示出来，装订成册。

① 主要内容。

发站——规定在哪些站编组列车。

到站——编组到达哪些站的列车。

列车种类——直达、直通、区段、摘挂、小运转等。

编组内容——列车中编挂哪些车流。

编组方式——混编、分组、按站顺编组、按到站成组等。

定期车次——规定列车车次。

以贵昆、湘黔线为例，根据 2004 年实际开行的列流，贵昆、湘黔线列车编组计划如图 3-3 所示。

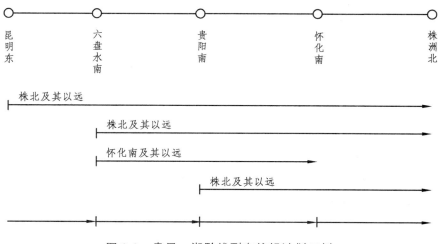

图 3-3　贵昆、湘黔线列车编组计划示例

② 格式。

车流组织的一般做法：在装车量大的车站（或地区）组织始发、阶梯、基地直达列车；在卸车量大的车站（或地区）组织空车直达列车；未纳入直达列车的车流向就近技术站集中，编组技术直达、直通、区段列车；中间站到发的零星车流，用摘挂、小运转列车输送。以重庆西站列车编组计划举例说明，见表 3-2。

表 3-2　列车编组计划

发站	到站	编组内容	列车种类	定期车次	附注
重庆西	襄樊北	襄樊北及其以远和空车不分组	技术直达	10002—10018	
	成都东	成都东及其以远	直通	25102—25142	
	赶水	1. 赶水及其以远（机次）； 2. 空车	区段		
	赶水	1. 珞璜至镇紫街间站顺（机次）； 2. 赶水及其以远	摘挂	40111—40113	
	重庆南	1. 小南海至大渡口间站顺（机次）； 2. 重庆南、重庆卸	枢纽小运转		

（3）列车编组计划的任务。

① 在装车站最大限度地组织始发、阶梯、基地直达列车。

② 正确规定技术站编组列车的办法，合理分配技术站的解编调车任务。

③ 最大限度地减少列车改编次数。

④ 规定合理的车流径路，充分利用平行线和支线放行车流，减轻主要方向的负担。

⑤ 合理组织管内车流，加速车辆周转。

⑥ 合理组织枢纽车流，减少站间交换车，充分利用枢纽联络线的通过能力。

（4）违反列车编组计划的几种情况。

① 直达列车的车流，编入直通、区段、摘挂、小运转列车，直通列车的车流，编入区段、摘挂、小运转列车，区段列车的车流，编入摘挂、小运转列车。

② 直通、区段、摘挂、小运转列车的车流，编入直达列车，区段、摘挂、小运转列车的车流，编入直通列车，摘挂、小运转列车的车流，编入区段列车。

③ 未按规定选分车组，或未执行指定的编挂顺序（执行隔离限制除外）。

④ 未按补轴、超轴规定编组列车。

⑤ 违反车流径路，将车辆编入异方向列车。

⑥ 未达到规定的基本组重量、辆数或长度。

⑦ 其他未按编组计划规定编组的列车。

专栏 3-2 "4.20" 火车颠覆重大事故

一、事故概况

2003 年 4 月 20 日 1 时 28 分，独山子石化分公司铁管处司机秦××，副司机李××驾驶东风 4 型 3677 号机车，牵引 3401 次列车到达南站 4 道，然后折返 3 道进行挂车作业。1 时 43 分，机车与停留车列连挂组成 3402 次列车（前 2 辆为空罐车，后 36 辆为柴油重车）。之后进行检车和甩车作业。1 时 56 分，3402 次列车（甩车后前两辆为空罐车，后 35 辆为柴油重车）开往北站。当列车驶出南站 500 m 左右下坡道处，司机对列车实施第一次制动，列车没有减速。司机马上对列车实施紧急制动，发现制动失效，随即向北站及交接站呼叫报告。2 时 03 分列车冲过北站，交接站在接到列车放飚信息后，果断启用安全线应急措施。2 时 16 分，3402 次列车冲出交接站安全线土挡脱轨颠覆，油品泄露引发火灾。导致 1 人死亡、1 人轻伤，直接经济损失 344.89 万元。

二、事故追踪

南站当值值班员在编制列车编组调车作业计划时，违反相关的牵引车辆定数管理规定的限制 2500 吨，编组 2536 吨，导致在发车前需要减机车牵引重量。在减机车牵引重量时，再次违反规定，下达甩 1 辆空车的指令（甩车后机车牵引质量为 2 515 t，仍超重），给关闭第 2 辆车前端折角塞门埋下了隐患。

这起事故的直接原因是 3402 次列车前部前端折角塞门被关闭，造成后部车辆不制动，导致列车制动失效放飚，冲出安全线挡土墙，脱轨颠覆引发火灾。

三、事故相关人员违反的规章及作业标准

（1）南站列检员违反铁管处《车站工作细则》第 34 条第 2 款关于试风不少于 3 次的规定，在试风 2 次后就发出试风完毕信号，没有进行第 3 次试风，失去了发现折角塞门关闭的机会。

（2）南站列检员、司机违反《技规》第 198 条简略试验第 5 项，在甩尾车作业后，没有进行列车制动机简略试验，失去了最后发现折角塞门关闭的机会。

（3）司机违反《技规》第 268 条相关规定。

（4）南站当值值班员在编组列车时，违反规定超轴编组；违反操作程序，被其关闭的机次 2 位前端塞门没有恢复到开通位置，导致列车制动系统失效，对事故负有直接责任，按照《刑法》第 132 条追究刑事责任。

四、事故涉及的法律及规章原文

（1）《车站工作细则》第 34 条第 2 款：编组始发列车，试风不少于 3 次。

（2）《技规》第 198 条简略试验第 5 项：在列车制动软管有分离情况下，应进行列车制动机简略试验。

（3）《技规》第 268 条：货物列车在站停车时，司机必须是列车发车前保持制动状态。发车前，司机鸣示缓解信号，进行缓解，确认发车条件具备后，方可启动列车。

（4）《刑法》第 132 条：铁路职工违反规章制度，致使发生铁路运营安全事故，造成严重后果的，处三年以下有期徒刑或者拘役；造成特别严重后果的，处三年以上七年以下有期徒刑。

3．列车运行图

（1）含义。

运用坐标原理表示列车运行的图解形式，是铁路行车组织工作的基础。与列车运行有关的铁路各部门，必须按列车运行图的要求，组织本部门的工作，以保证列车按运行图运行。

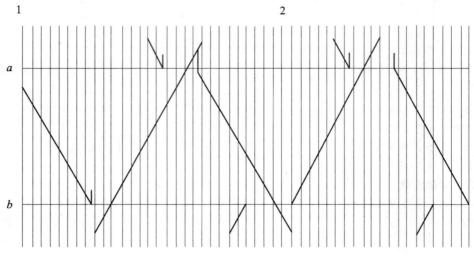

图 3-4　列车运行图

列车运行图应根据客货运量、区段通过能力等因素确定列车对数，并符合下列要求：

① 列车运行、车站间隔、技术作业等时间标准。

② 迅速、便利地运输旅客和货物。

③ 充分利用通过能力，经济、合理地运用机车车辆和安排施工、维修天窗。

④ 做好列车运行线与车流的结合。

⑤ 各站、各区段间的协调和均衡。

⑥ 合理安排乘务人员作息时间。

机车周转图应与列车运行图同时编制。

（2）内容。

① 规定各次列车占用区间的程序。

② 规定列车在区间的运行时间。

③ 规定列车在车站到、发、通过时刻，因而确定了列车的停站时间。

④ 规定各区段的列车重量和换长标准。

⑤ 规定机车交路、列车技术检查、设备检修、施工时间等。

（3）意义。

① 是全路组织列车运行的基础。

② 是铁路运输生产的综合性计划。

③ 是铁路与路外厂矿企业及社会生活联系的纽带。

（4）要求。

① 保证列车运行安全。

② 迅速、便利地输送旅客和货物。

③ 充分利用通过能力，经济、合理地运用机车车辆，妥善安排施工、维修天窗。

④ 做好流线结合。

⑤ 实现各站、各区段间的协调和均衡。

⑥ 合理安排乘务人员作息时间。

（5）分类。

① 按照区间正线数目不同可分为单线运行图、双线运行图和单双线运行图，如图3-5（a~c）所示。

② 按照列车运行速度不同可分为平行运行图和非平行运行图，如图 3-5（a）和3-5（d）所示。

③ 按上下行方向列车运行数目度不同可分为成对运行图和不成对运行图，如图3-5（a）和3-5（e）所示。

④ 按同方向列车运行方式不同可分为连发运行图和追踪运行图，如图 3-5（e）和图 3-5（f）所示。

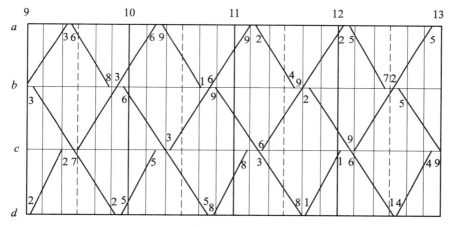

（a）单线成对平行运行图

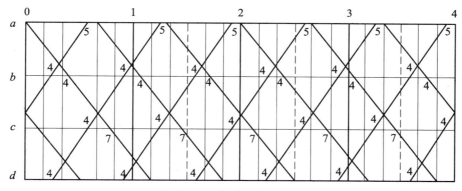

（b）双线成对平行运行图

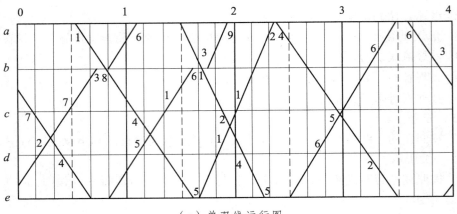

（c）单双线运行图

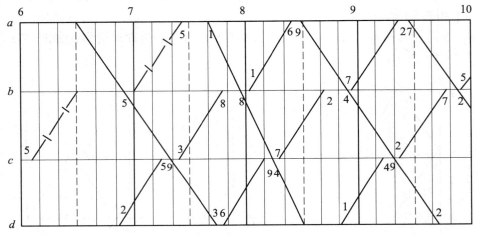

（d）非平行运行图

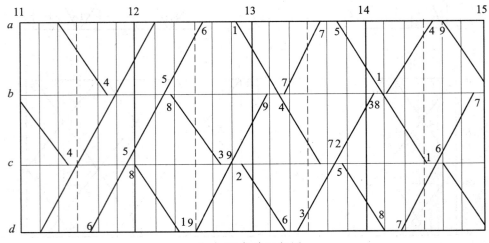

（e）不成对运行图

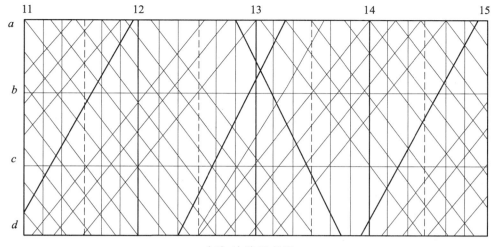

（f）追踪运行图

图 3-5　不同类型的列车运行图

专栏 3-3　列车调度员铺图铺点不及时，列车运行调整计划不合理

一、事故经过

2010 年 11 月 10 日，轨道车运行计划安排 56677 次在晏城北至晏城区间停车上、下施工人员。列车调度员铺画铺点不及时，列车运行调整计划不合理，未提前了解情况就盲目地在动车组前放行需区间停车上、下人员的轨道车，放行后对轨道车在区间运行时间、停车时间不掌握，影响后续动车组 D29、D35、D53 次列车区间运缓、晚点。

二、事故定责

列车调度员下达的列车运行调整计划不合理。

三、违反规章

（1）《调规》第 50 条：列车调度员须及时铺画和下达 3～4 h 列车运行调整计划；

（2）《技规》第 180 条：注意列车在车站到发及区间内的运行情况，正确、及时地处理临时发生的问题，防止列车运行事故。

二、列车重量与长度

列车应按《技规》、列车编组计划和列车运行图规定的编挂条件、车组、重量或长度编组。

动车组以外的旅客列车按列车编组表编组，机车后第一位编挂一辆未搭乘旅客的车辆作为隔离车。行李车、邮政车、发电车等非乘坐旅客的车辆应分别挂于机车后第一位和列车尾部，起隔离作用；在装设集中联锁的区段，并设有列车运行监控装置时，旅客列车可不挂隔离车。如隔离车在途中发生故障摘下时，可无隔离车继续运行。局管内旅客列车经铁路局长批准，可不隔离。

（1）列车重量：车列总重（＝自重＋载重）。列车重量应根据机车牵引力、区段内线路状况及其设备条件确定。编组超重列车时，编组站、区段站应商得机务段调度员同意，在中间站应得到司机的同意，并均须经列车调度员准许。

（2）牵引定数——运行图规定的列车重量标准。

（3）列车长度：车列实际长度，用换长表示。列车长度应根据运行区段内各站到发线的有效长，并须预留 30 m 的附加制动距离确定。超长列车运行办法，由铁路局集团规定。

（4）尾数波动：重量 ±80 t，换长在 1.3 以内。

（5）满轴：列车牵引重量或列车的换算长度之中只要其中一个数据达到运行图确定的标准。

（6）欠轴：列车牵引重量和列车的换算长度两项均未达到运行图确定的标准。

机车重量及长度见表 3-3，车辆重量及长度见表 3-4，根据实际情况增加了新型车辆，删除了淘汰车辆数据。

表 3-3　机车重量及长度表

种类	机　型	自重/t	换算长度	备　注
电力	SS1	137	1.9	
	SS3B	276	4.0	按双节计算
	SS4	184	3.0	按双节计算
电力	SS3、SS6、SS6B、SS7、SS7B、6K	138	2.0	
	SS7C	132	2.0	
	SS7D、SS7E、SS9	126	2.0	
	SS8	87/89	1.6	无列车供电/有列车供电
	8G、DJ1	184	3.2	按双节计算
	8K	184	3.4	按双节计算
	HXD1	200	3.2	按双节计算
	HXD2	200	3.5	按双节计算
	HXD1B、HXD2B、HXD3B	150	2.1	
	HXD1C、HXD2C	138/150	2.1	
	HXD3、HXD3C	138/150	1.9	
	HXD1D、HXD3D	126	2.1	
内燃	DF4、DF4B、DF4C、DF4D	127	1.9	
	DF5、DF7、DF7B、DF7C	130	1.7	
	DF7D	132	1.7	山区型自重 127 t，双司机室机车换长 1.8
	DF7E	145	1.8	
	DF7G	132	1.8	

种 类	机 型	自重/t	换算长度	备 注
内燃	DF8	130	2.0	
	DF8B	131	2.0	轴重 25 t，自重 139 t
	DF11	133	1.9	
	DF11G	133	2.0	
	DFH2	58	1.2	
	DFH3	84	1.7	
	DFH5	81	1.4	
	BJ	84	1.5	
	ND2	114	1.6	
	ND3	122	1.7	
	ND5	126	1.8	
	NY6、NY7	124	2.1	
	HXN5	150	2.1	
	HXN3	150	2.0	
	NJ2	138	1.9	

表 3-4　车辆重量及长度

1. 客　车		
客车种类	平均每辆总重/t	平均每辆换算长度
各种客车	按车体外部标记计算	按车体外部标记计算
2. 货　车		
货车种类	平均每辆自重/t	平均每辆换算长度
标记载重 60 t 四轴棚车（P62K、P63K）	24.0	1.5
标记载重 58 t 四轴棚车（P64K）	25.4	1.5
标记载重 58 t 四轴棚车（P64AK）	25.7	1.5
标记载重 58 t 四轴棚车（P65）	26.0	1.5
标记载重 70 t 四轴棚车（P70）	24.9	1.6
标记载重 60 t 四轴敞车（CF、CFK）	22.4	1.2
标记载重 60 t 四轴敞车（C62A、C62AK）	21.7	1.2
标记载重 60 t 四轴敞车（C62B、C62BK）	22.3	1.2
标记载重 61 t 四轴敞车（C63、C63A）	22.5	1.1
标记载重 61 t 四轴敞车（C64K）	23.0	1.2

货车种类	平均每辆自重/t	平均每辆换算长度
标记载重 60 t 四轴敞车（C61）	23.0	1.1
标记载重 70 t 四轴敞车（C70）	23.8	1.3
标记载重 70 t 四轴敞车（C70E）	24.0	1.3
标记载重 80 t 四轴敞车（C80、C80B）	20.0	1.1
标记载重 100 t 六轴敞车（C100A、C100AH）	26.0	1.4
标记载重 50 t 四轴集装箱平车（X1K）	19.8	1.3
标记载重 60 t 四轴集装箱平车（X6A）	17.8	1.3
标记载重 60 t 四轴集装箱平车（X6K）	18.0	1.2
标记载重 70 t 四轴集装箱平车（X4K）	21.8	1.8
标记载重 70 t 四轴集装箱平车（X70）	22.4	1.2
标记载重 80 t 四轴集装箱平车（X2K）	22.0	1.8
标记载重 60 t 四轴平车（N17AK）	21.0	1.3
标记载重 60 t 四轴平车（N17GK）	21.9	1.3
标记载重 60 t 四轴平车（N17K）	20.5	1.3
标记载重 60 t 四轴平集共用车（NX17AK）	22.9	1.3
标记载重 60 t 四轴平集共用车（NX17K）	22.4	1.3
标记载重 60 t 四轴平集共用车（NX17BK）	22.9	1.5
标记载重 70 t 四轴平集共用车（NX70）	23.8	1.5
标记载重 70 t 四轴平集共用车（NX70A）	23.8	1.3
标记载重 53 t 四轴罐车（G60K）	21.0	1.1
标记载重 60 t 四轴罐车（G70K）	20.4	1.1
标记载重 70 t 四轴罐车（GQ70）	23.6	1.1
标记载重 70 t 四轴罐车（GN70）	23.8	1.1
标记载重 70 t 四轴罐车（GHA70）	23.8	1.2
标记载重 70 t 四轴氧化铝粉罐车（GF70）	23.6	1.2
标记载重 50 t 四轴毒品车（W5SK）	26.5	1.5
标记载重 60 t 四轴毒品车（W6S）	24.6	1.5
标记载重 70 t 四轴毒品车（W70S）	25.2	1.6
标记载重 60 t 石碴车（K13K）	21.5	1.1
标记载重 70 t 石碴车（KZ70）	23.8	1.1
标记载重 60 t 煤炭漏斗车（K18K）	24.0	1.3

货车种类	平均每辆自重/t	平均每辆换算长度
标记载重 70 t 煤炭漏斗车（KM70）	23.8	1.3
标记载重 60 t 散装粮食车（L17K）	23.5	1.3
标记载重 60 t 散装粮食车（L18）	23.8	1.3
标记载重 70 t 散装粮食车（L70）	24.8	1.5
标记载重 60 t 散装水泥车（U60）	26.0	1.2
标记载重 60 t 散装水泥车（U60WK）	24.5	1.1
标记载重 60 t 散装水泥车（U61WK）	22.3	1.1
标记载重 20 t 双层小汽车运输车（SQ5）	37.0	2.4
标记载重 22 t 双层小汽车运输车（SQ6）	36.2	2.4
标记载重 40 t 机械冷藏车（B10A）	41.1	2.0

注：① 旅客列车重量按客车总重（包括旅客及行李的重量）计算，回送空客车按自重计算。
　　② 列车中其他各型货车的自重及换算长度和货物的重量按《铁路货车统计规则》规定计算。
　　③ 机车、车辆长度的计算，以前后两钩舌内侧面距离按 11 m 为换算单位（一辆），各型机车、车辆按上述换算单位得出的比值，称为换算长度。

动车组的重量及长度按表 3-5 确定。

表 3-5　动车组长度、质量及最高运行速度表

动车组类型	换算长度	整备质量/t	计算质量/t	最高运行速度/（km/h）
CRH1A-200	19.4	429.7	483.1	200
CRH1A-250	19.4	432.6	483.1	250
CRH1A-A	18.6	431.0	480.0	250
CRH1B	38.8	857.6	961.5	250
CRH1E（不锈钢车体）	38.8	887.8	942.2	250
CRH1E（铝合金车体）	37.2	910.9	987.0（按座票定员）	250
CRH2A	18.3	375.8	425.9	250
CRH2B	36.5	745.3	846.3	250
CRH2E	36.5	813.1	869.8	250
CRH2E（纵向卧铺车）	37.5	836.2	915.4	250
CRH2G	18.3	393.3	442.3	250
CRH3A	19.1	438.9	487.9	250
CRH5A	19.2	430.0	479.7	250
CRH5G	19.2	429.0	478.0	250

动车组类型	换算长度	整备质量/t	计算质量/t	最高运行速度/（km/h）
CRH5E	38.0	927.3	999.9	250
CRH2C 一阶段	18.3	381.8	431.9	310
CRH2C 二阶段	18.3	401.5	451.6	350
CRH3C	18.2	432.0	476.6	310/350
CRH380A	18.5	411.4	452.3	350
CRH380AL	36.6	836.5	924.4	350
CRH380B	18.5	450.8	495.3	350
CRH380BG	18.5	454.9	499.4	350
CRH380BL	36.3	893.1	977.3	350
CRH380CL	36.4	902.8	987.0	350
CRH380D	19.6	464.7	510.0	350
CR400AF	19.0	427.8	472.3	350
CR400BF	19.0	461.8	506.3	350
CRH6F	18.3	383.4	471.6	160
CRH6A	18.3	382.2	417.9	200

注：CRH3C 型动车组齿轮箱传动比为 2.793 1 时，最高运行速度为 310 km/h；齿轮箱传动比为
　　2.429 时，最高运行速度为 350 km/h。

　　按照 8 辆或 16 辆编组方式，明确动车组质量、长度和最高运行速度等数据。单组动车组为固定编组，有 8 辆或 16 辆编组；由两组短编组动车组重联而成的 16 辆动车组，基本按照 8 辆编组的合计长度、质量、闸瓦压力的二倍进行换算。

三、禁止编入列车的车辆

　　下列机车车辆禁止编入列车：
　　（1）插有扣修、倒装色票的及车体倾斜超过规定限度的。
　　（2）曾经发生冲突、脱轨、火灾、爆炸或曾编入发生特别重大、重大、较大事故列车内以及在自然灾害中损坏，未经检查确认可以运行的。
　　（3）装载货物超出机车车辆限界，无挂运命令的。
　　（4）装载跨装货物（跨及两平车的汽车除外）的平车，无跨装特殊装置的。
　　（5）平车及敞车装载货物违反装载和加固技术条件的。
　　（6）未关闭侧开门、底开门以及平车未关闭端、侧板的（有特殊规定者除外）。
　　（7）由于装载的货物需停止自动制动机的作用，而未停止的。

（8）企业自备机车、车辆、自轮运转特种设备和城市轨道车辆、进出口机车车辆过轨时，未经铁路机车车辆人员检查确认的。

（9）缺少车门的（检修回送车除外）。

（10）超过定期检修期限的客车车辆（经车辆部门鉴定的回送客车除外）禁止编入旅客列车。

动车组为固定编组。单组动车组运用状态下不得解编，两组短编组同型动车组可重联运行。救援等特殊情况下，两组不同型号的动车组可重联运行。

动车组禁止加挂各型机车车辆（无动力调车时的调车机、救援机车、无动力回送时的本务机车及回送过渡车除外）；动车组禁止编入其他列车。

四、列车制动限速及其编组要求

1．制动限速表的基本原理及其计算依据

为使运行中的机车车辆减低速度或停车，利用制动机使闸瓦压在车轮踏面上或通过盘形制动作用，以阻止车轮运动，达到减速或停车的目的。这种阻止车轮运动的力通称制动力。列车制动力的大小可用每百吨列车重量的换算闸瓦压力表示（以下简称闸瓦压力）。

列车运行安全的必要条件是限定制动距离，即对不同类型列车的紧急制动距离要求。在各运行区段内任何纵断面的线路上，当列车以最大的容许速度运行中司机使用紧急制动时，该列车应具有能在限定制动距离内停车的制动能力。为此，列车所需的闸瓦压力与列车重量、运行速度及运行区段内的限制下坡道直接相关。如列车重量越大，速度越高，坡道越陡长，则所需要的闸瓦压力也越大，为计算方便起见，以每百吨列车重量为计算单位，即列车单位闸瓦压力 =列车闸瓦总压力（kN）/列车总重量（百吨）。制动限速表的基本原理是根据该闸瓦压力和下坡道条件确定该区段内列车运行的限制速度。亦即列车的运行速度必须和下坡道及列车单位闸瓦压力的限制相适应。按此要求，在编制运行图中确定不同下坡道上的列车速度时，不允许超过所限制的最高运行速度。

动车组以外的列车的换算闸瓦压力，按表3-6、表3-7规定计算。

表3-6　机车计算重量及每台换算闸瓦压力表

种类	机　型	计算重量/t	换算闸瓦压力/kN
电力	SS3、SS6	138	700
	SS1	138	830
	SS3B、SS6B	138	680
	SS4	184	900
	SS7	138	1 100

种类	机 型	计算重量/t	换算闸瓦压力/kN
电力	SS7E、SS9	126	770
	SS8	90	520
	DJ1	184	1120
	6K	138	780
	8G、8K	184	880
	HXD1、HXD2	200	900（320）
	HXD1B、HXD2B、HXD3B	150	680（240）
	HXD1C、HXD2C、HXD3、HXD3C	138/150	680（240）
	HXD1D、HXD3D	126	790（280）
内燃	DF4、DF5、DF7、DF8、DF11	138	680
	DF11G 、DF11Z	145	770
	DF7B、DF7C、DF7D	138	680
	DF8B	150	900
	BJ	90	680
	ND5	135	800
	HXN5、HXN3	150	680（240）
	NJ2	138	620（220）

注：① 表中为按铸铁闸瓦换算的闸瓦压力。
② 新型机车根据 120 km/h 速度下紧急制动距离在 1 100 m 以内的要求计算，括弧内为按 H 高摩合成闸瓦的换算闸瓦压力。

表 3-7　车辆换算闸瓦压力表

种类	车 型			每辆换算闸瓦压力/kN		
				自动制动机列车主管压力		人力制动机
				500	600	
客车	普通客车（120 km/h）	（踏面制动）			（350）	（80）
	新型客车（盘形制动，120 km/h，140 km/h，160 km/h）	120 km/h	自重 41～45 t		137（412）	13
			自重 46～50 t		147（441）	
			自重 51～55 t		159（477）	
			自重≥56 t		173（519）	
		双层			178（534）	13
		140 km/h 及 160 km/h	自重 41～45 t		146（438）	13
			自重 46～50 t		156（468）	
			自重 51～55 t		167（501）	
			自重≥56 t		176（528）	

种类	车　　型		每辆换算闸瓦压力/kN		
			自动制动机列车主管压力		人力制动机
			500	600	
货车	特快货物班列中的车辆（盘形制动，160 km/h）			180（540）	13
	快速货物班列中的车辆（18 t 轴重）	重车位		140	40
		空车位		55	40
	普通货车（21 t 轴重）	重车位	145	165	40
		空车位	60	70	40
	普通货车（23 t 轴重）	重车位	160	180	40
		空车位	65	75	40
	重载货车（25 t 轴重）	重车位	170	195	50
		空车位	70	80	50

注：① 按 H 型合成闸瓦计算，括弧内为按铸铁闸瓦计算。

② 空重车自动调整装置的空重位压力比为 1：2.5；对装有空重车手动调整装置的车辆，当车辆总重（自重＋载重）达到 40 t 时，按重车位调整。

③ 旅客列车、特快及快速货物班列自动制动机主管压力为 600 kPa；其他列车为 500 kPa。长大下坡道区段货物列车及重载货物列车的自动制动机主管压力，由铁路局根据管内相关实验结果和列车实际操纵需要可提高至 600 kPa；遇机车换挂需将自动制动机主管压力由 600 kPa 改为 500 kPa 时，摘机前应对列车主管实施一次 170 kPa 的最大减压量操纵。

④ 除货车车辆以外的其他车辆和快运货物班列车辆，在列车主管压力为 500 kPa 时的闸瓦压力，按 600 kPa 时的闸瓦压力的 1：1.15 换算。

列车中的机车和车辆的自动制动机，均应加入全列车的制动系统。

依据《铁路货车运用维修规程》的规定，由于特快货物班列运行速度高、编组辆数少，基于该性质列车运行安全可靠性出发，增加特快货物班列中编挂关门车的要求。

货物列车中因装载的货物规定需停止制动作用的车辆，自动制动机临时发生故障的车辆，准许关闭截断塞门（简称"关门车"），但列检作业场所在站编组始发的列车中，不得有制动故障关门车。编入列车的关门车数不超过现车总辆数的 6%（尾数不足一辆按四舍五入计算）时，可不计算每百吨列车重量的换算闸瓦压力，不填发制动效能证明书；超过 6% 时，按第 261 条规定计算闸瓦压力，并填发制动效能证明书交与司机。关门车不得挂于机车后部三辆车之内；在列车中连续连挂不得超过两辆；列车最后一辆不得为关门车；列车最后第二、三辆不得连续关门。对于不适于连挂在列车中部但走行部良好的车辆，经列车调度员准许，可挂于列车尾部，以一辆为限，如该车辆的自动制动机不起作用时，须由车辆人员采取安全措施，保证不致脱钩。

旅客列车、特快货物班列不准编挂关门车。在运行途中（包括在站折返）如遇自动制动机临时故障，在停车时间内不能修复时，准许关闭一辆，但列车最后一辆不得为关门车。120 km/h 速度等级及编组小于 8 辆的 140 km/h、160 km/h 速度等级列车关门时，应按规定计算闸瓦压力。

2．列车紧急制动距离

（1）最高运行速度是指列车在运行中可能达到的最高速度，不能超过机车、车辆设计的最高速度（构造速度）。列车在运行区段内最大的容许速度还受到有牵引动力、制动能力和线路条件的限制，因此不一定能达到最高运行速度。

（2）列车紧急制动距离是指列车由开始使用紧急制动（操纵自动制动阀到非常位）至完全停止的距离。在任何坡道上，列车紧急制动距离均应满足表3-8的规定，因此在下坡道上有必要根据相应的制动限速表限定列车运行速度。

表3-8　列车紧急制动距离限值表

列车类型	最高运行速度/（km/h）	紧急制动距离限值/m
旅客列车（动车组列车除外）	120	800
	140	1 100
	160	1 400
特快货物班列	160	1 400
快速货物班列	120	1 100
货物列车（货车轴重＜25 t，快速货物班列除外）	90	800
	120	1 400
货物列车（货车轴重≥25 t）	100	1 400

【练习3-1】　某区段牵引定数为2 400 t，列车计长为56.0，现编组一列车，车辆构成如下表，问该列车是否满轴？

表3-9　车辆构成信息

重　车			空　车		
辆数/辆	平均总重/t	平均换长	辆数/辆	平均自重/t	平均换长
10	80	1.3	10	23	1.5
7	75	1.3	5	24	1.5
3	70	1.5	5	20	1.3

【练习3-1】参考答案：总重1 985 t，换长55.6，属于满轴。

第三节　列车中机车的编挂

一、工作机车的编挂

1．工作机车的定义

工作机车指担任牵引列车任务的机车，包括本务机车、重联机车和补机。

2．工作机车的编挂规定

（1）挂于列车头部。

（2）正向运行（牵引小运转、路用、救援列车的机车除外），无转向设备的可逆向运行。

（3）双机（多机）牵引时，第一位担当本务机车职务。

（4）补机原则上挂于本务机车的前位或次位，特殊时可挂于后部。

二、单机挂车有关规定

1．辆数规定

（1）区段内坡度≤12‰，最多10辆。

（2）区段内坡度＞12‰，由铁路局集团规定。

2．其他规定

（1）所挂车辆的自动制动机作用必须良好，发车前列检（无列检时由车站发车人员）按规定进行制动试验。

（2）连挂前按规定彻底检查货物装载状态，并将编组顺序表和货运单据交给司机。

（3）在区间被迫停车后的防护工作由机车乘务组负责，开车前应确认附挂辆数和制动主管贯通状态是否良好。

（4）列车调度员严格掌握工作时间，不得影响机车固定交路和乘务员劳动时间。

（5）不准挂装载爆炸品、超限货物的车辆。

（6）单机挂车时，可不挂列尾装置。

3．机车回送规定

铁路局集团所属的内燃机车回送时，原则上采用有动力方式；电力机车跨交路区段回送时，原则上采用无动力方式。回送机车在交路区段外单机运行时，应派带道人员添乘。

铁路局集团所属的机车附挂回送时，原则上附挂货物列车；走行部和制动装置良好的客运机车（出入厂、段的修程机车除外）需附挂旅客列车跨铁路局回送时，按国铁集团调度命令办理。

回送机车，应挂于本务机车次位，挂有重联机车时为重联机车次位。20‰及以上坡道的区段，禁止办理机车专列回送。

回送铁路救援起重机，应挂于列车后部。铁路救援起重机的回送限制速度见表3-10，表中未列出的按设计文件要求速度回送。

表 3-10　铁路救援起重机回送限制速度表

型　号	名　称	回送速度/（km/h）
NS2000	200 t 伸缩臂式铁路救援起重机	120
	吊臂平车	120
NS1600	160 t 伸缩臂式铁路救援起重机（1 680 t.m）	120
	吊臂平车	120
NS1601	160 t 伸缩臂式铁路救援起重机	120
	吊臂平车	120
NS1602	160 t 伸缩臂式铁路救援起重机	120
	吊臂平车	120
N1601	160 t 固定臂式铁路救援起重机	85
	吊臂平车	85
N1602	160 t 固定臂式铁路救援起重机	85
	吊臂平车	85
NS1601G	160 t 伸缩臂式铁路救援起重机	120
	吊臂平车	120
NS1602G	160 t 伸缩臂式铁路救援起重机	120
	吊臂平车	120
NS1251	125 t 伸缩臂式铁路救援起重机	120
	吊臂平车	120
NS1252	125 t 伸缩臂式铁路救援起重机	120
	吊臂平车	120
NS1001	100 t 伸缩臂式铁路救援起重机	80
	吊臂平车	80
N1002	100 t 固定臂式铁路救援起重机	80
	吊臂平车	80
NS100G	100 t 伸缩臂式铁路救援起重机	80
	吊臂平车	80

第四节　旅客列车中车辆的编挂

一、旅客列车加挂货车的限制

（1）旅客列车、回送客车底不准编挂货车。

（2）编入的客车车辆最高运行速度等级必须符合该列车规定的速度要求。

（3）旅客列车中，与机车相连接的客车端门及编挂在列车尾部的客车后端门须加锁。

（4）动车组列车驾驶室与旅客乘坐席间的门须锁闭。

二、旅客列车对车辆的要求

（1）客车编入货物列车回送时，客车编挂辆数不得超过20辆，应挂于列车中部或后部。

（2）装有密接式车钩的客车原则上应附挂旅客列车回送。需附挂货物列车回送时，不得超过10辆，其后编挂的其他车辆不得超过1辆。

（3）客车与平车、平集共用车以外的货车连挂时，不得与货车有人力制动机端连挂；客车与平车、平集共用车人力制动机端连挂时，平车、平集共用车的人力制动机不得使用，处于非工作状态。

（4）机械冷藏车组应尽量挂于货物列车中部或后部。

（5）军用及其他对编挂位置有特殊要求的客车按有关规定办理。

三、旅客列车隔离要求

（1）机后第一位挂一辆未搭乘旅客的车辆作为隔离车。

（2）行李车、邮政车等非乘坐旅客的车辆分别挂于机后第一位和列车尾部，起隔离作用。

（3）在装设集中联锁的区段，并设有列车运行监控装置时，旅客列车可不挂隔离车。

（4）如隔离车在途中发生故障摘下时，可无隔离车继续运行。

（5）局管内旅客列车经铁路局集团总经理批准，可不隔离。

第五节　列车编组顺序表

列车编组顺序表（简称"运统1"）是记载列车组成情况，作为车站与运转车长（或司机）间、铁路局集团之间交接车辆的依据，是运输统计的主要原始资料。凡由编组站、区段站及列车始发站发出的一切列车（包括挂有车辆的单机、轨道车附挂的路用车），均由车站按列车实际编成情况编制"列车编组顺序表"。除留一份存查外，一份交车长（无车长时为司机，下同）带到下一区段站、终到站，并按规定及时传输上报确报库。对经由铁路局分界站（包括分界站为中间站）交出的列车，需增添一份由车长负责交分界站统计人员。根据自局或自站需要可增添份数。

一、列车编组顺序表的作用

（1）运输组织工作的重要依据。由于它正确地记载了列车中车辆的顺序、重量、长度、品名、到站及特殊标记等内容，为到站编制日班计划、阶段计划、调车作业计划及组织装卸作业，提供了最根本、最重要的资料。

（2）计算货车运用效率的依据。根据它统计随同列车到发的各种车辆出入车数、时间，借以推算各阶段运用车数，计算车辆在车站停留时间。

（3）办理各项车辆交接依据。它是查找货车、检查现车、核对票据的依据。

二、列车编组顺序表的填记

列车编组顺序表（运统1）见表3-11。

表3-11　列车编组顺序表（运统1）

___站编组___站终到___年___月___日___时___分　___次列车

自首尾（不用字抹销）　　　制表格　　　检查者

顺序	车种	罐车油种	车号	自重	换长	载重	到站	货物名称	发站	篷布	收货人或卸线	记事

| 自编组站出发及在途中站摘挂后列车编组 | | | | | | | | | | | | | | | | |

		客车				货车										
站名	合计	其中								守车	其他	合计	自重	载重	总重	换长	铁路篷布合计
		原编组客车	担当局	加挂客车	担当局	重车	空车	非运用车	其中代客								

到达时间　月　日　时　分　　交接时间　时　分　车长签字

三、旅客列车编组顺序表的要求

动车组不办理编组顺序表交接。动车组以外的旅客列车编组顺序表按以下规定办理交接：

（1）在始发站由车站人员按列车编组顺序表核对现车，无误后与司机办理交接。

（2）中途换挂机车时，到达司机与车站间、车站与出发司机间办理交接。仅更换机车乘务组时，机车乘务组之间办理交接。

（3）途中摘挂车辆时，车站负责修改列车编组顺序表。

（4）列车到达终到站后，司机与车站办理交接。

车站与司机的交接地点均为机车停留位置。

第六节　货物列车中车辆的编挂

一、装载危险、易燃等货物的车辆编入列车时要隔离

装载危险、易燃等货物的车辆编入列车的隔离限制，按《铁路车辆编组隔离表》执行。编挂超限货物车辆或特种车辆时，按国家及国铁集团有关规定或临时指示办理。

1．危险货物

危险货物指具有燃烧、爆炸、腐蚀、毒害、放射射线等性质，在运输过程中发生意外会引起人身伤亡、财产受损的货物。

2．易燃货物

易燃货物指遇明火或受高温易引起燃烧和造成火灾的货物。

3．隔离的作用

隔离是指使易燃、易爆物品与火源隔离，避免发生意外；万一发生意外也能减少损失。

二、关于"关门车"的规定

1．何谓关门车

货物列车中因装载的货物规定需停止制动作用的车辆或自动制动机临时发生故障的车辆，准许关闭截断塞门。关闭截断塞门，能通风但本身不起制动作用的车辆被称为"关门车"。

2．列车中编挂"关门车"的有关规定

（1）列检作业场所在站编组始发的列车中，不得有制动故障关门车。

（2）编入列车的关门车数不超过现车总辆数的 6%（尾数不足一辆按四舍五入计算）时，可不计算每百吨列车重量的换算闸瓦压力，不填发制动效能证明书；超过 6% 时，按《技规》第 261 条规定计算闸瓦压力，并填发制动效能证明书交给司机。

（2）关门车不得挂于机车后部三辆车之内。

（3）列车中连续连挂不得超过两辆。

（4）列车最后一辆不得为关门车。

（5）列车最后第二、三辆不得连续关门。

（6）对于不适于连挂在列车中部但走行部良好的车辆，经列车调度员准许，可挂于列车尾部，以一辆为限，如该车辆的自动制动机不起作用时，须由车辆人员采取安全措施，保证不致脱钩。

（7）旅客列车、特快货物班列不准编挂关门车。

（8）在运行途中（包括在站折返）如遇自动制动机临时故障，在停车时间内不能修复时，准许关闭一辆，但列车最后一辆不得为关门车，120 km/h 速度等级及编组小于 8 辆的 140 km/h、160 km/h 速度等级列车按规定关门时需限速运行，车辆乘务员须向司机递交限速证明书。

（9）编有货车的军用列车、路用列车编挂关门车时，除有特殊规定外，执行货物列车的规定。

专栏 3-4 "11.9" X854 次机后 3 位违编关门车耽误列车一般 D 类事故

一、事故概况

2015 年 11 月 9 日 5 时 27 分，成都局成渝线 X854 次（重庆机务段机车 SS35087 号，成都机务段司机：王某，现车 23 辆，牵引 812 t，换长 37.2）到达内江站 2 道停车（图定停车 20 分钟）。内江 TFDS 动态检车员在 TFDS 动态检查中发现 X854 次列车机后 3 位 $P_{64AK}3426018$ 截断塞门关闭，列检随即通知内江站，内江站在 X854 次机后加挂一辆隔离车后，于 6 时 49 分内江站 2 道发出。耽误本列车 62 min，构成铁路交通一般 D（D10）类事故。

二、事故追踪

11 月 4 日 7 时 05 分，$P_{64k}3426018$ 车辆随 X852 次（全列 26 辆、总重 724.1、换长 42.7）到达成都北编组站 Ⅵ场 4 道；8 时 06 分 45 秒，列检值班员在接发车表"列检结束"栏内打"√"。

8 时 07 分 28 秒，未见车辆 $P_{64k}3426018$ 具有扣车标记。

8 时 07 分 30 秒，车辆 $P_{64k}3426018$ 出现"关""■"扣车标记。调度车间车站调度员、车站值班员均未发现 $P_{64k}3426018$ 扣修车、关门车信息。

8 时 08 分 22 秒，CIPS 自动开放 X852 次Ⅵ场 4 道经达成线到城厢方向出站信号；8 时 10 分，X852 次Ⅵ场 4 道发车（$P_{64k}3426018$ 车辆未插有扣修色票）；8 时 42 分，X852 次城厢站 1 道终到。

11 月 4 日 8 时 33 分，城厢站接入 X852 次现车，CIPS 系统中未见 $P_{64K}3426018$ 标有关门车标记，车站调度员编制枢 9 调第 1 号调车作业计划。

10 时 38 分，城厢站运转二班枢 9 调执行第 1 号调车作业计划；$P_{64K}3426018$ 卸车后装到

六盘水站零快。14时00分开装，16时30分装车完毕。装车前货运人员按规定对车辆外观质量、定检情况进行检查，确认定检不过期，外观质量良好，未发现车辆上插有任何扣修通知和色票，CIPS上也未见任何扣修标记。

17时30分，城厢站运转二班枢9调执行第10号X853次始发列车编组作业计划。连结员发现被挂车组第四位 $P_{64k}3426018$ 为关门车，于是站调变更计划，准备将关门车挂于列车中部。18时40分，X853次编组完成，$P_{64k}3426018$ 位于机次第5位，车站调度员未在 X853 次列车编组顺序表备注栏上标注 $P_{64k}3426018$ 为关门车。

11月5日14时42分，$P_{64k}3426018$ 车辆随 X853 次到达六盘水站甩下。

11月7日，城厢站再次编发 X853 次货物快运列车；X853 次到达六盘水站9道，根据快运调度员安排，在尾部摘车1辆加挂5辆开 X854 次。

六盘水站调车作业过程：17时50分，调车长安排制动员上17道检查车辆；17时58分制动员翁浩然汇报17道检查完毕，未报告有关门车；X854次作业加挂完毕，连挂后全列试拉，经调车组现场检查，未发现关门车；

19时04分，X854次六盘水站开车。

11月8日19时46分，X854次到达重庆西车站管内重庆南站进1道停车。到达 X854 次列车编组顺序表记事栏内未标准"关门车"字样。

11月9日5时27分，X854次到达内江站2道停车，图定停车20 min。内江 TFDS 动态检车员发现 X854 次列车机后3位 $P_{64k}3426018$ 截断塞门关闭，随即通知内江站，内江站在 X854 次机后加挂一辆隔离车，于6时49分发出，耽误本列 62 min。

三、事故违反的规章条款及原文

（1）相关作业人员违反《成都铁路局货物列车编组计划》（成铁总工〔2014〕241号）第二十一条：车站调度员、车站值班员、调车区长等有关人员应严格执行编组计划，不得违反。如发现违反编组计划，应查明原因并立即纠正。

（2）违反《技规》第262条：编入列车中的关门车不得挂于机后三辆之内。

（3）违反《铁路调车作业》第6部分编组调车作业：挂车前检查线路、防溜措施、停留车、关门车、货物装载等。

三、其他条款

（1）旅客列车、回送客车底运行速度高，安全条件要求比较严，牵引重量比较小，如加挂货车，可能需减少客车编组辆数，不减挂客车可能会影响列车运行速度，而且货车每轴闸瓦压力比客车小，会使全列车制动力减弱，降低规定的运行速度，在列车制动时还会引起冲动。同时，部分普通旅客列车还要在高速铁路运行，安全要求高，所以规定所有旅客列车均不准编挂货车。

为保证旅客安全，旅客列车中乘坐旅客的车辆与机车相连接的客车端门及编挂在列车尾部的客车后端门必须加锁。为避免动车组列车司机的工作受干扰，动车组列车驾驶室与旅客乘坐席间的门须锁闭。

（2）因客车与货车车辆构造、车钩强度不同，对客车编入货物列车回送时的辆数予以限制，并限挂于列车中部或后部。

由于密接式车钩的客车构造等原因，在回送时原则上应附挂旅客列车回送。必须附挂货物列车回送时，其后编挂的其他车辆不得超过 1 辆。允许密接式车钩的客车后编挂 1 辆货车，主要考虑便于尾部加挂货车列尾装置等因素。

客车与货车有人力制动机的一端连挂时，客车风挡与货车闸盘密接触（平车、平集车的人力制动机处于非工作状态时除外）可能损坏客车风挡或货车闸盘。因此，规定客车与平车、平集共用车以外的货车连挂时，不得与货车有人力制动机端连挂；客车与平车、平集共用车人力制动机端连挂时，平车、平集共用车的人力制动机不得使用，处于非工作状态。

机械冷藏车组有各种机械设备和管道，牢固性差，应尽量挂于货物列车中部或后部。

军用及其他对编挂位置有特殊要求的客车，应根据特殊编挂要求，按有关规定办理。

第七节　列车中车辆摘挂的分工

一、连挂状态的确认

动车组以外的列车中相互连挂的车钩中心水平线的高度差（简称"车钩高度差"）不得超过 75 mm（车钩中心线距轨面最高 890 mm，最低为 815 mm，故二者之差为 75 mm，大约一支香烟或一个拳头的高度。）。若超过，应查明原因并进行调整；无法调整时应将该车摘下。

二、摘挂分工

（1）列车中车辆的连挂由调车作业人员负责；连接软管，有列检作业的由列检人员负责，无列检作业的由调车作业人员负责。

（2）列车机车与第一辆车的连挂由机车乘务员负责。单班单司机值乘时由列检负责，无列检的由车辆乘务员负责，无车辆乘务员的由车站负责。

（3）列车机车与第一辆车的车钩摘解、软管摘结由列检负责。无列检作业的列车，车钩及软管摘解由机车乘务员负责，软管连结由车辆乘务员负责，无时由机车乘务员负责。

（4）货物列车本务机车在站调车作业时，与本列的车辆摘挂和软管摘结由调车人员负责。旅客列车在途中摘挂车辆时，车辆的摘挂和软管摘结由调车作业人员负责，密封风挡和电气连接线的连结与摘解由车辆乘务员负责，其他由列检作业人员负责，无列检作业人员时，由车辆乘务员负责，必要时打开车门，以便于调车作业。装有密接式车钩的客车车辆摘挂时，过渡车钩的安装和拆卸由列检人员负责，无列检人员时由车辆乘务员负责。

（5）列车机车与动车组过渡车钩的连结与摘解、软管摘结、电气连接线的连结与摘解由随车机械师负责。

（6）动车组以外的旅客列车应安装列尾装置。特殊情况下，无法安装或使用列尾装置时应制定具体办法。旅客列车列尾装置尾部主机的安装与摘解、风管及电源的连结与摘解由车辆部门负责。

（7）动车组采用机车调车作业时，随车机械师或动车段（所）胜任人员负责过渡车钩和专用风管的安装与拆卸、电气连接线的连结与摘解并打开车门，调车人员负责车钩连结与摘解、软管摘结。

动车组无动力回送或被救援时，过渡车钩、专用风管的安装与拆卸由随车机械师负责，司机配合。

（8）两列动车组重联或解编时，由动车组机械师负责引导，司机确认。动车组重联时，被控动车组应退出占用，主控动车组使用调车模式与被控动车组连接。解编操作时，主控动车组转换为调车模式后，必须一次移动 5 m 以上方可停车。

半自动闭塞区段货物列车尾部须挂列尾装置，其他区段货物列车尾部宜挂列尾装置。货物列车尾部未挂列尾装置时应以吊起尾部车辆软管代替尾部标志。尾部车辆软管的吊起，有列检作业的列车由列检人员负责，无列检作业的列车由车务人员负责。

第四章

调车工作

本章重点

◇ 基本要求
◇ 计划及准备
◇ 调车作业
◇ 在正线、到发线上的作业
◇ 机车车辆停留

第一节　基本要求

一、调车的含义及分类

1. 含　义

除列车在站到、发、通过及在区间运行外，机车车辆所进行的一切有目的的移动统称为调车。

2. 分　类

（1）按目的分：

① 解体；② 编组；③ 摘挂；④ 取送；⑤ 其他。

（2）按方法分：

① 牵出线调车（又分推送调车法、溜放调车法）；

② 驼峰调车。

驼峰作业程序如下：

横列式车站：挂车→牵出→推峰→溜放→整理（解体若干列整场一次）。

纵列式车站：挂车→推峰→溜放→整理。

驼峰作业方案包括单推单溜、双推单溜和双推双溜。

驼峰平纵断面图如图 4-1 所示，驼峰作业方案比较见表 4-1。

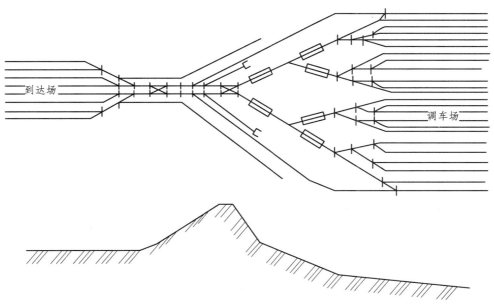

图 4-1　驼峰平纵断面图

表 4-1　驼峰作业方案比较

	单推单溜	双推单溜	双推双溜
设备条件	1 条推送线； 1 条溜放线； 1 台驼峰机车	2 条推送线； 1 条或 2 条溜放线； 2 台驼峰机车	2 条推送线； 2 条溜放线； 2 台或多台驼峰机车
作业特点	仅一台机车作业，分解完毕去挂车时驼峰无法利用	一台机车在峰顶分解车列时，另一台可平行完成其他作业	到达场及调车场纵向划区，自成系统，同一时间两台机车平行推峰分解车列
优点	可充分发挥驼峰机车效能	① 与单推单溜比，驼峰利用率大为提高； ② 与双推双溜比，减少交换车及重复改编	① 驼峰利用率高，解体能力大； ② 两区平行作业，互不干扰，可减少车列待解时间
缺点	驼峰利用率低	① 驼峰利用率不如双推双溜高，当列车密集到达时，可能一些车列待解时间长； ② 两台机车配合较复杂，易出现驼峰作业中断或机车停轮等待	① 要求调车场线路充裕； ② 当车流构成复杂时，两区域间会产生大量交换车，需重复分解，额外消耗驼峰能力，若交换车流分散集结，将引起尾部编组作业复杂化
适用条件	改编车流量不大的小型编组站及区段站	衔接方向多、车流构成杂、车流组号多、改编作业量较大的大、中型编组站	车流构成不太复杂、折角流少、调车场线路多、改编作业量大的大、中型编组站

二、对调车作业人员的要求

（1）及时编组、解体列车，保证按列车运行图的规定时刻发车，不影响接车。

（2）及时取送客货作业和检修的车辆。

（3）充分运用调车机车及一切技术设备，采用先进工作方法，用最少的时间完成调车任务。

（4）认真执行作业标准，保证调车有关人员的人身安全及行车安全。

对于动车组调车作业人员的要求：动车段（所）设动车组地勤司机，负责动车组在动车段（所）内调车、试运行等调移动车组作业。

三、调车工作"九固定"

调车工作要固定作业区域、线路使用、调车机车、人员、班次、交接班时间、交接班地点、工具数量及其存放地点。

1．作业区域

在配有两台及以上调车机车的车站，实行调车机车固定调车区域的制度，以避免各调车机车作业的相互干扰，并有利于作业人员熟悉本区作业性质和作业设备情况，掌握作业区调车作业的规律，避免在作业中发生冲撞等事故。

2．线路使用

结合车站线路配置及车流情况，要固定车站每一条线路的用途，以减少重复作业，缩短调车行程，提高调车效率。

3．调车机车

为了便于调车作业，要求担负调车作业的机车起、停快，前后瞭望条件好，能顺利通过小半径曲线。因而，作固定替换用的调车机车及小运转机车应符合调车机车的条件（有前后头灯、扶手把、防滑踏板等）。

固定使用机车进行调车作业时，应采用无线调车灯显设备（机车摘挂、转线等不进行车辆摘挂的作业，列车在到达线路内拉道口、直接后部摘车除外），并使用规定频率，其显示方式须符合有关要求。无线调车灯显设备应与列车运行监控装置配合使用。

无线调车灯显设备正常使用时停用手信号，对灯显以外的作业指令采用通话方式；无线调车灯显设备发生故障时，改用手信号作业。

无线调车灯显设备、无线调车机车信号和监控系统的使用、维修及管理办法由铁路局集团规定。

4．人员、班次

调车作业是由多工种配合进行的，包括调车组人员、调车机车的乘务人员和扳道人员等。由于单位、工种不同，他们只有长期固定在一起工作，才能相互了解、密切配合、协调作业。因而，人员和班次要固定。

5．交接班时间、交接班地点

固定交接班时间和地点，可以避免交接班人员相互等待，有利于缩短非生产时间，这里主要指调车组和调车机车乘务组的交接班时间必须统一，地点必须固定。

6．工具数量、工具存放地点

配备足够数量和质量良好的调车工具和备品，如铁鞋、胶圈等，是做好调车工作的物质保证。固定其数量和存放地点，不仅便于使用和保管，而且当工具损坏或缺失时，也便于及时发现和补充，保证正常的作业需要。

四、领导与指挥

1．领　导

全站调车工作由车站调度员（未设车站调度员的由调车区长，未设调车区长的由车站值班员）统一领导。

各场（区）调车工作由负责该场（区）的站调或该场（区）的调车区长领导。

2．指　挥

一般情况下的调车作业由调车长单一指挥。

用本务机车进行调车作业时，可由车站值班员或助理值班员担任指挥工作。

遇有特殊情况时，可由经鉴定、考试合格取得调车长资格的胜任人员代替。

其中，动车段（所）调车工作的领导及指挥由铁路局集团规定。

调车长在调车作业前，必须带领组内人员做好充分准备，认真进行检查，在作业中应做到：

（1）组织调车人员正确及时地完成调车任务。

（2）正确、及时地显示信号（发出指令），指挥调车机车的行动。

（3）负责调车人员的人身安全和行车安全。

司机负责调车机车的操纵，是保证调车安全和完成调车任务的关键环节，因而司机应做到：

（1）组织机车乘务人员正确、及时地完成调车任务。

（2）负责操纵调车机车，做好整备，保证机车质量良好。

（3）时刻注意确认信号，不间断地进行瞭望，认真执行呼唤应答制，正确、及时地执行信号显示（作业指令）和调车速度的要求。没有信号（指令）不准动车，信号（指令）不清立即停车。

（4）负责调车作业的安全。

第二节　计划及准备

一、调车计划

调车作业计划是调车人员的行动依据，调车领导人是通过调车作业计划来实现对调车工作的领导，完成调车工作任务。

调车领导人应正确、及时地编制、布置调车作业计划。布置调车作业计划应使用调车作业通知单。中间站利用本务机车调车，应使用有示意图的调车作业通知单（示意图可另附）。使用无线调车灯显设备的车站，调车作业计划布置方法由铁路局集团规定。

调车领导人与调车指挥人必须亲自交接计划。由于设备原因，亲自交接计划确有困难以及设有调车作业通知单传输装置的车站，交接办法在《站细》内规定。

调车指挥人应根据调车作业计划制定具体作业方法，连同注意事项亲自向司机递交和传达；对其他有关人员，应亲自或指派连结员进行传达。具体传达办法在《站细》内规定。

调车指挥人确认有关人员均已了解调车作业计划后方可开始作业。

列车在到达线路内拉道口、对货位、直接后部摘车、本务机车（包括重联机车、补机）摘挂及转线、企业自备机车进入站内交接线整列取送作业，可不使用调车作业通知单。

自轮运转特种设备调车作业是否需要使用调车作业通知单由铁路局集团规定。

动车段（所）调车工作的计划编制及下达办法由铁路局集团规定。

调车作业通知单如表 4-2 所示。

表 4-2　调车作业通知单

月　　日第　　　号				编组 解体		次第	调车机	
计划起讫时分：自					至			
实际起讫时分：自					至			
顺序	场别	股道	挂车数	摘车数		作业方法	记事	残存
1								
2								
⋮								

注意事项：

（1）在调车作业通知单上应明确：调车作业的调车组、编解列车的车次、作业的开始与终了时间、使用的线路、摘挂的辆数、应注意的事项及经由的车场线路等。

（2）调车作业通知单的填记必须准确、清楚。"注意事项"包括的内容、符号、填记方法，由各站自行规定，填记在记事栏内。编制调车计划的调车领导人应签名（打印姓名）。

（3）一批作业（指一张调车作业通知单）不超过三钩或变更计划不超过三钩时，可用口头方式布置（中间站利用本务机车调车除外），有关人员必须复诵。变更股道时，必须停车传达。仅变更作业方法或辆数时，不受口头传达三钩的限制，但调车指挥人必须向有关人员传达清楚，有关人员必须复诵。

（4）驼峰解散车辆只变更钩数、辆数、股道时，可不通知司机，但调车机车变更为下峰作业或向禁溜线送车前，须通知司机。

二、调车作业准备

（1）排风、摘管，核对计划，确认进路，检查线路、道岔（集中联锁区除外）、停留车及车辆防溜等情况。

排风，是指由专人拉动待解车列每辆车的缓解阀，将副风缸、制动缸的风排净，防止因副风缸内余风漏泄发生制动，造成车辆作业中抱闸，危及溜放车辆的安全。摘管，是指按调车作业计划的要求，将摘开车组处的车辆软管摘开，方便提钩作业，以免在解散或溜放过程中停车摘管，延长解体时间。

（2）人力制动机的选闸、试闸，系好安全带。

人力制动机包括手制动机（手闸）和脚踏式制动机。在选闸和试闸中，一般要做到"四选四不选"（选前不选后，选重不选空，选大不选小，选高不选低）和"一闸两试"（停车试和走行试）等方法。这样，才能保证溜出的车组有足够的制动力，防止因选闸不当而制动力不够，或未试闸等致使人力制动机制动力不强或不制动而造成事故。

（3）准备足够的良好制动铁鞋和防溜器具。

铁鞋制动时，包线制动员要根据溜放车组的空重及辆数的多少，提前在上鞋地点备好足够的制动铁鞋。铁鞋无论用于制动还是防溜，都应该性能良好，包线制动员必须认真检查，不合格的铁鞋禁止使用，并应及时更换。

（4）无线调车灯显设备试验良好。

无线调车灯显设备具有调车作业指令无线传输功能，即将调车指挥人通过专用电台发出的调车指令以不同颜色的灯光显示在机车控制器上，指挥机车乘务员、调车组作业（通过语音合成技术，在将调车指令显示于机车控制器的同时，辅以语音提示）；还具有调车组、机车乘务组及调车领导人之间通话的功能。

第三节　调车作业

一、信号的显示与确认

（1）调车作业时，调车人员必须正确、及时地显示信号；机车乘务人员要认真确认信号并回示。

（2）推进车辆连挂时，要显示十、五、三车的距离信号，没有显示十、五、三车的距离信号，不准挂车，没有司机回示，应立即显示停车信号。

（3）推送车辆时，要先试拉。车列前部应有人瞭望，及时显示信号。

（4）当调车指挥人确认停留车位置有困难时，应派人显示停留车位置信号。

（5）调车人员不足 2 人时，不准进行调车作业。

二、进路的确认

单机运行或牵引车辆运行时，前方进路的确认由司机负责。

推进车辆运行时，前方进路的确认由调车指挥人负责，如调车指挥人所在位置确认前方进路有困难时，可指派调车组其他人员确认。

没有看到调车指挥人的起动信号，不准动车（但单机返岔子或机车出入段时，可根据扳道员显示的道岔开通信号或调车信号机显示的允许运行的信号动车）。无扳道员和调车信号机时，调车指挥人确认道岔开通正确（如为集中操纵的道岔，还须与操纵人员联系）后，向司机显示起动信号。

三、非集中区的要道还道制度

（1）要道——"询问"调车进路是否准备妥当。

（2）还道——"回答"调车进路已经准备妥当。

以调车长、司机为一方，以扳道人员为另一方，确认进路准备妥当。当调车进路上配有 2 名及以上扳道员时，他们之间也要执行要道还道制度。

要道还道示意图如图 4-2 所示。

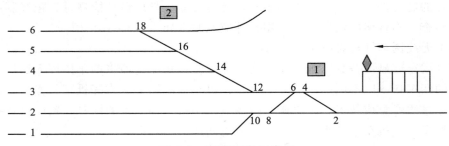

图 4-2　要道还道示意图

机车从专用线取车回站进 6 道，1 号扳道房管辖 2、4、6、8、10 号道岔，2 号扳道房管辖 12、14、16、18 号道岔。

要道还道过程：司机向 1 号扳道员要道，1 号扳道员向 2 号扳道员要道，2 号扳道员向 1 号扳道员还道，1 号扳道员向司机还道，司机见到 1 号扳道员还道信号才能进入道岔区。

四、调车速度

（1）在空线上牵引运行时，不准超过 40 km/h；推进运行时，不准超过 30 km/h。

（2）调动乘坐旅客或装载爆炸品、气体类危险货物、超限货物的车辆时，不准超过 15 km/h。

（3）接近被连挂的车辆时，不准超过 5 km/h。

（4）推上驼峰解散车辆时的速度和装有加、减速顶的线路上的调车速度，在《站细》内规定。经过道岔侧向运行的速度，由工务部门根据道岔具体条件规定，并纳入《站细》。

（5）在尽头线上调车时，距线路终端应有 10 m 的安全距离；遇特殊情况必须近于 10 m 时，要严格控制速度。

（6）电力机车、动车组在有接触网终点的线路上调车时，应控制速度，距接触网终点标应有 10 m 的安全距离；遇特殊情况必须近于 10 m 时，要严格控制速度。

（7）旅客未上下车完毕时，除本务机车、补机摘挂作业外，不得进行旅客列车（车底）的连挂作业。

（8）遇天气不良等非正常情况，应适当降低速度。

五、禁止溜放的有关规定

1．禁溜车

（1）装有禁止溜放货物的车辆。

（2）非工作机车、铁路救援起重机、大型养路机械、机械冷藏车、凹型车、落下孔车、客车、动车组和特种用途车。

机车（调车机车除外）、铁路救援起重机、客车、动车组、大型养路机械、凹型车、落下孔车、钳夹车及其他涂有禁止上驼峰标记的车辆禁止通过驼峰。装载活鱼（包括鱼苗）、跨装货物的车辆（跨及两平车的汽车除外）等，是否可以通过驼峰由车站会同车辆段等有关单位做出具体规定。

2．禁溜线

（1）超过 2.5‰ 坡度的线路（为溜放调车而设的驼峰和牵出线除外）。2.5‰ 坡度是指线路有效长内的平均坡度。溜出的车组在这样坡道的线路上运行，会逐渐加速，不易在预计地点停车，若制动不及时可能造成冲突等事故，所以禁止溜放。

（2）停有正在进行技术检查、修理、装卸作业的车辆的线路。这是因为被溜放车组的减速与停车，是靠人力制动机和铁鞋制动等来实现的，如果人力制动机失灵、铁鞋脱落或调速不当失去控制，就将严重威胁旅客或有关作业人员的人身安全，同时车辆也可能轧上防护用具造成脱轨等事故，所以禁止溜放。

（3）无人看守道口的线路。这是因为车组溜出后，无法控制行人、车辆横越线路；在情况突变时，对溜放的车组也难以控制停车，容易造成人员伤亡、撞坏车辆或车辆脱线事故，所以禁止溜放。

（4）停有装载爆炸品、气体类危险货物车辆的线路。这是因为上述物品对撞击、摩擦特别敏感，一旦调速不当发生冲撞，就可能发生爆炸或漏出毒气，造成人民生命财产的重大损失，所以禁止溜放。

（5）停留车辆距警冲标的长度容纳不下溜放车辆（应附加安全制动距离）的线路，也就是通常所说有"堵门车"的线路，由于制动距离不足，调速困难，容易造成冲撞事故，因此禁止溜放。

（6）中间站正线、到发线及与其衔接而未设隔开设备的线路。随着我国铁路的几次大提速，列车运行速度普遍提高，中间站的作业更加繁忙，正线、到发线及与其衔接而未设隔开设备的线路上溜放车辆一旦失控，有可能进入区间，危害十分严重；同时，中间站的正线、到发线主要是进行接发列车使用，也不宜大量利用其进行调车作业，为保证接发列车作业安全，在此种情况下禁止溜放作业。

（7）乘坐旅客的车辆及停有该车辆的线路，停有动车组的线路。

3．其他禁溜限制

（1）调车组不足3人，禁止溜放作业。

（2）不准采用牵引溜放法调车。

牵引溜放调车，是调车机车牵引调车车列快速运行，在途中摘钩后机车加速，机车与车列离开一定距离，扳动道岔使机车与调车车列进入不同股道的调车方法。

牵引溜放法如图4-3所示。

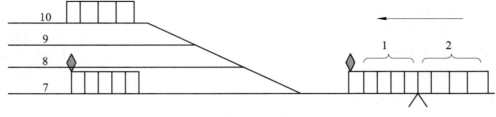

图4-3　牵引溜放法示意图

要求第1组车溜入7道，第2组车溜入10道。

牵引溜放需要调车长、司机、提钩的连结员、制动员、扳道员协调配合，掌握好各人的作业时机，因而是高难度的作业项目，操作不好容易出事故，所以从第九版《技规》开始明确规定不准采用。

六、关于手推调车

手推调车是通过人力在短距离内移动车辆位置。调车领导人应全面掌握线路使用、设备特点和作业进度等情况，因此手推调车必须取得调车领导人的同意。为了保证手推调车的顺利进行，要确认人力制动机作用良好，并派胜任人员负责制动。为了便于随时按要求停车，手推调车的速度不得超过 3 km/h。

下列情况禁止手推调车：

（1）正线、到发线及超过 2.5‰ 坡度的线路（确需手推调车时，须经铁路局集团批准）。

（2）遇暴风雨雪或夜间无照明时。

（3）装有爆炸品、气体类危险货物的车辆。

（4）接发列车时，与接发列车进路没有隔开设备或脱轨器的线路，向能进入接发列车进路的方向。

（5）电气化区段，接触网未停电的线路上，对棚车、敞车类的车辆。

（6）停有动车组的线路。

七、动车组调车

动车组自带动力，基于安全、构造特点、作业方式等原因，一般情况下动车组进行调车作业应采用自走行方式，并应符合下列规定：

（1）动车组自走行调车作业时，司机应在动车组运行方向的前端操作，前方进路的确认由动车组司机负责。在不得已的情况下必须在后端操作时，应指派随车机械师或其他胜任人员站在动车组运行方向的前端指挥，发现危及行车或人身安全时，应立即使用紧急停车按钮（紧急制动装置）停车或通知司机停车。后端操作时，速度不得超过 15 km/h。

（2）动车组禁止连挂其他机车车辆（救援机车、附挂回送过渡车、动车组无动力调车时的调车机车、公铁两用牵引车除外）调车。

八、防溜措施和转场规定

（1）调车作业摘车时，必须停妥，按规定采取好防溜措施方可摘开车钩；挂车时，没有连挂妥当不得撤除防溜措施。

（2）转场或在超过 2.5‰ 坡度的线路上调车时（驼峰作业除外），10 辆及以下是否需要连结软管及连结软管的数量，11 辆及以上必须连结软管的数量，以及以解散作业为目的的牵出是否需要连结软管，由车站和机务段根据具体情况共同确定，并纳入《站细》。

第四节 在正线、到发线上的作业

一、在正线、到发线上调车

在正线、到发线上调车要经过车站值班员的准许。在接发列车时，应按《站细》规定的时间，停止影响列车进路的调车作业。

二、接发旅客列车

与接发列车进路没有隔开设备或脱轨器的线路，不准向能进入接发列车进路的方向调车。本务机车在停留线路内摘挂、列车拉道口时除外。有特殊困难的车站确需调车时，应制定安全措施，由铁路局批准。

【练习4-1】 根据图4-4所示，判断以下五种情况是否允许调车？

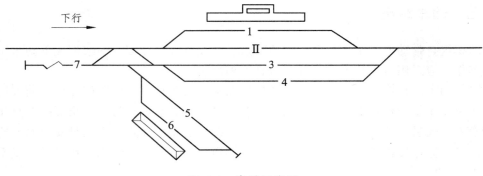

图4-4 出站示意图

（1）下行客车进1道，3道牵出向货场送车。 （　　）

（2）下行客车由1道出发，货场取车向4道转线。 （　　）

（3）上行客车进1道，3道牵出向货场送车。 （　　）

（4）上行客车进1道，货场取车向4道转线。 （　　）

（5）上行客车由1道出发，货场取车向4道转线。 （　　）

【练习4-1】参考答案：（1）√；（2）×；（3）√；（4）×；（5）√。

三、越出站界调车

双线区间正方向，必须区间（自动闭塞区间为第一个闭塞分区）空闲。

单线自动闭塞区间，闭塞系统必须在发车位置，第一个闭塞分区空闲，经车站值班员口头准许并通知司机后，方可出站调车。

单线半自动闭塞区间和双线反方向出站调车时，须有停止使用基本闭塞法的调度命令，与邻站办理闭塞手续，并发给司机出站调车通知书。

四、跟踪出站调车

跟踪出站调车是指在列车由车站发出后，尚未到达前方站（线路所），间隔一定的距离或时间，即跟随前行列车，越出站界在规定距离内进行的调车作业。跟踪出站调车，只准许在单线区间及双线正方向线路上办理，并须经列车调度员口头准许，取得邻站值班员承认的电话记录号码，发给司机跟踪调车通知书。在先发列车尾部越过预告、接近信号机（或靠近车站的第一个预告标）或《站细》规定的间隔时间后，方可跟踪出站调车，但最远不得越出站界 500 m。

遇下列情况，禁止跟踪出站调车：

（1）出站方向区间内有瞭望不良的地形或有长大上坡道（站名表由铁路局集团公布）。

（2）先发列车需由区间返回，或挂有由区间返回的后部补机，用于防止返回的列车或补机与正在跟踪出站调车的机车车辆发生冲突。

（3）一切电话中断，因电话中断后行车联络办法比较复杂，不易保证安全。

（4）降雾、暴风雨雪时，因瞭望困难、作业不便，禁止跟踪出站调车。

（5）动车组调车作业。

跟踪调车作业完毕，车站值班员确认跟踪调车通知书收回后，向邻站发出电话记录号码。列车虽已到达邻站，但跟踪调车通知书尚未收回时，禁止办理区间开通手续。

五、机车出入段

车站值班员要认真掌握机车出入段的径路。

有固定机车走行线时，出入段机车必须走固定走行线。机车固定走行线上禁止停留机车车辆。

没有固定走行线或临时变更走行线时，应通知司机经路（集中联锁的车站除外），司机按固定信号或扳道员显示的允许运行的信号行车。

第五节　机车车辆停留

一、停留地点

（1）列车及机车车辆必须停在警冲标内方。

（2）调车作业中，允许临时停在调车线警冲标外方，一批作业完了后，应立即送入警冲标内方。

（3）装卸作业因特殊情况需在警冲标外方进行时，须经车站值班员、调车区长准许，在不影响列车到发及调车作业的情况下方可进行，装卸完了应立即送入警冲标内方。

（4）安全线及避难线上，禁止停留机车车辆。

（5）在超过 6‰ 坡度的线路上，不得无动力停留机车车辆。在超过 6‰ 坡度的线路上，极易发生机车车辆溜逸。该处超过 6‰ 坡度是指停留机车车辆所在线路的平均坡度。

（6）装载爆炸品、气体类危险货物的车辆及救援列车，必须停放在固定的线路上，两端道岔应扳向不能进入该线的位置并加锁；临时停留公务车线路上的道岔也应扳向不能进入该线的位置并加锁。集中操纵的道岔可在控制台上进行单独锁闭。

二、安全措施

（1）编组站、区段站在到发线、调车线以外的线路上停留车辆，不进行调车作业时，应连挂在一起，并须拧紧两端车辆的人力制动机，或以铁鞋（止轮器、防溜枕木等）牢靠固定。因装卸车对货位等情况不能连挂在一起时，应分组做好防溜措施。

（2）中间站停留车辆，无论停留的线路是否有坡道均应连挂在一起，拧紧两端车辆的人力制动机，并以铁鞋（止轮器、防溜枕木等）牢靠固定。因装卸车对货位等情况不能连挂在一起时，应分组做好防溜措施。一批调车作业中临时停留的车辆，须拧紧两端车辆的人力制动机或以铁鞋（止轮器）止轮。

（3）编组站和区段站的到发线、调车线是否需要防溜以及作业量较大中间站执行上述规定有困难时，由铁路局集团规定。

（4）动车组固定编组，调车作业大多是自走行作业，除使用机车调车作业外不需要车站人员参与，而且动车组大多带有停放制动装置，可保证动车组无动力停留安全。为减少作业环节，消除结合部隐患，统一动车组防溜办法，动车组防溜原则上优先使用停放制动装置，特殊情况时，由动车组随车机械师使用止轮器进行防溜，具体规定如下：

① 动车组无动力停留时，有停放制动装置的动车组，由司机负责将动车组处于停放制动状态；动车组无停放制动装置或在坡度为 20‰ 以上的区间无动力停留时，由司机通知随车机械师进行防溜，防溜时应使用铁鞋牢靠固定。

② 重联动车组在设置止轮器防溜时，考虑单列防溜能确保防溜效果，为减少作业环节和作业强度，仅在前列设置止轮器防溜。

③ 如需在同一股道内停留两列不重联的动车组时，两列动车组间应间隔不小于20 m 的安全防护距离（动车段、动车所内的股道除外），并分别进行防溜。

④ 动车段（所）设备及管理模式不尽相同，动车组停留时防溜措施的设置和撤除办法由铁路局规定。

专栏 4-1 【事故案例】车辆溜逸进入区间，与货物列车正面冲突

学习要求：车辆溜逸会造成什么危害？如何做好防溜措施？
1989 年 5 月 24 日，3160 次列车本务机车在北同蒲线大牛店车站进行调车作业，将两辆装满航空汽油的 G18 油罐车在 3 道甩下，未采取防溜措施。因这两辆罐车安装的是滚动轴承，站线又有 2.5‰ 坡道，两辆罐车自行溜逸进入区间，区间线路是 12‰ 的下坡道，两辆车越溜越快，6 时 17 分，在 214 公里处与上行 1608 次货物列车正面冲突。一辆罐车颠覆，所装航空汽油着火爆炸，另一辆罐车和 1608 次机车脱轨并起火，机后 1～3 位货车脱轨。造成机车乘务员 3 人死亡，机车报废 1 台，货车报废 4 辆，中断正线行车 18 小时 13 分，直接经济损失 163.5 万元。

第五章

行车闭塞

本章重点

◇ 概述
◇ 半自动闭塞
◇ 自动闭塞
◇ 自动站间闭塞
◇ 电话闭塞

第一节 概 述

一、行车闭塞法的含义及分类

1．行车闭塞法的含义

行车闭塞法是指通过调度所、相邻车站、线路所、闭塞分区的设备或人为控制，使列车与列车相互间保持一定间隔，以保证列车安全运行的行车方法。

2．行车闭塞法的分类

我国铁路采用的行车基本闭塞法有自动闭塞、自动站间闭塞、半自动闭塞三种。其中，自动闭塞以闭塞分区作为列车间隔；自动站间闭塞、半自动闭塞都是以站间（所间）区间作为列车间隔；其列车运行间隔均属于空间间隔法。

具体设置条件如下：

（1）在单线区段，应采用半自动闭塞或自动站间闭塞，繁忙区段可根据情况采用自动闭塞。

（2）在双线区段，应采用自动闭塞。

（3）在一个区段内，原则上应采用同一类型的闭塞方式。

（4）在列车运行速度超过 120 km/h 的双线区段，应采用速差式自动闭塞，列车紧急制动距离由两个及以上闭塞分区长度保证。

这是因为当列车运行速度不超过 120 km/h 时，紧急制动距离为 800 m，因此信号机的显示距离、闭塞分区长度、信号机间的显示关系等均以 800 m 为基础规定的。

当列车运行速度超过 120 km/h（如 160 km/h）时，其紧急制动距离为 1 400 m，因此按列车运行速度不超过 120 km/h 时，以紧急制动距离 800 m 为基础所划分的闭塞分区长度来说，一个闭塞分区长度是满足不了紧急制动距离的要求，应由两个及以上闭塞分区长度保证。

（5）原则上不使用隔时续行方法。由于按时间间隔法行车不易保持后行列车和前行列车的安全间隔，如果办理疏忽或司机操纵不当，很容易发生追尾事故，因此规定原则上不使用隔时续行办法。在特殊情况下必须使用时，由铁路局集团规定，并制定具体行车办法和安全措施。

二、行车闭塞的本质

行车闭塞的本质是确定发车权，以保证区间行车的安全。

三、向区间发车的条件

1．单　线

发车条件：区间空闲，邻站同意。

2．双线正方向

发车条件：区间（闭塞分区）空闲。因发车权归发车站所有，无须征得邻站同意。

3．双线反方向（未装设双向闭塞设备）

发车条件：区间空闲，邻站同意，列车调度员同意，如图 5-1 所示。

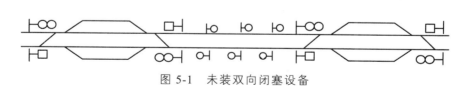

图 5-1　未装双向闭塞设备

4．双线反方向（装有双向闭塞设备）

发车条件：区间空闲，列车调度员同意，如图 5-2 所示。

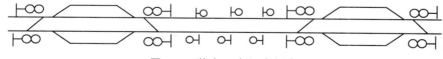

图 5-2　装有双向闭塞设备

第二节　半自动闭塞

半自动闭塞是人工办理闭塞手续，列车凭信号显示发车后，出站信号机自动关闭的闭塞方法。其特征为：站间或所间只准走行一列列车；人工办理闭塞手续；人工确认列车完整到达和人工恢复闭塞。

一、设备及其要求

半自动闭塞通过两个相邻车站（线路所）的闭塞机、出站信号机（线路所通过信号机）和轨道电路构成联锁关系。

1．闭塞设备

（1）闭塞机。

（2）出站信号机。

（3）出站方面一小段轨道电路，如图 5-3 所示。

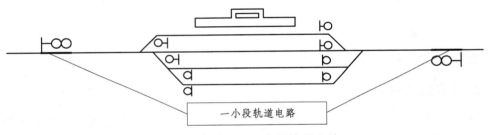

图 5-3　出站方面一小段轨道电路

2．单线半自闭设备必须满足的要求

（1）必须在区间空闲时，办理闭塞才有效。

（2）闭塞机控制着出站信号机的开放。

（3）列车在区间运行时，两站出站信号机均不能再开放。

（4）列车到达接车站后，才能办理正常的到达复原。

3．单线半自闭车站控制台

单线半自闭车站控制台如图 5-4 所示。

二、列车进入区间的行车凭证

1．正常情况

列车凭出站或通过信号机显示的允许运行的信号进入区间。

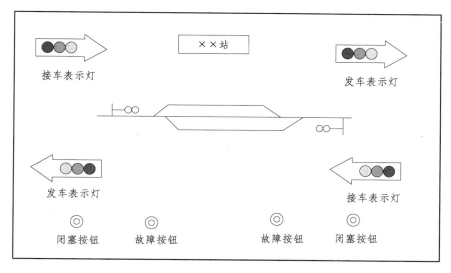

图 5-4　单线半自闭车站控制台

使用半自动闭塞设备时，出站或线路所通过信号机显示允许运行的信号，即表示区间已空闲、发车进路已被锁闭，当出发的列车压上出站方面的轨道电路，出站或通过信号机就立即自动关闭，在该列车运行到接车站，压上接车轨道电路之前，出站或通过信号机不能再开放。

2．特殊情况

（1）超长列车头部越过出站信号机，但未压上出站方面轨道电路：出站信号机显示的进行信号＋调度命令。

超长列车头部越过出站信号机，而未压上出站方面轨道电路时，因能使用半自动闭塞法，所以列车占用区间的行车凭证仍然为出站信号机显示的允许运行的信号，但应发给司机准许列车头部越过出站信号机发车的调度命令。

（2）超长列车头部越过出站信号机，且压上出站方面轨道电路：转电话闭塞，行车凭证为路票。

如果列车头部压上出站方面轨道电路，因无法办理闭塞，所以必须停止基本闭塞法，改用电话闭塞法行车，列车占用区间的行车凭证为路票。

（3）发车进路信号机故障或超长列车头部越过发车进路信号机并压上出站方面轨道电路发车时：半自动闭塞发车进路通知书。

在有几个车场的车站，相互办理接发列车的车场之间装设有发车进路信号机，使列车由一个车场发往另一个车场（一般为技术站或作业量较大的中间站）。因跨局运行的机车交路较为普遍，为方便司机确认发车进路信号机故障时的行车凭证，所以统一规定：发车进路信号机故障时的行车凭证为半自动闭塞发车进路通知书。

3．发给行车凭证的依据

（1）单线：接车站的同意闭塞信号。单线半自动闭塞区间，发车站（线路所）必须在闭塞机上得到接车站（线路所）的同意闭塞信号后，才能开放出站或线路所通过信号机。而接车站（线路所）只能在区间空闲时，才能发出同意闭塞信号，并在其发出同意闭塞信号后，该站（线路所）向该区间的出站或线路所通过信号机不能开放。这样就可避免同时向同一区间发出对向的列车。所以，在单线半自动闭塞区间任何一端车站（线路所），在开放出站或线路通过信号机前，必须得到接车站的同意闭塞信号。

（2）双线：前次列车到达前方站的到达信号。双线半自动闭塞区间，发车站（线路所）必须得到前次列车到达前方站（线路所）的到达信号后才有权发车。因为前次列车驶过接车站接车轨道电路，闭塞机就可以解锁并开通区间，所以发车站（线路所）只要得到前次列车到达前方（线路所）的到达信号后，就可以开放出站或线路所通过信号机发车。

4．半自动闭塞取消闭塞的办法

（1）双线半自动闭塞的车站取消闭塞。

集中联锁的车站：开放出站信号后如需取消发车时，车站值班员须通知发车人员、司机，确认列车没有出发，关闭出站信号，发车进路解锁后，将事由通知接车站，即可取消闭塞。

电锁器联锁的车站：开放信号后因故需取消闭塞时，车站值班员须通知发车人员、司机，确认列车没有出发，关闭出站信号，按下闭塞按钮使发车表示灯亮黄灯，即可通知接车站取消闭塞，然后由接车站值班员登记破封，拉出故障按钮，再拉出闭塞按钮，办理区间复原。

（2）单线半自动闭塞的车站取消闭塞。

如发车站已请求发车（发车表示灯亮黄灯）需要取消闭塞时，经两站车站值班员联系同意后，由发车站拉出闭塞按钮（或按下复原按钮），两站表示灯熄灭，闭塞机复原。

如接车站已按下闭塞按钮（发车表示灯亮绿灯）但发车站未开放出站信号机时，由发车站拉出闭塞按钮（或按下复原按钮），闭塞表示灯熄灭，闭塞机复原。

如开放出站信号机后需取消闭塞时，集中联锁的车站：经两站联系，发车站值班员确认列车没有出发，关闭出站信号机，拉出闭塞按钮（或按下复原按钮），双方闭塞表示灯熄灭，闭塞机复原。电锁器联锁的车站：双方站车站值班员确认列车没有出发，由发车站值班员登记破封，使用事故按钮办理复原。

三、半自动闭塞（64D 型）正常办理手续

半自动闭塞区段接发车手续见表 5-1。

表 5-1　半自动闭塞区段接发车手续

发车站（甲）	接车站（乙）
1. 车站值班员用闭塞电话向乙站请求发车	
	2. 车站值班员同意接车
3. 按一下闭塞按钮，发车表示灯亮黄灯，电铃鸣响	
	4. 接车表示灯亮黄灯，电铃鸣响
	5. 按一下闭塞按钮，接车表示灯亮绿灯
6. 发车表示灯亮绿灯，电铃响，在发车进路准备妥当后开放出站信号机	
7. 列车进入发车轨道电路区段，出站信号机自动关闭，发车表示灯亮红灯	
	8. 接车表示灯亮红灯，电铃响，进路准备妥当后，开放进站信号机
	9. 列车进入接车轨道电路区段，进站信号机自动关闭，接、发车表示灯均亮红灯
	10. 确认列车整列到达后，拉一下闭塞按钮，接、发车表示灯均熄灭
11. 发车表示灯红灯灭，电铃响	
	12. 通知甲站列车到达时刻

第三节　自动闭塞

一、自动闭塞简介

自动闭塞是根据列车运行及有关闭塞分区状态，自动变换通过信号机显示而司机凭信号行车的闭塞方法。其特征为：

（1）把站间划分为若干闭塞分区，有分区占用检查设备，一般设有通过信号机。

（2）站间区间内能实现列车追踪。

（3）办理发车进路时自动办理闭塞手续，自动变换通过信号机显示。

自动闭塞从可实现的作用上分为双线单向自闭、单线双向自闭、双线双向自闭。

从制式上可分为三显示和四显示两种情况。

三显示自动闭塞的特征：

通过信号机具有 3 种显示；能预告列车前方 2 个闭塞分区状态；分 2 个速度等级，1 个闭塞分区的长度满足从规定速度到零的制动距离；黄灯是注意信号，表示运行前方有 1 个闭塞分区空闲。三显示追踪列车向绿灯运行时的间隔距离图如图 5-5 所示。

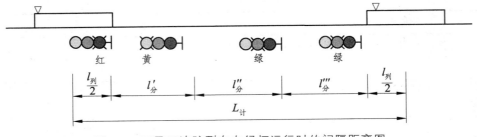

图 5-5　三显示追踪列车向绿灯运行时的间隔距离图

四显示自动闭塞的特征：

通过信号机具有 4 种显示；能预告列车前方 3 个闭塞分区状态；分 3 个速度等级，2 个闭塞分区的长度满足从规定速度到零的制动距离；绿黄灯是警惕信号，表示运行前方有 2 个闭塞分区空闲；黄灯是限速信号，列车越过黄灯时必须减速至规定的限速值，不然就难以保证在下一个红灯前可靠停车。四显示追踪列车间隔图如图 5-6 所示。

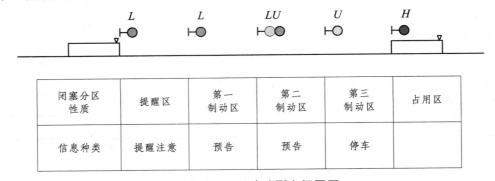

闭塞分区性质	提醒区	第一制动区	第二制动区	第三制动区	占用区
信息种类	提醒注意	预告	预告	停车	

图 5-6　四显示追踪列车间隔图

二、行车凭证

1．正常情况

使用自动闭塞法行车时，列车进入闭塞分区的行车凭证为出站或通过信号机显示的允许运行的信号。

自动闭塞区段的车站办理发车前应向接车站预告；单线自动闭塞区段的车站还须得到列车调度员的同意（列车调度员已下达列车运行调整计划时除外）。已向接车站预告但列车不能出发时，发车站须通知接车站取消预告。

2．特殊情况下的行车凭证

自动闭塞区段遇下列情况发车的行车凭证见表 5-2。

表 5-2　自动闭塞区段特殊情况行车凭证表

列车出发情况	行车凭证	发给行车凭证的依据	附带条件
1．出站信号机故障时发出列车 2．由未设出站信号机的线路上发出列车 3．超长列车头部越过出站信号机发出列车	绿色许可证	1．监督器表示第一个闭塞分区空闲,不表示时为接到前次列车到达邻站的通知或前次列车发出后不少于 10 min 的时间。 2．确认道岔位置正确及进路空闲。 3．单线须取得对方站确认区间内无迎面列车的电话记录号码	从监督器上不能确认第一个闭塞分区空闲时,车站应发给司机书面通知,司机以在瞭望距离内能随时停车的速度（最高不超过 20 km/h）运行到第一架通过信号机,按其显示的要求执行
4．发车进路信号机发生故障时发出列车 5．超长列车头部越过发车进路信号机发出列车	绿色许可证	确认道岔位置正确及进路空闲	列车到达次一信号机,按其显示的要求执行
6．自动闭塞作用良好,监督器故障时发出列车	出站信号机显示的允许运行的信号		与邻站车站值班员及本站信号员联系
7．双线双向闭塞设备的车站,反方向发出列车		1．区间占用表示灯表示区间空闲。 2．双线反方向行车的调度命令	反方向发车进路表示器显示正确（进路表示器故障时通知司机）

注：在四显示区段,因设备不同,执行上述条款困难的,可按铁路局集团规定办理。

表 5-2 规定的各项内容为自动闭塞区段特殊情况下发车的行车凭证、发给行车凭证的根据及附带条件等。自动闭塞与半自动闭塞和自动站间闭塞在部分设备故障或特殊情况下行车的最大不同,就是不需停止基本闭塞法,可采用一些特殊的方式发出列车,进入区间后按自动闭塞法行车,提高运输效率。

（1）表中第一列的第 1、2、3 项是在出站信号机不能开放或未设出站信号机的情况下发出列车,此时发车进路与信号机间失去了联锁关系或无联锁关系。车站值班员必须在做好下列工作后,方准填写绿色许可证,组织发出列车。

① 确认监督器表示第一个闭塞分区空闲,不表示时为接到前次列车到达邻站的通知或前次列车发出后不少于 10 min 的时间。

② 确认道岔位置正确及进路空闲。

③ 单线区间须取得对方站确认区间内无迎面列车的电话记录，并填记在《行车日志》记事栏内。

因为出站信号机不能开放，如果从监督器不能确认第一个闭塞分区空闲，第一闭塞分区情况不明，此时发车人员必须发给司机书面通知，要求列车以在瞭望距离内能随时停车的速度运行，最高不超过 20 km/h，确保安全。当列车运行到第一架通过信号机时，按其显示的要求执行。

（2）表中第一列的第 4、5 项，是指发车进路信号机（同一发车进路上一架或多架进路信号机）因故不能开放的情况下发出列车时，车站值班员确认发车进路空闲、进路道岔位置正确并按规定加锁后，填发绿色许可证发出列车的作业方式。

（3）表中第一列的第 6 项，是指在自动闭塞作用良好，出站信号机能正常显示允许运行的信号，但监督器对离去闭塞分区的占用与空闲因故不能表示或表示不明时发出列车。在此种情况下，由于出站信号机能够正常开放，自动闭塞设备可以确认闭塞分区的占用与空闲状态，车站值班员与邻站车站值班员联系确认区间列车运行情况，和本站信号员联系确认自动闭塞及监督器设备状态和发出列车情况后，即可组织按出站信号机的显示发出列车。

（4）表中第一列的第 7 项，是指在双线自动闭塞区间装设有双向闭塞设备，列车在正方向运行线路上运行时，可自动追踪运行，在线路反方向运行时，按站间间隔运行。由于我国铁路在双线区间实行左侧单方向行车制度，反方向行车时应发布调度命令，在发车前必须确认反方向运行的线路上无迎面列车运行，区间空闲，在控制台上确认区间占用表示灯表示区间空闲后，办理改变列车运行方向手续，排列反方向发车进路，组织反方向发出列车，列车进入区间的行车凭证为出站信号机显示的允许运行的信号。

为使发车人员和司机明确区别正、反方向发车进路，在出站信号机的正下方设有反方向发车进路表示器，当排列了反方向发车进路后，显示规定的白色灯光，外部发车人员和列车司机在反方向发车前必须确认显示正确。如遇反方向发车进路表示器故障时，发车人员应口头通知司机，使司机明确列车运行方向。

在四显示区段，由于自动闭塞设备不同，执行表 5-2 中的各项规定有困难时，可由铁路局集团规定行车办法。

3．列车运行中特殊情况的处理

自动闭塞区间通过信号机显示停车信号（包括显示不明或灯光熄灭）时，主要有以下几项：

（1）显示红色灯光时，可能是前方闭塞分区内有列车或机车、车辆占用，或由于线路上有障碍物引起轨道电路短路或钢轨折断，也可能是轨道电路故障所致，还可能是通过信号机的灯泡断丝而引起的灯光转移等。

（2）信号显示不明，可能是因天气关系，如灯光被飘雪、扬沙所遮盖等，也可能是自动闭塞系统发生故障。

（3）灯光熄灭，可能是灯泡断丝或灯泡松动，也可能是临时断电。

当出现自动闭塞区间通过信号机显示停车信号（包括显示不明或灯光熄灭）时，规定：

（1）列车必须在该信号机前停车。

通过信号机显示停车信号及显示不明或灯光熄灭时均视为停车信号，列车如果贸然进入前方闭塞分区，既有发生事故的可能性，又有危及行车安全的可能性，因而列车必须在该信号机前停车，同时司机应使用列车无线调度通信设备通知车辆乘务员（随车机械师）停车原因。

（2）停车等候 2 min。

自动闭塞区间和列车追踪运行，作业十分繁忙，同时由于通过信号机处于区间，修复时间将会延长，如果列车长时间在显示停车信号（包括显示不明或灯光熄灭）的通过色灯信号机前停车，将延误后续列车运行，打乱运行秩序，造成运输工作的混乱，也不利于列车的运行安全。因此规定，在列车停车等候 2 min 后，该通过信号机仍未显示允许运行的信号时，即以遇到阻碍能随时停车的速度进入该通过信号机防护的闭塞分区继续运行。由于停车等候 2 min，如该闭塞分区有前行列车被迫停车不能继续运行时，有关人员有一定的时间按规定设置防护和作业联系。

（3）该信号机仍未显示进行信号，以不超过 20 km/h 的速度运行到次一信号机，按其显示运行。

要求列车在发生问题的闭塞分区内以最高不超过 20 km/h 的速度运行，在发现闭塞分区有列车、发生问题或遇到危险时可随时停车，不致发生事故。在这种情况下，列车限速进入闭塞分区后，必须在整个闭塞分区内限速运行，不能在见到前方通过信号机显示允许运行的信号时，就立即恢复相应速度运行。只有在列车头部越过次一通过信号机（进站信号机）后，才能按其显示的要求运行。

（4）停车等候时与车站、调度员、前行列车司机联系，前方闭塞分区若有列车不得进入。

列车在显示停车信号及显示不明或灯光熄灭的通过信号机前停车等候的同时，司机应与车站值班员、列车调度员联系，确认前方闭塞分区内有无列车占用，车站值班员、列车调度员应通过控制台、TDCS 设备等确认该闭塞分区内有无列车，在确认有列车占用后，车站值班员、列车调度员须通知司机不得进入该闭塞分区；同时，司机还应通过目视确认前方闭塞分区内是否有列车占用。司机如通过以上方式确认有列车占用时，不得进入该闭塞分区。如司机与车站值班员、列车调度员联系不上，又无法目视确认前方闭塞分区内是否有列车占用时，在停车等候 2 min 后，如该信号机仍未显示允许运行的信号，即以遇到阻碍能随时停车的速度（最高不超过 20 km/h）进入该闭塞分区，司机应加强瞭望，运行中发现前方有列车占用或有危及行车安全的情况时立即停车。

（5）装有容许信号的通过信号机显示停车信号时，准许铁路局规定停车后起动困难的货物列车在该信号机前不停车，按上述速度通过。当容许信号灯光熄灭或容许信号和通过信号机灯光都熄灭时，司机在确认信号机装有容许信号，仍按上述速度通过该信号机。

装有容许信号的通过色灯信号机显示停车信号时，准许停车后起动困难的货物列车不停车通过该信号机。由于各种货物列车牵引重量不完全相同，因此铁路局必须根据该区段使用的机车类型和线路坡度等情况，经过计算和试验，规定准许按容许信号运行的货物列车重量标准。装设容许信号的目的，主要是避免超过规定牵引重量的货物列车在此停车后起动困难，甚至请求救援打乱运行秩序。因此，当容许信号灯光熄灭时，只要司机确认信号机装有容许信号，仍可按上述规定，不停车通过该信号机。列车通过该信号机后，必须在整个闭塞分区以遇到阻碍能随时停车的速度运行，但最高运行速度不得超过 20 km/h，到达次一通过色灯信号机后，再按其显示的要求运行。

（6）装有连续式机车信号的列车，遇通过信号机灯光熄灭，而机车信号显示允许运行的信号时，应按机车信号的显示运行。

连续式机车信号的显示和通过信号机的显示，是通过同一个轨道电路传输的，通过信号机灯光熄灭而机车信号显示允许运行的信号时，表示前方闭塞分区处于空闲状态，所以准许列车按机车信号的显示运行。

（7）司机发现通过信号机故障时，应将该信号机的号码通知前方站，以便由车站通知设备部门检查修理。

三、双线单向自闭正常办理手续

双线单向自闭正常办理手续见表5-3。

表 5-3 双线单向自闭区段接发车手续

发车站（甲）	接车站（乙）
1. 确认闭塞分区空闲，向乙站作发车预告	1. 接到甲站发车通知，确认接车线路空闲
2. 准备发车进路	2. 准备接车进路
3. 开放出站信号	3. 开放进站信号
4. 发车，监送列车出清道岔区段	4. 列车进入第一接近，表示灯亮并响铃，按压切断电铃按钮，铃声停；列车进入第二接近，表示灯亮并响铃，拉出按钮，铃声停
5. 通知乙站发车时刻，向列车调度员报点	5. 接车，确认列车全部到达
	6. 通知甲站到达时刻，报点

第四节 自动站间闭塞

自动站间闭塞是与集中联锁设备结合使用的，目前采用计轴轨道检查装置或轨道电路自动检查区间空闲，随着办理发车进路自动构成站间闭塞，列车凭出站信号显示进入发车进路后，出站信号机自动关闭，待列车出清区间后自动解除闭塞。

一、设备及其要求

自动站间闭塞是在半自动闭塞基础上发展起来的新型闭塞设备，区间两端站的出站信号机和轨道检查装置构成联锁关系，自动检查区间空闲，列车以站间区间为间隔运行，通过办理发车进路和检查列车出清区间的方式，自动实现区间闭塞和区间开通。

自动检查区间主要通过计轴设备或区间长轨道电路来实现。

（1）计轴设备通过设置在区间两端站的计轴磁头，对进入区间和车站的列车轴数进行记录，并经过传输线路将两端站所记录的轴数进行核对，当两端站记录的轴数一致时，即确认列车整列到达，区间空闲，自动开通区间。发出由区间返回的列车时，由发车站自行检查。当计轴设备记录进出区间的列车轴数不一致时，即判定区间占用。当计轴设备发生故障不能正常计轴或判定区间占用时，不能自动解除闭塞。

（2）区间长轨道电路由三部分组成，包括上、下行接近区段轨道电路（双线时为接近和发车区段轨道电路）和中间区段轨道电路，通过轨道电路对区间是否占用、线路是否良好进行检查。在这三段轨道电路都空闲时，排列发车进路，开放出站信号，自动完成闭塞；在列车到达前方站（返回发车站）三段轨道电路都空闲后，自动开通区间。当区间任何一段轨道电路处于占用状态时，不能开放出站信号机，自动办理闭塞；列车虽已到达前方站（返回发车站），但不能解除闭塞开通区间。出站信号机开放后，如果区间轨道电路因故障等原因处于占用状态时，便自动关闭。

其闭塞特点为：

（1）发车站办理发车进路后即自动构成站间闭塞。

（2）列车到达接车站（或返回发车站并出清区间）后，自动解除闭塞。

二、行车凭证

1．正常情况

使用自动站间闭塞法行车时，列车凭出站信号机或线路所通过信号机显示的允许运行的信号进入区间。

使用自动站间闭塞法发出列车时，由于列车按站间间隔运行，列车进入区间的行车凭证为出站信号机显示的允许运行的信号。

2．发给行车凭证的依据

发车站办理发车进路前，须确认区间空闲、接车站未办理同一区间的发车进路，并向接车站预告。发车站已向接车站预告但列车不能出发时，在取消发车进路后，须通知接车站。

由于自动站间闭塞发车前不需办理闭塞手续，排列发车进路开放出站信号后，即可发出列车，同时列车需按站间间隔行车，因此发车站在办理发车进路前，须确认区间空闲和接车站未办理同一区间的发车进路。为使接车站做好接车准备工作，发车站应向接车站发出预告。

在自动站间闭塞区间，发车站办理预告后，接车站必须做好接车准备。如果列车预告后因特殊情况不能发出时，发车站必须通知接车站取消预告。避免长时间占用区间，方便接车站进行其他作业，也能为其他列车运行提供条件。

3．行车办法

自动站间闭塞的行车办法由铁路局规定。

由于自动站间闭塞在全路应用的时间不长，相关设备在制式上也不完全统一，使用区段的行车组织方式不完全相同，因此行车组织办法不宜在全路进行统一，应由各铁路局根据设备的不同，结合运输组织方式、行车工作要求制定行车组织办法。

第五节　电话闭塞

一、电话闭塞特点

（1）是代用闭塞法：基本闭塞法停用。

电话闭塞法是当基本闭塞法不能使用时，根据列车调度员命令所采用的代用闭塞法。

（2）是信用闭塞法：无设备控制。

由于此种闭塞方法全由人工控制，所以两站间的闭塞手续必须在查明区间空闲后方可办理。

（3）无论单、双线，均按站间区间办理。

使用电话闭塞法行车时，列车占用区间的行车凭证不论单线或双线均为路票。填写路票时，当发出挂有由区间返回后部补机的列车时，应填写一式两份（仅编号顺序不同），其中，交给后部补机的路票的右上角须加盖"副"字戳记，作为路票副页，作用是补机司机返回发车站的凭证。

（4）改用电话闭塞法和恢复基本闭塞法时，都须有调度命令。

二、基本闭塞法停用的几种情况

遇下列情况，应停止使用基本闭塞法，改用电话闭塞法行车：

（1）基本闭塞设备发生故障导致基本闭塞法不能使用、自动闭塞区间内两架及其以上通过信号机故障或灯光熄灭时。

① 自动闭塞设备发生故障导致基本闭塞法不能使用，不能保证列车按自动闭塞方式行车时，应停止使用改按电话闭塞法行车。

自动闭塞区间两架及其以上通过信号机发生故障或灯光熄灭，列车虽可按《技规》有关规定运行，但势必造成列车在区间一再停车，不仅会降低列车运行速度，而且危及行车安全。因此，遇两架及其以上通过信号机故障或灯光熄灭时，比照自动闭塞设备发生故障办理改按电话闭塞法行车。

② 半自动闭塞设备故障，如出站信号机内方轨道电路故障、出站信号机故障或灯光熄灭，由于不能形成半自动闭塞控制条件或不能开放出站信号机作为列车占用区间的行车凭证，因此，应停止使用改按电话闭塞法行车。

③ 自动站间闭塞设备故障，导致不能开放出站信号机作为列车占用区间的行车凭证，应停止使用自动站间闭塞改按电话闭塞法行车。

（2）无双向闭塞设备的双线区间反方向发车或改按单线行车时。

无双向闭塞设备的双线区间反方向发车时，由于反方向无闭塞设备，必须改用电话闭塞法行车。无双向闭塞设备的双线区间改按单线行车时，虽然正方向闭塞设备可以使用，但反方向行车时无闭塞设备保证安全，办理上容易混淆，极易引发错误，所以也要停止使用基本闭塞法改按电话闭塞法行车。

（3）发出由区间返回的列车，或发出挂有由区间返回后部补机的列车时。

发出由区间返回的列车时，在其返回前车站无法从设备上控制不再向该区间放行列车，为防止人为失误造成严重后果，应停止基本闭塞法改按电话闭塞法行车。发出挂有由区间返回后部补机的列车，车站无法从设备上控制在列车到达前方站后、补机返回前不再向该区间放行列车，为防止人为失误造成严重后果，因此，应停止基本闭塞法改按电话闭塞法行车。

（4）自动站间闭塞、半自动闭塞区间，由未设出站信号机的线路上发车，或超长列车头部越过出站信号机并压上出站方面轨道电路发车时。

自动站间闭塞、半自动闭塞列车占用区间的行车凭证，为出站信号机显示的允许运行的信号。由未设出站信号机的线路上发车，或超长列车越过出站信号机压上出站方向轨道电路发车时，因无法取得占用区间的行车凭证，须改按电话闭塞法行车。

（5）在夜间或遇降雾、暴风雨雪，为消除线路故障或执行特殊任务，开行轻型车辆时。

轻型车辆装有绝缘车轴，不能通过轨道电路确定其位置，为确保安全，轻型车辆仅限昼间封锁施工作业时使用，此时不按列车办理。同样，为确保安全，在夜间或遇降雾、暴风雨雪等天气不良瞭望条件不好的情况下，为消除线路故障或执行特殊任务须使用轻型车辆时，应按列车办理，此时应停止基本闭塞法改按电话闭塞法行车。

（6）自动站间闭塞设备故障，半自动闭塞设备良好时，可根据调度命令改按半自动闭塞法行车。

存在同一区间同时具有两种及以上基本闭塞设备的情况。如部分自动站间闭塞是在半自动闭塞的基础上，增加了计轴设备自动检查区间空闲，从而实现了自动站间闭塞，此时，仅计轴设备故障停用，半自动闭塞设备仍作用良好时，可使用另一基本闭塞法——半自动闭塞法组织列车运行，但必须得到列车调度员准许并发布调度命令。

三、行车凭证

1. 凭证——路票

路票是使用电话闭塞法行车时列车占用区间的凭证。路票填写的正确与否，关系到列车是否能够安全运行。为了防止错填路票，原则上应由车站值班员亲自填写。因车站值班员作业繁忙或助理值班员室距离过远等原因不能亲自填写时，可由《站细》指定的助理值班员填写，但应经车站值班员审核（可使用电话复诵核对，具体由《站细》规定），方可交付使用。

填写路票时，要内容齐全、字迹清楚、不得涂改。当填写错误时，应在路票上划"×"注销，重新填写。

使用路票必须选准使用的区间，正确填写电话记录号码、车次并加盖站名印。为防止错误办理列车方向，在双线反方向行车时，应在路票上加盖"反方向行车"章；两线、多线区间使用路票时，应在路票上加盖"××线行车"章。

对由区间折回的列车，路票应填写往返车次。当发出挂有需由区间返回的后部补机的列车，应填路票一式两份（仅编号顺序不同），发给补机的路票右上角须加盖"○副"字戳记作为副页和补机司机返回原发站的行车凭证。路票如图5-7所示。

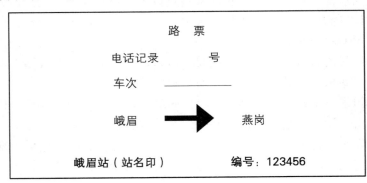

图 5-7　路票

2. 填发路票的条件

（1）单线或双线反方向：根据行车日志查明区间空闲，接车站承认闭塞的电话记录号码。

为避免相对方向的两端站同时发出迎面列车，规定单线或双线反方向发车时，除根据《行车日志》等查明区间空闲外，还必须取得接车站的承认后，方可填发路票。

（2）双线正方向：前次列车到达邻站的电话记录号码。

双线正方向首列发车时，为保证安全，除查明区间空闲外，也应取得接车站的承认后方可填发路票。在双线正方向发车时（首列除外），不必取得接车站的承认，但应根据收到前次发出的列车已到达接车站的电话记录在发车进路准备妥当后，方可填发路票。

3．应发出电话记录号码的事项

办理电话闭塞时，下列各项应发出电话记录号码，并记入《行车日志》：

（1）承认闭塞。

（2）列车到达，补机返回。

（3）取消闭塞。

（4）单线或双线反方向越出站界调车。

采用电话闭塞法行车时，区间两端车站办理行车闭塞的有关事项，均应记入《行车日志》的电话记录号码栏内，因为它是正确填发路票的依据。

办理电话闭塞时，承认闭塞、列车到达或补机返回、取消闭塞、单线或双线反方向越出站界调车等，都须发出电话记录号码。对电话记录号码要及时、准确地记入《行车日志》有关栏内。

为了便于记录和查看，电话记录号码自每日0时起至次日0时止，按日循环编号。编号办法一般应采用顺序编号，具体由铁路局规定。

四、办理手续

电话闭塞接发车办理手续见表5-4。

表5-4　电话闭塞接发车办理手续

发车站（甲）	接车站（乙）
1. 确认区间空闲，请求闭塞	2. 确认区间空闲，同意接车
3. 复诵并记入行车日志	
4. 准备发车进路	
5. 填写路票，进行自检和互检	
6. 把路票交给司机，发车；通知乙站，并向调度员报点	
	7. 复诵，并准备接车进路，开放信号
	8. 列车到达收回路票划"×"注销。通知甲站，记入行车日志，向调度报点
9. 复诵电话记录，并记入行车日志	

第六节　电话中断时的行车

一、行车凭证

（1）车站行车室内一切电话中断时，单线行车按书面联络法，双线行车按时间间隔法。列车进入区间的行车凭证均为红色许可证，如图5-8所示。

附件3　红色许可证

许可证	第_____号

　　　现在一切电话中断，准许第_____次列车自_____站至_____站，本列车前于_____时_____分发出的第_____次列车，邻站到达通知 已 收到。
　　　　　未

通知书

1. 第_____列车到达你站后，准接你站发出的列车。
2. 于_____时_____次列车，并于_____分发出第_____时_____分再发出第_____次列车。

站（站名印）车站值班员（签名）

年　　　月　　　日填发

注：1. 红色纸，复写一式三份，司机、运转车长各一份，存根一份；　（规格 90 mm×130 mm）
　　2. 不用的字句抹消。

图 5-8　红色许可证

车站行车室内一切电话中断是指车站行车室内的行车闭塞电话、调度电话、自动电话全部中断，使车站值班员无法使用电话办理行车联系事项。

由于自然灾害或其他原因，车站行车室内的一切电话中断，与邻站及列车调度员均无法用电话联系时，必须采用特定的方法保证不间断行车，并发给列车占用区间的特定凭证。这种特定行车方法就是单线行车按书面联络法、双线行车按时间间隔法，特定的凭证就是红色许可证。

由于单线区间是双向行车制，两相邻站都有权向同一区间发车，因此必须通过书面联络来确定列车的开行。双线区间是上、下行分别按正方向行车，而且由于一切电话中断，列车调度员不能发布调度命令，不能办理列车反方向运行，所以可按时间间隔法行车。在这种情况下，不论单线或双线列车进入区间的凭证均为红色许可证。红色许可证既是列车占用区间的凭证，又附有与邻站联络行车的通知书，同时还具有提醒司机注意行车的作用。

红色许可证包括许可证和通知书两部分。司机通过它可了解到本列车前后的列车运行情况和计划，以便本列车在区间被迫停车后能采取相应措施，保证行车安全。

（2）在双线自动闭塞区间，如闭塞设备作用良好时，列车运行仍按自动闭塞法行车，但车站与列车司机应以列车无线调度通信设备直接联系（说明车次及注意事项等）。如列车无线调度通信设备故障时，列车必须在车站停车联系。

一切电话中断后，在自动闭塞区间，若闭塞作用良好，从设备上能保证行车安全，车站值班员从监督器上也能确认和监督列车运行情况，则列车运行仍按自动闭塞法行车，不使用红色许可证。在双线自动闭塞区间，若自动闭塞作用良好，则仍按自动闭塞法行车，并需填发红色许可证的通知书告知续发列车情况，车站可通过列车无线调度通信设备与列车司机直接联系，了解后续列车的运行情况等，列车在车站可不停车。当列车无线调度通信设备临时故障时，为加强联系，向司机交代情况，说明注意事项，则列车需在车站停车。

但在单线自动闭塞区间，即便自动闭塞设备良好，由于也需要电话联系确定行车方向，因此电话中断时不能使用自动闭塞法行车，应按书面联络法行车，使用红色许可证。

（3）非自动闭塞区间发出第一个列车时，在发车前应查明区间已空闲。

在自动站间闭塞、半自动闭塞区间或自动闭塞设备故障停止使用的情况下，一切电话中断后发出第一个列车时，在发车前必须查明区间是否空闲，以防止出现在一切电话中断前发出的列车在区间被迫停车或退行、邻站越出站界调车未完毕、邻站发出反方向列车未到达本站等情况，因尚未腾空区间而发出第一个列车而导致发生列车事故。

二、优先发车权的确定

为使车站在一切电话中断时尽快发出列车，应规定优先发车的车站。一旦发生一切电话中断，被规定为优先发车的车站在与邻站取得联络之前，只要符合规定的条件，就可以向区间发出一切电话中断后的第一个列车。

单线按书面联络法行车时，可优先发车的车站的确定方法：

（1）已办妥闭塞而尚未发车的车站。

在电话中断前已办妥闭塞而尚未发车的车站，在一切电话中断后可以优先向区间发出第一个列车，因为在一切电话中断前该站已取得了发车权。

（2）在一切电话中断前未办妥闭塞时，由于发车权尚未确定，必须按照一定的方法来确定优先发车的车站，因此《技规》规定了未办妥闭塞情况下优先发车的车站的确定原则如下：

① 单线区间为发出下行列车的车站。

② 双线改为单线行车时，为该线原定发车方向的车站。

③ 同一线路、同一方向的列车有上、下行车次时，条件比较复杂，所以优先发车站需由铁路局根据具体情况事先规定。

（3）第一个列车的发车权为优先发车的车站所有，如优先发车的车站没有待发列车时，应主动用红色许可证的通知书通知非优先发车的车站。非优先发车的车站，如有待发列车时，应在得到通知书以后方可发车。

注意事项：

① 第一个列车的发车站，在发车前应查明区间已空闲，并在红色许可证的通知书上记明下一个列车的发车权。

② 如为已办妥闭塞而尚未发车的车站发车时，持有行车凭证的列车还应发给红色许可证的通知书；如无行车凭证，列车应持红色许可证开往邻站。之后开行的列车，均凭红色许可证的通知书上记明的发车权办理。

③ 红色许可证的通知书应采取最快的方法传送，优先方向车站如无开往区间的列车，在确认区间空闲后，可使用重型轨道车或单机传送。

三、时间间隔法行车

（1）双线按时间间隔法行车时，只准发出正方向的列车。

双线按时间间隔法行车，是指前一列车发出后不论是否到达前方站，准许间隔一定的时间再向该区间发出次一列车的行车办法。在一切电话中断后，为了保证行车安全，防止两端站同时向同一区间同一线路放行对向列车，规定双线按时间间隔法行车时，只准发出正方向的列车。

（2）一切电话中断后，连续发出同一方向的列车时，两列车的间隔时间应按区间规定的运行时间另加 3 min，但不得少于 13 min。

一切电话中断后按时间间隔法行车时，不论单线或双线区间，连续发出同一方向的列车时，均难以得到前次列车到达邻站的通知，发车站无法确知前行列车是否到达。因此，规定两列车的间隔时间按区间规定运行时间另加 3 min。这样，在一般情况下前行列车可以到达前方站，即使前行列车未到达前方站，也可保证有足够的安全间隔。按区间规定运行时间另加 3 min，是给接车站安排后行列车准备进路时间，或前行列车在区间被迫停车时的防护时间。在区间规定运行时间较短的情况下，为了确保与前行列车的安全间隔，所以规定不得少于 13 min。

四、禁止发出的列车

一切电话中断时，行车组织指挥和站间联系困难，行车安全缺乏保证，只能开行一些必要的列车，对一些可能引起不安全因素的列车禁止向一切电话中断车站相邻的区间发出，具体有以下几种：

（1）在区间内停车工作的列车（救援列车除外）。由于一切电话中断后，对列车在区间运行的情况很难掌握，如果发出在区间停车工作的列车，就可能影响邻站待发的重要列车出发。因此，这种列车禁止开行，但准许发出到区间救援的列车。

（2）开往区间岔线的列车。开往区间岔线的列车开出后，如待其返回或继续开往前方站再发出其他列车，则占用区间的时间太长，且从岔线返回时，也很难和车站联系，因此这种列车禁止开行。

（3）须由区间内返回的列车。因为这种列车要在区间内停车进行某种作业，占用区间时间长，返回时间不易掌握，将会影响待发的其他列车。

（4）挂有须由区间内返回后部补机的列车。由于邻站无法掌握补机返回发车站的时间，邻站发出待发列车时就不能确保行车安全。

（5）列车无线调度通信设备故障的列车。在车站一切电话中断的情况下，如果再发出列车无线调度通信设备故障的列车，会明显增加不安全因素。

五、单线区间个别车站电话中断时

（1）单线区间的车站，经以闭塞电话、列车调度电话或其他电话呼唤 5 min 无人应答时，由列车调度员查明该站及其相邻区间确无列车（包括单机、大型养路机械及重型轨道车）后，可发布调度命令，封锁相邻区间，按封锁区间办法向不应答站发出列车。

单线区间车站电话良好，而对某个车站用各种电话呼唤 5 min 得不到应答时，为了避免发生列车堵塞，规定由列车调度员查明该站及两相邻区间确无列车后（包括单机、大型养路机械、重型轨道车），方可向不应答站的两端邻站发出封锁相邻区间的调度命令，按封锁区间的办法向不应答车站办理行车。并以调度命令作为进入区间的凭证。

（2）该列车应在不应答站的进站信号机外停车，判明不应答原因及准备好进路后再行进站。司机或车站值班员应将经过情况报告列车调度员。

向不应答车站发出的列车，由于事先无法了解该站接车进路是否已准备，是否发生事故、灾害或其他情况等，为确保安全，不论进站信号机是否开放，必须在进站信号机外停车，待判明情况并确认接车进路已准备妥当后再进入站内。列车进站后，司机或该站的车站值班员应将经过情况及时报告列车调度员。此时，不应答站的车站值班员如能恢复正常工作，就失去了再继续封锁区间的必要性，列车调度员应以命令开通封锁区间，恢复正常行车。

专栏 5-1　通天屯站值班员操作失误事故

一、事故概况

通天屯站与佛岭站间是双线半自动闭塞，下行进站方向为 11.2‰ 下坡道，接下行列车带有延续进路。通天屯站与勃利站间是单线半自动闭塞。

2016 年 6 月 18 日 5 时 20 分，图佳线通天屯站 2-4DG 轨道区段出现白光带，下行进站信号不能正常开放，影响 26207 次列车使用引导信号接车，导致 26207 次 5 时 32 分通天屯站开放引导信号接车，通天屯站 5 时 38 分到、6 时 23 分（非图定列车）开车，实际晚点 48 分。

X26208 次勃利 5.20 分通过，区间 5.25 分停车、6.08 分开车、通天屯站 6.19 分（非图定列车）通过，实际晚点 36 分。

通天屯站在接佛岭站 26207 次发车通知后，当班值班员就按下行进站信号按钮，此时，他发现勃利站 X26208 次已经发出，值班员就使用了总取消按钮，只取消了下行 1 道进站信号，并没有取消延续进路，此时，他未发现上行进站端排列进路表示灯亮灯。值班员就开始办理 X26208 次 2 道通过进路，按下了上行进站和通过按钮排列通过进路后，发现进路没有形成，只有上行出站进路形成，值班员按压下行出站按钮，形成下行出站进路，值班员发现 2 道没有光带显示，车站值班员随即使用总取消、总人工解锁、区段故障按钮取消上行进站信号机，2-4DG 遗留显示白光带，但 2-4DG 解锁不成功。这时值班员办理下行 1 道接 26207 次，发现进站信号也开放不了，值班员就叫助理值班员去叫值班干部副站长来，又向当班列车调度员报告，通天屯站 2-4DG 遗留显示白光带，并通知了牡电勃利车间副主任。5 时 36 分，在待休室休息的日勤值班员到行车室后，用总取消将 2-4DG 遗留显示白光带取掉后恢复正常。

5 时 32 分，列车调度员下达 31619 号调度命令，允许通天屯站使用引导信号接 26207 次的命令，开放引导手信号接车通天屯站 5 时 38 分到、6 时 23 分开车，X26208 次勃利 5 时 20 分通过，区间 5 时 25 分停车、6 时 08 分开车，通天屯站 6 时 19 分通过。

6 时 07 分，电务销记"经试验设备正常，恢复使用"，工务人员销记"经检查线路，道岔正常"。6 时 08 分，通天屯站开放进站信号机 X26208 次正常接车。

二、原因分析

电路分析办理 26207 次 X 行 IG 接车进路无法选出的原因：

（1）在 2-4DG、SWG 区段点亮白光带的过程中，因坡道延续近路动作的联锁关系，构成了 SPZJ（S 行坡道终端继电器）吸起并自闭的条件，因 XLFJ 励磁电路中检查 SPZJ 落下接点的条件，所以造成 X 行 IG 接车进路的延续进路无法选出，X 行进站信号机不能开放。

（2）SPZJ（S 行坡道终端继电器）吸起并自闭电路分析：值班员虽然取消了 X 按钮的操作，但 XPAJ、XLFJ 继电器均已吸起并自闭，当办理 D4LA-SLA 进路、2-4DG 锁闭时，由于 SJXJ 吸起及 2-4DG 锁闭条件，构成了 SPZJ（S 行坡道终端继电器）吸起并自闭电路。

（3）X 行 IG 接车进路无法选出的原因分析：正常情况下办理 X 接车时应带动 XLFJ，但 SPZJ 励磁造成 XLFJ 不能励磁无法为 XPAJ 提供自闭电路，所以当办理 X 行 IG 接车进路，随着 1DG 锁闭，使 S1PZCJ 落下，同时 XPAJ 因自闭电路不能构成而同时落下，带不起 X1LAJ（下行 IG 列车按钮继电器），此时办理以安全线为延续进路终端时，延续进路不能选出，进而 X 进站不能开放。

三、经验教训

（1）通天屯站值班员操作错误，构成了 D4LA-SLA 选排进路条件，使 2-4DG、SWG 区段锁闭，2-4DG、SWG 点亮白光带。

（2）通天屯站值班员操作错误，构成了 SPZJ（S 行坡道终端继电器）吸起并自闭的条件，使 XLFJ 不能励磁，XLFJ 不励磁，XPAJ 不自闭，XILAJ 不能被带动，X 行 IG 接车进路的延续进路无法选出，X 行进站信号机不能开放。

事故暴露出的问题：

（1）通天屯站当班值员任职值班员 1 年半时间，对行车设备掌握不够熟练，遇到问题不会妥善处理，业务素质还有待提高。

（2）通天屯站副站长为当天值班干部，当被值班员叫起来后，现场没能及时发现问题根源，遇到问题也不会妥善处理，没能起到监控干部作用。

（3）七台河站从去年接收 16 个车站，技术和教育科没有对新接收站的人员进行培训，对行车主要工种人员的薄弱情况不清楚，没能做好相关培训，造成行车主要工种人员遇到问题不会妥善处理。

第六章　接发列车

本章重点

◇ 一般要求

◇ 接发列车作业

◇ 特殊情况下的接发列车

按照技规的规定，列车运行包括如下内容：（1）一般要求；（2）接发列车；（3）列车被迫停车后的处理；（4）救援列车的开行；（5）施工及路用列车的开行；（6）轻型车辆及小车的使用；（7）设备检修及故障处理。

考虑到接发列车工作的特殊性，特别将其单独作为一章叙述，其余内容另成一章介绍。

第一节　一般要求

一、对接发列车工作的要求

1．总要求

车站应不间断地接发列车，严格按列车运行图行车。

2．对车站值班员的要求

（1）六项工作：办理闭塞，布置进路，开闭信号，交接凭证，接送列车，发车。

（2）由于设备分散或业务繁忙，除布置进路（包括听取进路准备妥当的报告）外，其他工作可指派助理值班员、信号员或扳道员办理。

其中，车站值班员在办理闭塞时，应确认区间空闲。接车前，必须亲自或通过有关人员确认接车线路空闲、影响进路的调车作业已经停止后，方可准备进路、开放进站信号机，准备接车；发车前，必须亲自或通过有关人员确认影响进路的调车作业已经停止后，方可准备进路、开放出站信号机，交付行车凭证，在旅客上下、行包装卸和列检作业等完了后发车。

3．对扳道、信号人员的要求

（1）按车站值班员的接发列车命令、调车作业计划，正确及时地准备进路。

（2）操纵道岔、信号时，认真执行"一看、二扳（按）、三确认、四显示（呼唤）"制度。

（3）接发列车进路准备完了后，及时报告值班员。

4．对接发车线路的要求

（1）接发列车应在正线或到发线上办理。

（2）旅客列车、挂有超限货物车辆的列车，应接入规定线路。

（3）动车组列车在车站办理客运业务时，须固定股道、固定站台、固定停车位置。

（4）动车组列车、特快旅客列车通过时应在正线办理，其他通过列车原则上应在正线办理。

5．变更接发车线路的规定

变更接发车线路有以下两种情况：

（1）原规定为通过的旅客列车由正线变更为到发线接车。

（2）动车组列车、特快旅客列车遇特殊情况必须变更基本进路。

规定：须经列车调度员准许，并预告司机；如来不及预告，应使列车在站外停车后，再开放信号机，接入站内。动车组列车遇特殊情况需变更办理客运业务的固定股道时，须经调度所值班主任（值班副主任）准许。

二、接发列车作业程序

1．接车作业程序

接车作业程序如图 6-1 所示。

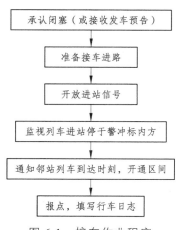

图 6-1　接车作业程序

2．发车作业程序

发车作业程序如图 6-2 所示。

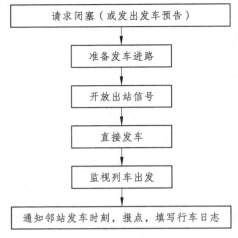

图 6-2　发车作业程序

三、接发作业其他规定

（1）动车组接发作业：动车组列车由列车长确认旅客上下完毕后，通知司机关闭车门；列车进站停车时，司机按动车组停车位置标停车，确认列车停稳、对准停车位置后开启车门。按钮不在司机操作台上的，由列车长通知随车机械师关闭车门；列车到站停稳后，由随车机械师开启车门。如自动开关门装置故障或特殊情况需单独开关车门时，由司机通知列车工作人员手动开关车门。

动车组列车在车站出发，动车组列车司机在确认行车凭证和开车时间，车门关闭后即可起动列车。

动车组以外的列车在车站发车前，有关人员应做到：

① 发车进路准备妥当，行车凭证已交付，出站（进路）信号机已开放，发车条件完备后，车站值班员（助理值班员）方可显示发车信号。

② 司机必须确认行车凭证及发车信号显示正确后，方可起动列车。

③ 语音记录装置良好的车站，准许使用列车无线调度通信设备发车。

（2）列车在站内临时停车，待停车原因消除且继续运行时，应按下列规定办理：

① 司机主动停车时，自行起动列车。

② 其他列车乘务人员使用紧急制动阀（紧急制动装置）停车时，由车辆乘务员（随车机械师）通知司机开车。

③ 车站接发列车人员使列车在站内临时停车时，由车站按规定发车（动车组列车由车站通知司机开车）。

④ 其他原因的临时停车，车站值班员应组织司机、车辆乘务员（随车机械师）等

查明停车原因，在列车具备运行条件后，由车站按规定发车（动车组列车由车站通知司机开车）。

上述①②④项在列车停车后，司机应立即向车站值班员报告，并说明停车原因。上述情况车站值班员均应及时报告列车调度员。

（3）信号机故障处理：进站、出站、进路及线路所通过信号机发生故障时，为防止错误指示列车运行，应及时将其置于关闭状态，即显示红色灯光。

进站信号机及线路所通过信号机发生不能关闭的故障时，应将灯光熄灭或遮住。信号机在灯光熄灭或遮住以及信号机灭灯后，为便于司机确认该信号机位置，夜间应在信号机柱距钢轨顶面不低于 2 m 处加挂信号灯，向区间方面显示红色灯光。

第二节　接发车作业

一、办理闭塞前，确认区间空闲

车站值班员在办理闭塞时，应确认区间空闲。接车前，必须亲自或通过有关人员确认接车线路空闲、进路道岔位置正确、影响进路的调车作业已经停止后，方可开放进站信号机，准备接车；发车前，检查确认进路道岔位置正确、影响进路的调车作业已经停止后，方可开放出站信号机，交付行车凭证，在旅客上下、行包装卸和列检作业完了后发车。

目前的行车闭塞法，在正常情况下可以保证在同一时间、同一区间（或闭塞分区）内只有一个列车运行。但由于设备本身有些缺陷，或由于个别人员一时疏忽仍有可能向占用区间发出列车。所以，车站值班员在办理闭塞时，必须确认区间空闲。例如采用半自动闭塞设备，因区间无轨道电路，一旦列车在区间丢车，设备也反映不出来，如不认真确认列车是否整列到达，待列车压过接车轨道电路，就可以办理区间开通，再向区间发出列车，这是非常危险的。至于电话闭塞，因无设备控制，一旦疏忽，就更有可能向占用区间发车。因此，车站值班员在接发列车工作中，首先要把好办理闭塞时确认区间空闲这一关。

确认区间空闲的办法，主要是通过闭塞设备、《行车日志》、各种表示牌，以及有关人员的情况报告等，确认前次列车是否全部到达，补机是否返回，出站（跟踪）调车是否完毕，以及有无区间封锁和轻型车辆占用等。依闭塞设备不同，确认区间空闲的方法分别是：

（1）半自动闭塞：除根据闭塞机上闭塞表示灯显示外，还应根据《行车日志》、司机的报告以及外勤人员察看到达列车情况的报告等确认区间空闲；

（2）电话闭塞：根据《行车日志》上电话记录的列车到达情况和助理值班员、扳道员现场确认到达列车情况的报告等确认区间空闲。

二、布置进路及时正确，受令人要复诵

车站值班员下达准备接发车进路命令时，必须简明清楚、正确及时，讲清车次和占用线路（一端有两个及以上列车运行方向或双线反方向行车时，应讲清方向、线别），并要受令人复诵，核对无误。接发列车时，按规定程序办理，并使用规定用语。

扳道、信号人员必须按车站值班员布置的接发列车进路命令和调车作业计划，正确、及时地准备进路，保证安全、迅速地接发列车和调车作业。

扳道、信号人员在值班时应做到：

（1）严格按照车站值班员的接发列车命令、调车作业计划，正确及时地准备进路。

（2）在扳动道岔、操纵信号时，认真执行"一看、二扳（按）、三确认、四显示（呼唤）"制度。对进路上不该扳动的道岔，也应认真进行确认。

"一看"：看道岔标志、信号手柄（按钮）位置。

"二扳（按）"：将道岔、信号扳（按）至所需位置。

"三确认"：扳（按）完道岔、信号手柄（按钮）后，通过表示灯或标志确认有关进路道岔开通位置是否正确；手动道岔确认闭止块是否"落槽"，确认信号开放、关闭状态是否正确；准备接发车进路时，还要确认影响接发列车进路的调车作业是否已经停止。

"四显示（呼唤）"：确认无误后，就地显示规定的信号或按规定执行呼唤制度。

扳动道岔、操纵信号，执行"一看，二扳（按）、三确认、四显示（呼唤）"的同时，要执行"眼看、手指、口呼"的制度。

（3）接发列车进路准备完了后，及时报告车站值班员（能从设备上确认的除外）。

扳道员于接发车进路准备完了或信号开放后，除集中联锁设备能从设备上检查确认以外，其他联锁及无联锁设备应及时向车站值班员报告进路准备情况，报告用语按《接发列车作业》标准等有关规定办理。

三、开放信号机的条件

车站值班员应严格按《站细》规定时机开闭信号机。如取消发车进路时，应先通知发车人员；如已开放信号或发车人员已通知司机发车，而列车尚未起动时，还应通知司机，收回行车凭证后，再取消发车进路。

发车时，车站值班员开放出站信号，应能保证完成包括确认出站信号机的显示、显示及确认发车信号等作业所需的时间，使列车由车站按规定时刻出发，这就是开放出站信号机的时机。

若过早关闭信号机，非集中联锁的道岔就会提前解锁，可能危及行车安全；若关闭过晚，会妨碍其他进路的准备，影响车站工作效率。因此，车站值班员必须严格按规定关闭信号。

遇特殊情况需取消发车进路时，车站值班员必须通知发车人员。严禁车站值班员在没有通知发车人员的情况下，关闭已开放的出站信号机。如发车人员已通知司机发车，而列车尚未起动时，还应通知司机，待司机明了，对司机持有行车凭证的，应收回行车凭证后，方可取消发车进路。当出发列车已经起动时，禁止取消发车进路。

1．进站信号机开放条件

（1）接车线路空闲。

车站值班员应保证有不间断接车的空闲线路，正线上不得停留车辆。到发线上停留车辆时，须经车站值班员准许，在中间站上并须取得列车调度员的准许方可占用，该线路的两端道岔应扳向不能进入的位置并加锁（装有轨道电路除外）。

正线是列车通过车站的主要经路，如不保持经常空闲，就不能有足够的把握保证不间断接车，列车经到发线通过车站，除存在安全隐患外，还大大影响运输效率，因此，规定正线上不应停留车辆，但尽头式车站不办理列车通过，其正线可按到发线掌握使用。

（2）进路道岔位置正确。

（3）影响进路的调车作业已停止。

2．出站信号机开放条件

（1）进路道岔位置正确。

（2）影响进路的调车作业已停止。

四、信号机的开放时机

1．进站信号机开放时机

进站信号开放时，列车运行至预告信号机前司机能确认信号机显示的地点。进站信号机开放时的列车位置如图 6-3 所示。

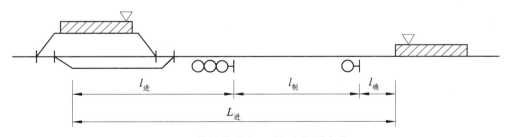

图 6-3　进站信号机开放时的列车位置

列车进站后，应停于接车线警冲标内方，以防止侧面冲突及影响邻线接发列车和调车作业。

2．出站信号机开放时机

出站信号机开放时机根据信号机开放后至列车起动前，办理全部作业所需要的时间确定。

在设有出站信号机的线路上，列车头部不得越过该信号机，因为出站信号机起着防护前方道岔和区间的作用。

五、显示发车指示信号的条件

（1）发车进路已准备妥当。
（2）行车凭证已交付。
（3）出站（进路）信号机已开放。
（4）发车条件完备。

六、接送列车

1．立岗接送

（1）接发列车时，接发车人员应携带列车无线调度通信设备、持手信号旗（灯），站在规定地点接送列车，注意列车运行和货物装载状态。

（2）发现旅客列车尾部标志灯光熄灭时，通知车辆乘务员进行处理。在自动闭塞区段，通知不到时，应使列车停车处理。发现货物装载状态有异状时，及时处理；发现货物列车列尾装置丢失时，应报告列车调度员，使列车在前方站停车处理。

2．报告列车进出站情况

列车接近车站、进站和出站时，接发车人员应及时向车站值班员报告列车进出站的情况（能从设备上确认的除外）。

列车到达、发出或通过后，车站值班员应立即向邻站及列车调度员报点，并记入《行车日志》（设有计算机报点系统的按有关规定办理）。遇有超长、超限列车、单机挂车和列尾装置灯光熄灭等情况，应通知接车站。

货物列车在站停车时，司机必须使列车保持制动状态（铁路局集团指定的凉闸站除外）。发车前，司机施行缓解，确认发车条件具备后，方可起动列车。

3．报点与记录列车进出站时刻

（1）到达时刻：以列车到达车站，停于指定到达线警冲标内方时为准。
（2）出发时刻：以机车向前进方向起动，列车在站界内不再停车时为准。
（3）通过时刻：以列车机车通过车站值班员室时为准。

第三节　特殊情况下的接发列车

本节主要介绍 4 类特殊情况下的接发列车，分别为：（1）关于相对方向同时接车和同方向同时发接列车；（2）引导接车；（3）无空线接车；（4）超长列车接车。

一、关于相对方向同时接车和同方向同时发接列车

1．限制条件

下列情况，禁止办理相对方向同时接车和同方向同时发接列车：

（1）进站信号机外制动距离内，进站方向为超过 6‰ 的下坡道，而接车线末端无隔开设备。

（2）在接、发旅客列车的同时，接入列车运行监控装置或轨道车运行控制设备发生故障的列车、制动力部分切除的动车组列车而接车线末端无隔开设备。

注：第（2）条与坡度无关。

说明：

① 同时——同一时刻或接近同一时刻，可认为同时开放进出站信号机，或两端进站信号机处于同时开放状态。

② 隔开设备——包括安全线、避难线、平行进路，以及能起隔开作用的有联锁的防护道岔。

③ 坡度——指换算坡度。

【练习 6-1】　如图 6-4 所示，何时允许相对方向同时接车（同方向同时发接列车）？何时不行？

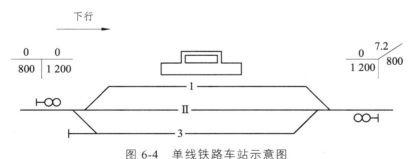

图 6-4　单线铁路车站示意图

（1）下行列车进 1 道，上行列车进 3 道。　　　　　　　　　　　　　（　　）

（2）下行客车由 1 道出发，下行货车进 3 道（LKJ 故障）。　　　　　（　　）

（3）下行列车进 3 道，上行列车进 1 道。　　　　　　　　　　　　　（　　）

（4）上行客车由 1 道出发，上行货车进 3 道（LKJ 故障）。　　　　　（　　）

（5）上行货车由 3 道出发，上行客车进 1 道（LKJ 良好）。　　　　　（　　）

【练习 6-1】参考答案：（1）√；（2）×；（3）×；（4）√；（5）×。

【练习 6-2】 如图 6-5 所示，何时允许相对方向同时接车（同方向同时发接列车）？何时不行？

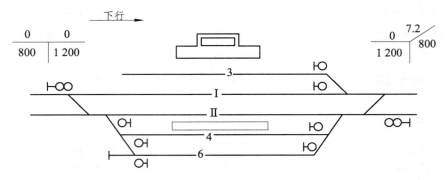

图 6-5 双线铁路车站示意图

（1）下行列车进 3 道，上行列车进 4 道。   （   ）
（2）下行客车由 3 道出发，下行货车进 4 道（LKJ 故障）。 （   ）
（3）下行列车进 4 道，上行列车进 6 道。   （   ）
（4）上行客车由 4 道出发，上行货车进 6 道（LKJ 故障）。 （   ）
（5）上行货车由 6 道出发，上行货车进 4 道 。   （   ）

【练习 6-2】参考答案：（1）√；（2）√；（3）√；（4）√；（5）×。

2．不能同时接车的处理

车站相对方向不能同时接车而两列车同时接近车站时，应先将一个方向的列车接入站内停于警冲标内方后，再开放另一端进站信号机，接入另一列车。在确定先后顺序时，应先接不适于在站外停车的列车、停车后起动困难的列车或后面有续行列车的列车，其他情况应报告列车调度员按其指示执行。遵照先客后货、先快后慢的原则，一般可考虑：旅客列车与非旅客列车交会时，应先接旅客列车；非超长列车与超长列车交会时，应先接非超长列车；进站方向为下坡道的列车与进站方向为平道或上坡道的列车交会时，应先接进站方向为平道或上坡道的列车。

3．不能同时发接列车的处理

遇两列车不能同时接发时，原则上应先接后发。车站应将不能办理相对方向同时接车和同方向同时发接列车的情况纳入《站细》。

【案例 6-1】

一、事故经过

1993 年 8 月 20 日，8136 次计划进 4 道去京秦线，车站先用电台预告司机机外停车。07:34 开放进站信号机，07:38 开放 Ⅱ 道 446 次客车出站信号。8136 次司机误认 4 道已开放出站信号，进站后未停车，当发现 4 道出站信号为红灯时，紧急制动，越过

4道出站信号机93 m处停车。446次开车后，司机发现4道来车，紧急停车不及，与8136次机后2位车相撞，构成客车险性事故。8·20事故示意图如图6-6所示。

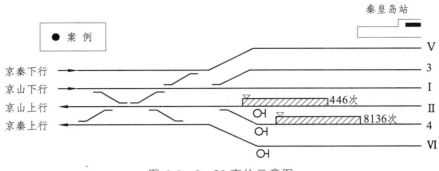

图6-6　8·20事故示意图

二、事故损失

货车小破1辆，客车机车脱轨，影响446次晚点56分钟。

三、原因分析

（1）车站值班员严重违反禁止同方向同时发接列车的有关规定，在4道和Ⅱ道无隔开设备，没有得到调度命令准许，也未用电台通知司机站内停车的情况下，办理同时发出446次、接入8136次，是造成这次事故的主要原因。

（2）8136次乘务员误认信号、盲目运行是导致这次事故的主要原因之一。

（3）车机联控制度不落实，司机在第一接近信号机前与车站联控通话时，车站应答机外停车，后改站内停车，未及时用电台通知司机，是导致司机误认信号的重要因素。

（4）列车调度员违章指挥，在已知Ⅱ道有446次开车且上行有两个方向同时来车的情况下，对车站如何接车未做具体布置，对这起事故也负有一定责任。

（5）车站领导对关键环节盯得不够，关键问题抓得不狠，安全措施不落实，负有一定责任。

二、引导接车

进站、接车进路信号机不能使用时，应开放引导信号；引导信号不能开放或无进站信号机时，应派引导人员接车。

1．需使用引导接车的情况

以下几种情况，车站应使用引导信号或派引导人员接车：

（1）进站、接车进路信号机发生故障或因联锁失效不能开放使用时。

（2）向进站、接车进路信号机联锁范围以外的线路上接车时。

（3）双线区段接入反方向开来的列车而无进站信号机时。

2．注意事项

（1）引导接车时，列车以不超过 20 km/h 的速度进站，并做好随时停车的准备。

（2）由引导人员接车时，应在引导员接车地点标处（未设的，引导人员应在进站信号机、进路信号机或站界标外方）显示引导手信号接车。

（3）当列车头部越过引导信号或引导手信号后，即可关闭引导信号或收回引导手信号。

（4）在无联锁的线路上接发列车时，车站值班员除严格按接发列车手续办理外，并应将进路上无联锁的有关对向道岔及邻线上防护道岔加锁。进路上无联锁的分动外锁闭道岔无论对向或顺向，均应对密贴尖轨、斥离尖轨和可动心轨加锁。具体加锁办法由铁路局集团规定。

引导接车示意图如图 6-7 所示。

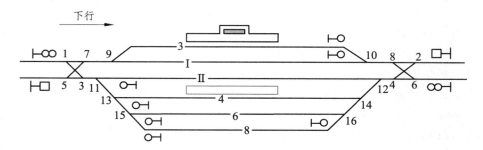

图 6-7　引导接车示意图

上行进站信号机与Ⅱ、4、6、8 道联锁，下行进站信号机与Ⅰ、3、8 道联锁。

若上行列车接入Ⅰ、3 道，即使 6、8、10 号道岔位置正确，Ⅰ、3 道下行出站信号机未开放，上行进站信号机也不能开放。

若下行列车接入Ⅱ、4、6 道，即使 1、3、11、13、15 号道岔位置正确，Ⅱ、4、6 道上行出站信号机未开放，下行进站信号机也不能开放。

三、无空线接车

1．造成原因

无空线接车的造成原因有事故、自然灾害、组织不当等。

2．允许接入的列车

（1）为排除故障、事故救援、疏解车辆等需要的救援列车。

（2）不挂车的单机。

（3）动车、重型轨道车。

3．接车办法

不开放进站信号机，列车在站外停车，由接车人员通知司机接车线路及注意事项，以调车手信号将列车领入站内。

专栏 6-1　铁路交通一般 C9 类未办闭塞发出列车事故

一、事故概况

××日 0 时 12 分，××铁路局工务部门在××铁路 B 线路所登记申请 2 时 00 分至 4 时 30 分进行综合天窗修作业。1 时 15 分，该调度区间列车调度员通知 B 线路所、C 站（城际场）应急值守人员转非常站控模式。1 时 24 分，12 次在 A 站通过后，B 线路所应急值守人员在未预告 C 站（城际场）的情况下直接开放了 12 次通过进路。1 时 38 分，12 次通过 B 线路所。C 站（城际场）应急值守人员发现 12 次开过来后，在未与 D 站预告的情况下直接开放了 Ⅱ 道通过去 D 站的列车进路。1 时 42 分，C 站（城际场）应急值守人员在与 D 站车站值班员联系时，才发现 12 次列车本应由乙线路所开往 E 站，进入 C 站（城际场）是严重的错误，立即呼叫 12 次司机停车。1 时 46 分，12 次停于 C 站（城际场）Ⅱ 道，构成铁路交通一般 C9 类未办闭塞发出列车事故。

二、经验总结

车站应不间断地接发列车，严格按列车运行图行车。车站值班员办理接发列车（列车调度员人工办理接发列车）时，应亲自办理闭塞、布置进路（包括听取进路准备妥当的报告）、开闭信号、交接凭证。由于设备或业务量关系，车站值班员除布置进路（包括听取进路准备妥当的报告）外，其他各项工作可指派信号员或其他人员办理；列车调度员人工办理接发列车时，除办理闭塞、布置进路（包括听取进路准备妥当的报告）外，其他各项工作可指派车务应急值守人员或其他人员办理。

在非正常情况下，集控站转为车站控制时，车务应急值守人员应报告站段指派胜任人员赶赴现场，协助做好非正常行车工作。

除因危及行车安全必须立即转换为非常站控外，列车调度员提出需转为非常站控时，须经调度所值班主任（值班副主任）准许。

转为非常站控时，车务应急值守人员和列车调度员须在《CTC 控制模式转换登记簿》（见《技规》（高速部分）附件 3）内登记，记明转换的原因；车务应急值守人员与列车调度员核对设备状况、站内停留车情况、列车运行计划、邻站（线路所）控制模式及与本站（线路所）有关的调度命令等情况。转为非常站控后，应通知司机车站（线路所）转为非常站控。

转为非常站控的原因消除后，双方在《CTC 控制模式转换登记簿》（见《技规》（高速部分）附件 3）内登记，并及时转回。

第七章　列车运行

本章重点

◇ 列车乘务组
◇ 列车被迫停车后的处理
◇ 救援列车的开行
◇ 施工及路用列车的开行

第一节　列车乘务组

一、列车乘务组的主要工种

1．列车乘务组的组成与职责

根据各种列车任务、编组内容和运行条件的不同，要求配备直接为列车服务的工作人员组成列车乘务组。列车乘务组的职责及组成是：

（1）机车乘务组——负责操纵机车（动车组司机负责操纵动车组列车），完成列车牵引任务，负责本列车在区间的行车指挥工作。

（2）车辆乘务人员/随车机械师——由于旅客列车、特快货物班列运行速度比较高，机械冷藏车组的车辆构造比较复杂，为便于途中随时进行检修、处理故障，均应配备车辆乘务人员。为便于动车组列车途中随时进行检修、处理故障，应配备随车机械师。

（3）客运乘务组——为了做好旅客服务工作，如组织旅客上、下车，负责车内卫生，提供旅客文化生活、饮食供应以及行李包裹的运送等服务，旅客列车需有客运乘务组。客运乘务组一般由列车长、列车广播员、列车员、列车行李员及餐车工作人员等组成。

2．列车司机

（1）动车组以外的列车司机是机车乘务组的负责人，在乘务作业中，应带领本组人员严格执行《技规》和操作规程的各项规定，保证列车安全、正点运行，良好地完成铁路运输任务。同时，司机又是列车或单机的行车指挥者，负责列车运行中特殊情况的处理，以及区间被迫停车后进行防护，与车站、列车调度员进行联系等工作，具体应做到：

① 列车在出发前输入监控装置有关数据；按规定对列车自动制动机进行机能试验，在制动保压状态下列车制动主管的压力 1 min 内漏泄不得超过 20 kPa，确认列尾装置作用良好。因为列车制动主管泄漏超过规定标准时，会导致列车意外制动，使制动装置作用不正常。

对于装备机车综合无线通信设备（CIR）的机车，开车前司机要选定机车综合无线通信设备通信模式和运行线路。机车综合无线通信设备有 450 MHz 和 GSM-R 通信模式，并与列车当时所在的线路相对应，在同一时间只有采用相同通信模式的无线通信设备方能进行通信，因此对于装备机车综合无线通信设备的机车，开车前司机要选定所在地点的通信模式和运行线路，这样才能保证司机能够与列车调度员、车站值班员等进行无线通信。

在 GSM-R 区段运行时，机车综合无线通信设备、GSM-R 手持终端应按规定注册列车车次，并确认正确。在 GSM-R 区段，列车调度员（车站值班员）通过拨打车次号或机车号与司机进行无线通信。因此，司机开车前要按规定注册机车综合无线通信设备及 GSM-R 手持终端的列车车次号并确认正确。

② 遵守列车运行图规定的运行时刻和各项允许及限制速度，做到彻底瞭望，确认信号，认真执行呼唤应答制度，严格按信号显示要求行车，确保列车安全正点。遇有信号显示不明或危及行车和人身安全时，应立即采取减速或停车措施。

为了安全、迅速、准确地完成运输任务，司机应服从命令，听从指挥，牢固树立安全、正点意识。严格遵守运行图规定的运行时刻和线路、桥隧、信号容许速度，道岔、曲线和慢行地段等限制速度，以及 LKJ（GYK）设定的限制速度。在操纵列车时，必须做到运行不超速、区间不运缓、彻底瞭望、确认信号和执行呼唤应答制度。

信号是指示列车运行的命令。应严格按信号显示的要求行车。遇有信号显示不明、不正确或灯光熄灭以及天气恶劣信号辨认不清时，必须立即采取减速或停车措施；列车运行中如发现危及行车和人身安全时，也要立即采取停车措施。

③ 机车信号、列车无线调度通信设备、列车运行监控装置（轨道车运行控制设备）和列尾装置必须全程运转，严禁擅自关机。

机车信号、列车运行监控装置（轨道车运行控制设备）、列尾装置是控制列车运行、保证列车安全的重要设备，必须全程运转，严禁擅自关机。当机车信号、列车运行监控装置（轨道车运行控制设备）发生故障时，一是应通过列车无线调度通信设备向车站值班员或列车调度员报告，控制列车运行至前方站停车处理或请求更换机车，二是要掌握列车运行速度。若在自动闭塞区间，机车信号、列车运行监控装置（轨道车运行控制设备）故障时，列车运行速度不得超过 20 km/h，运行到前方站进行处理。若列车无线调度通信设备故障，应在前方站停车报告。

④ 起动稳，加速快，精心操纵，停车准确，按规定鸣笛，防止列车冲动和断钩。

为防止因列车冲动而引起旅客受伤或断钩等情形的发生，司机在起动列车提手柄时要平稳、匀速。为保证按图行车，不发生运缓，司机在列车运行中加速要快。为方便旅客乘降，防止人身伤亡事故以及防止列车越过警冲标、冒进信号及列车后部压道岔，要求司机在进站停车时要对准停车位置标，做到准确停车。

⑤ 随时检查机车总风缸、制动主管的压力。检查内燃机车柴油机的润滑油压力、冷却水的温度及其转数等情况。注意电力机车的各种仪表显示及接触网状态。

随时检查机车总风缸、制动主管的压力，及时发现因机车风泵和制动系统发生故障而引起的列车制动主管压力骤减现象，以便根据变化情况及时采取措施，防止造成事故。

内燃机车柴油机的润滑油压力和冷却水的温度须保持规定的标准，以保证柴油机安全运转和正常工作。运行中，司机要时刻注意油压及水温表的显示，副司机要认真执行机械间检查巡视制度，随时观察柴油机转速是否正常。

电力机车牵引列车运行时，必须随时注意接触网状态是否正常、电压表和电流表的工作状态，以免因电压过高或电流过大而造成电器损坏。

⑥ 列车在区间内被迫停车进行防护、分部运行、装卸作业或使用紧急制动阀停车后再开车时，司机必须检查制动主管的贯通状态，确认列车完整，具备开车条件后方可起动列车。

⑦ 单机、自轮运转特种设备在自动闭塞区间紧急制动停车或被迫停在调谐区内时，司机须立即通知后续列车司机，向两端站车站值班员（列车调度员）报告停车位置（具备移动条件时司机须先将机车移动不少于 15 m），并在轨道电路调谐区外使用短路铜线短接轨道电路。

单机、自轮运转特种设备紧急制动停车会自动撒砂，因其长度短，可能全部停在撒砂的钢轨上，不能可靠分路轨道电路；调谐区不能准确反映列车占用状态，单机、自轮运转特种设备长度小于调谐区长度时，可能全部停留在调谐区内。在自动闭塞区间发生上述两种情况时，可能会造成后方通过信号机显示升级为允许运行的信号，存在后续列车正常运行进入该闭塞分区与单机或自轮运转特种设备发生冲突的隐患，因此，要求单机、自轮运转特种设备司机须立即通知后续列车司机，向列车调度员（两端站）报告停车位置（具备移动条件时司机须先将机车移动不少于 15 m），并在轨道电路调谐区外使用短路铜线短接轨道电路。

⑧ 等会列车时，不准关闭空气压缩机，并应按规定显示列车标志。

在车站等会列车时，为了保证列车上空气制动及其他用风系统的正常工作，要求司机不准关闭空气压缩机。为使其他列车司机能够及时确认等会的列车，要求司机按规定显示列车标志。

⑨ 负责货运票据的交接与保管。

牵引货物列车或单机挂车时，司机还应负责货运票据的交接与保管，在规定车站与有关人员认真交接。

⑩ 将列车运行中发生的问题及使用紧急制动阀的情况及时报告列车调度员。

为了便于列车调度员及时掌握列车运行情况，列车司机还应将列车在运行途中发生的问题以及使用紧急制动阀等情况向列车调度员汇报（或通过车站值班员转报列车调度员）。

（2）动车组列车由司机负责指挥，在乘务作业中，应严格执行《技规》和操作规程等规定，良好地完成铁路运输牵引任务。同时，司机又是动车组列车运行的行车指挥者，负责列车运行中特殊情况的处理，以及区间被迫停车后进行防护，与车站、列车调度员进行联系等工作。动车组列车司机在列车运行中，应做到：

① 开车前司机要选定机车综合无线通信设备通信模式和运行线路，确认机车综合无线通信设备和 GSM-R 手持终端的车次号或机车号注册成功。装备列车运行监控装置的动车组列车，司机还应在列车运行监控装置中输入车次、列车种类、质量、计长、交路号等有关数据，以便列车运行监控装置能够及时、准确控制列车运行。

② 遵守列车运行图规定的运行时刻和各项允许及限制速度，做到彻底瞭望，确认信号，执行呼唤应答制度，严格按信号显示要求行车，确保列车安全正点。遇有信号显示不明或危及行车和人身安全时，应立即采取减速或停车措施。

③ 机车信号、列车运行监控装置、列控车载设备是控制列车运行、保证列车安全的重要设备，必须全程运转，严禁擅自关机、隔离。机车信号、列车运行监控装置发生故障时，一是应通过机车综合无线通信设备向车站值班员（列车调度员）报告，控制列车运行至前方站停车处理，二是要掌握列车运行速度。动车组列车按列车运行监控装置方式行车时，若在自动闭塞区间机车信号、列车运行监控装置故障，则列车运行速度不得超过 40 km/h，运行到前方站进行处理。动车组列车按列控车载设备方式行车时，遇列控车载设备发生故障时，应通过机车综合无线通信设备向车站值班员（列车调度员）报告，根据调度命令停车转为列车运行监控装置控车方式或隔离模式运行；转为隔离模式运行时，列车运行速度不超过 40 km/h。

④ 机车综合无线通信设备是列车运行时列车调度员（车站值班员）与司机联系的基本通信设备，为保证列车安全和行车信息的传递，要求全程运转，严禁擅自关机。运行途中，司机不能使用机车综合无线通信设备进行通话时，应立即使用 GSM-R 或 450 MHz 手持终端报告车站值班员（列车调度员）；若 GSM-R 及 450 MHz 手持终端也不能进行通话，司机应在前方站停车报告。

⑤ 起动稳，加速快，精心操纵，停车准确，按规定鸣笛。

⑥ 注意操纵台各种仪表及车载信息监控装置的显示。

动车组操纵台各种仪表及车载信息监控装置能够显示重要运行部件和功能系统是否良好、列车允许和实际运行速度、行车许可、列车牵引和制动能力等重要信息，因此要求司机在列车运行中要密切注意。

⑦ 正常情况下，在列车运行方向最前端司机室操纵，最后端司机室门、窗及各操纵开关、手柄均应置于断开或锁闭位。关闭非操纵端司机室机车综合无线通信设备电源。

⑧ 动车组列车停车后，必须使列车保持制动状态。更换机车乘务组（同向换乘除外）或司机室操纵端、重联或摘解后再开车时，必须进行相关试验。

为防止动车组发生溜逸而造成列车冲突，要求列车停车后，必须使列车保持制动状态。更换乘务组或司机室操纵端、使用紧急制动停车、重联或解编后再开车前，为了确认列车制动主管贯通，制动设备良好，要求进行相关试验。

⑨ 等会列车时，不准关闭辅助电源装置，并应按规定显示列车标志。

为保证动车组照明、电热饮水机、空调装置、通风机等设备的正常使用，等会列车时不准关闭辅助电源装置。为保证列车安全，要求司机按规定显示列车标志。

⑩ 将列车运行中发生的问题及使用紧急制动阀的情况及时报告列车调度员。

（3）动车组列车重联后，本务端司机重新开启驾驶台，司机在列车运行监控装置、机车综合无线通信设备的人机界面上输入新列车数据和车次号。动车组列车重联后，司机应到动车组列车运行方向的操纵端，按规定程序作业后激活驾驶台，确认车载信息监控装置重联后的显示状态。根据所担当列车车次在列车运行监控装置（列控车载设备）内输入相关参数，并选择 CIR 通信模式（运行线路），按规定进行车次注册。

重联动车组列车解编后，可对分解后的两列车分别组织同方向发车或背向发车，开车前司机必须重新输入列车数据和车次号。重联动车组列车解编操作，主动车组必须一次移动 5 m 以上距离后方可停车。根据动车组运行方向（同方向发车或背向发车）及所担当列车车次在列车运行监控装置（列控车载设备）输入相关参数，并选择 CIR 通信模式（运行线路），按规定进行车次注册。

3．车辆乘务人员

（1）车辆乘务人员的基本职责是：检查和维修本编组运行中的车辆，使其技术状态经常保持良好，确保安全、正点运行。对中途加挂车辆的技术状态也要负责检查，参加制动机的试验工作，负责部分与列车运行有关的行车工作，并在司机的指示下协助处理有关事宜。

（2）车辆乘务人员在运行途中，要掌握列车中车辆的技术状态，并在列车站停时间内重点检查车辆主要部位。在旅客列车出库前乘务人员要提前到达，对列车进行详细检查，并与库列检人员办理列车技术状态交接。

列车运行中发生车辆故障时，车辆乘务人员应及时处理。对本身不能修复的故障，应提前预报前方站列检，以便提前准备好材料、工具及人员，在列车到达前方列检作业站后，应积极配合列检人员修复。对危及行车安全的故障车辆是否摘车检修，应按当地列检的决定处理，不得盲目放行。

（3）车辆乘务员应配备列车无线调度通信设备及响墩、火炬、短路铜线、信号旗（灯）等防护用品，在值乘中还应做到：

① 列尾装置发生故障时，列车出发前、停车站进站前和出站后，应与司机核对列车尾部风压。

② 列车发生紧急制动停车后，应及时联系司机，检查车辆技术状态，可继续运行时通知司机开车。

③ 向司机通报使用紧急制动阀的情况，并协助司机处理有关行车事宜。

4．随车机械师

动车组随车机械师是保障动车组设备安全可靠运行的重要行车岗位，主要担负运行动车组（运营、试验、回送动车组）随车乘务工作，负责保证动车组安全的运行状态，维护正常的车内硬件环境，掌握和传递动车组设备的动态运行信息，应急处理和维修发生的设备故障，对动车组设施进行日常状态检查和质量交接。在动车组运行途中，对发生影响行车的故障加强与司机联系，积极进行应急处理，及时将情况和运行要求通报司机。

发现危及行车安全的故障或其他紧急情况时，可使用紧急制动装置停车或通知司机采取停车措施。

运行中因动车组故障或其他原因在区间被迫停车时，加强与司机联系，掌握情况，并在司机指挥下做好行车及安全防护相关工作。动车组列车始发前，随车机械师应按技术作业过程的规定项目对动车组进行检查；在列车运行途中，应监控动车组设备技术状态，及时处理车辆故障，经处置确认无法正常运行时，通知司机选择维持运行或停车。随车机械师应配备 GSM-R 手持终端和无线对讲设备，动车组随车配备响墩、火炬、短路铜线、信号旗（灯）等防护用品，随车机械师在值乘中还应做到：

① 列车发生紧急制动停车后，应及时联系司机，检查车辆技术状态，可继续运行时通知司机开车。

② 当使用紧急制动阀停车时，应向司机通报使用紧急制动阀的情况，并协助司机处理有关行车事宜。

5．紧急制动阀的使用

车辆乘务员、客运乘务组等列车乘务人员发现下列危及行车和人身安全情形时，应使用紧急制动阀停车：

（1）车辆燃轴或重要部件损坏。

（2）列车发生火灾。

（3）有人从列车上坠落或线路内有人死伤。

（4）其他危及行车和人身安全必须紧急停车时。

紧急制动阀应在遇有本条规定的各种危及人身和行车安全的特殊情况下使用，不能轻易使用。为慎重使用及便于检查每次使用的情况，平时在阀手把口施有铅封。在使用紧急制动阀时，不必先行破封，直接将阀手把向全开位置拉动，直到全开为止。遇弹簧手把时，在列车完全停车以前不得松手。在拉动过程中不得停顿和关闭阀手把，中途关闭会造成列车中部分车辆处于制动、部分车辆处于缓解，容易发生列车断钩。

由于我国铁路采用的制动装置，不直接用总风缸的压缩空气送入制动缸，而是利用储存在副风缸中的压缩空气送入制动缸起制动作用的，因此不能实行连续制动。所以列车在长大下坡道上，使用紧急制动阀前，必须先看制动主管风表。如风表已由定压下降 100 kPa 时，不得再行使用紧急制动阀，以免因制动主管风压不足而造成列车失控（遇折角塞门关闭时除外）。在一般情况下，列车制动主管风压下降 50 kPa 即起制动作用，风压下降说明司机已采取制动措施。

为确保列车运行中的人身和行车安全，列车乘务人员如发现本条规定使用紧急制动阀（紧急制动装置）的情况，按上述方法使用紧急制动阀（紧急制动装置）。使用紧急制动阀后，列车到达前方有列检作业的车站，车辆乘务员应通知客列检人员检查并重新施封。司机应将列车在运行中发生的问题及使用紧急制动阀的情况报告列车调度员。

在动车组列车运行中，发生车辆燃轴、重要部件损坏、火灾等情况时，随车机械师、客运乘务组等列车乘务人员应立即报告司机采取停车措施；来不及报告时，应使用客室紧急制动装置停车。

列车乘务人员使用紧急制动阀后，应将使用情况报告司机，让司机掌握停车的原因。

二、列车运行调整

1．列车调度员的工作

（1）列车调度员是一个调度区段行车的统一指挥者，负责管辖区段内所有与列车运行有关的工作。

（2）指挥行车的依据：列车运行图，列车编组计划，《技规》《调规》，各局《行规》，运输方案。

（3）指挥行车的办法：编制和实施 3~4 小时列车运行调整计划。

（4）列车运行调整原则：先客后货，先跨局后管内。

2．列车调度员的职责

（1）检查各站执行列车运行图和编组计划的情况，及时发布有关行车命令和口头指示。指挥列车运行的命令（运行揭示调度命令除外）和口头指示只能由列车调度员发布。根据《调规》规定，运行揭示调度命令为调度所施工调度室发布。

（2）严格按图指挥行车，遇列车晚点时，积极采取措施，组织恢复正点。

（3）注意列车在站到发及区间运行情况，正确、及时地处理临时发生的问题，防止事故发生。"正确、及时地处理临时发生的问题"包含且不仅限于"防止列车运行事故"。

3．列车运行调整计划

（1）列车运行调整计划的主要内容包括：

① 列车在车站到、发时分和列车会让计划。

② 列车在中间站的作业计划。

③ 区段装卸车和施工计划。

④ 重点列车注意事项。

（2）列车运行调整等级顺序。

列车调度员要按列车运行图指挥列车运行，当列车不能按列车运行图运行时，除特殊情况外，要按先客后货、先跨局后管内的原则和表 7-1 规定的等级顺序调整。

表 7-1　列车运行调整等级顺序

序号	列车类别
1	最高运行速度为 300～350 km/h 动车组旅客（检测）列车（简称动车组，下同）
2	最高运行速度为 200～250 km/h 动车组
3	直达特快旅客列车
4	特快行邮列车
5	特快旅客列车
6	快速旅客列车
7	快速行邮列车
8	普通旅客快车
9	普通旅客慢车
10	行包列车
11	军用列车
12	"五定"班列
13	快运货物列车
14	2 万吨组合重载货物列车
15	1 万吨组合重载货物列车
16	单元重载货物列车
17	直达货物列车
18	直通货物列车
19	冷藏列车
20	自备车列车
21	区段货物列车
22	摘挂列车
23	超限超重货物列车
24	小运转列车

单机、路用列车应根据用途按指定条件运行。开往事故现场救援、抢修、抢救的

列车应优先办理。专运和特殊指定的列车按指定的等级运行。

（3）列车运行调整方法。

列车运行调整一般包括：组织晚点旅客列车恢复正点；组织货物列车压缩区段旅行时间；组织各类货物列车在编组站、区段站快速中转；组织摘车站快速摘车，保证列车正点；组织单机挂车；组织机车紧交路。

① 充分利用线路、机车、车辆的允许速度，组织列车加速运行，缩短列车区间运行时分，使晚点列车恢复正点或使列车赶到指定车站会让。

② 选择合理的会让站和会车方式，减少列车早点、晚点、停运、加开对其他列车的影响。

③ 组织列车进行快速、平行作业，缩短列车在站停留时间。

④ 在双线区段组织列车反方向行车。

⑤ 当列车密度大而区段能力又较紧张时，组织列车合并运行。

⑥ 组织同时到站会车的两列摘挂列车互换作业，缩短列车停站时间。

4．恶劣天气行车

遇天气恶劣，信号机显示距离不足 200 m 时，司机或车站值班员须立即报告列车调度员，列车调度员应及时发布调度命令，改按天气恶劣难以辨认信号的办法行车。此信号机指进站、出站、进路及自动闭塞区间通过信号机等指示列车运行的信号机。天气转好时亦由车站值班员或司机报告列车调度员，列车调度员发布调度命令恢复正常行车。执行此办法时应注意以下事项：

（1）列车按机车信号的显示运行。当接近地面信号机时，司机应确认地面信号，遇地面信号与机车信号显示不一致时，应立即采取减速或停车措施。

（2）当无法辨认出站（进路）信号机显示时，在列车具备发车条件后，司机凭车站值班员列车无线调度通信设备（其语音记录装置须作用良好）的发车通知起动列车，在确认出站（进路）信号机显示正确后再行加速。

（3）使用天气恶劣难以辨认信号办法行车以及恢复正常行车均需发布调度命令。对恢复正常行车的调度命令，应向已收到改按天气恶劣难以辨认信号办法行车调度命令而未越过天气恶劣区间的列车司机发布。

5．汛期暴风雨行车

工务部门应根据现场环境、气候特点、设备状况等，并结合历年防洪经验，确定并公布防洪重点地段。防洪重点地段多为汛期灾害多发区域，如洪水、泥石流、山体滑坡、塌方落石等，线路、桥隧、路基、道床等稳定性会受到影响。

（1）列车通过防洪重点地段时，司机要加强瞭望，并随时采取必要的安全措施。为确保列车在汛期的运行安全，司机要认真了解担当区段的水害特点和防洪重点地段，做到心中有数。对暴风雨可能引起的洪水、泥石流、落石等应急预案要认真学习、掌握，值乘中认真瞭望，按规定速度运行，根据运行地段情况采取安全措施。

（2）当洪水漫到路肩时，列车应按规定限速运行。遇有落石、倒树等障碍物危及行车安全时，司机应立即停车，排除障碍并确认安全无误后，方可继续运行。

（3）列车遇到线路塌方、道床冲空等危及行车安全的突发情况时，司机应立即采取应急性安全措施，并立刻通知追踪列车、邻线列车及邻近车站。配备列车防护报警装置的列车可通过该装置对一定范围内的列车进行报警，所以配备列车防护报警装置时应首先使用该装置进行防护。

6．双管供风旅客列车改单管供风时

双管供风旅客列车采用列车制动主管和列车总风管分别供风，其中，列车制动主管负责车辆副风缸的供风，主要承担列车制动的供风；列车总风管负责车辆空气弹簧、车门开关以及集便器的供风。运行途中发生双管供风设备故障或用单管供风机车救援接续牵引需改为单管供风时，双管改单管作业应在站内进行。旅客列车在区间发生故障需双管改单管供风时，由车辆乘务员通知司机向列车调度员（车站值班员）提出在前方站停车处理的请求，并通知司机以不超过 120 km/h 的速度运行至前方站。列车调度员发布双管改单管供风的调度命令，车辆乘务员根据调度命令在站内将客车空气管路改为单管供风状态。旅客列车改为单管供风跨局运行时，由国铁集团发布调度命令通知有关铁路局集团，按单管供风办理，直至终到站。

7．动车组运行中发生设备故障时

动车组运行中发生设备故障时，司机应根据车载信息监控装置的提示，并通知随车机械师共同按规定步骤、方法处置，选择维持运行、限速运行、停车等方式，把运行安全风险和对运输秩序的影响减少到最低，同时司机应使用列车无线调度通信设备及时将故障及处置的情况报告列车调度员（车站值班员）。

在动车组运行中，司机发现或得到车载轴温系统轴温（热轴）报警时，应立即停车；当接到地面红外线轴温探测系统的热轴预报，经随车机械师根据车载轴温检测系统确认轴承温度超过报警温度时，司机应立即停车并向列车调度员（车站值班员）报告。随车机械师在办理相关手续后，下车检查报警轮对齿轮箱、制动盘、联轴器、牵引电机、轴箱、轮对踏面状态，并用红外线点温计进行点温，与邻近正常车轴轴温相比较，根据实测轴温和检查情况向司机报告，司机应转报列车调度员。

8．未装备列车运行监控装置的动车组列车在 CTCS-0/1 级区段行车时

当未装备列车运行监控装置的动车组列车在 CTCS-0/1 级区段按机车信号模式运行时，列车按地面信号机显示行车，最高运行速度不超过 80 km/h。低于 80 km/h 的限速按调度命令执行，线路允许速度低于 80 km/h 的区段由司机控制列车运行速度。

未装备列车运行监控装置的动车组在 CTCS-0/1 级区段按机车信号模式运行时，应严格执行以下要求：

（1）以地面信号机显示为行车凭证，最高运行速度不超过 80 km/h。线路允许速度

低于 80 km/h 的区段由司机控制列车运行速度。运行中加强对地面信号的瞭望和确认。

（2）遇地面信号机未开放或显示不明时，及时采取停车措施。

（3）运行区段有低于 80 km/h 的运行揭示或临时限速调度命令时，司机应认真确认地面限速标志，人工控制列车运行速度。

三、调度命令

1．调度命令

指挥列车运行的命令（运行揭示调度命令除外）和口头指示只能由列车调度员发布。列车调度员在发布命令之前，应详细了解现场情况，并听取有关人员意见。

若遇表 7-2 所列情况，须发布调度命令。

表 7-2　调度命令

顺序	命令项目	受令者	
		司机	车站值班员
1	封锁、开通区间		○
2	向封锁区间开行救援列车、路用列车	○	○
3	临时变更或恢复原行车闭塞法	○	○
4	双线反方向行车及由双线改为单线或恢复双线行车	○	○
5	变更列车径路	○	○
6	发出在区间内停车或由区间返回的列车	○	○
7	开往区间内岔线的列车	○	○
8	发出临时由区间内返回后部补机的列车	○	○
9	列车需临时降弓运行	○	
10	因行车设备故障、灾害或施工，以及列车中挂有限速的机车车辆等，需要使列车临时限速运行（本务机车、动车组自身设备故障限速及纳入运行揭示调度命令时除外）	○	○
11	动车组列车空调失效需打开部分车门限速运行	○	○
12	车站使用故障按钮、总辅助按钮	○	○
13	超长列车或列车挂有装载超限货物的车辆	○	○
14	单机附挂车辆	○	○
15	半自动闭塞区间，超长列车头部越过出站信号机（未压上出站方面的轨道电路）发车	○	○
16	在非到发线上接发列车	○	○

顺序	命令项目	受令者	
		司机	车站值班员
17	调度日（班）计划以外临时加开或停运列车	○	○
18	双线区间在区间内进行跨线装卸作业时，对开入其邻线的列车	○	○
19	双线区间在区间内有除雪机、起重机工作时，对开入其邻线的列车	○	○
20	双线区间在区间内发生冲突、脱轨、火灾、爆炸事故，对开入其邻线的列车	○	○
21	列尾装置故障（丢失）的货物列车继续运行	○	○
22	改按天气恶劣难以辨认信号的办法行车或恢复正常行车	○	○
23	动车组列车转入或退出隔离模式（被救援时除外）	○	○
24	动车组列车在列控车载方式和列车运行监控装置控车之间人工转换	○	○
25	临时利用本务机车调车作业	○	○
26	利用天窗施工、维修	○	○
27	施工、维修作业较规定时间延迟结束	○	○
28	运行揭示调度命令与实际限速、行车方式或设备不符时	○	○
29	电气化区段正线、到发线接触网停电或送电（接触网倒闸、跳闸后试送电、向中性区送电或弓网故障排查除外）	○	○
30	正线、到发线接触网停电后准许登顶作业	○	○
31	双管供风旅客列车运行途中改为单管供风	○	○
32	列车调度员认为有必要记录的上述以外的命令	有关人员	

注：① 划○者为受令人员。
　　② 天窗维修作业在指定的时间内完成并销记后，列车调度员不再发布维修作业结束恢复行车的调度命令。
　　③ 动车组列车改按列车运行监控装置方式运行需将列控车载设备隔离时，列车调度员仅发布改按列车运行监控装置方式行车的调度命令。
　　④ 因调车作业动车组控车模式转换时不发布调度命令。自动站间闭塞法行车转为半自动闭塞法行车及转回的调度命令，可不发给司机。

上述调度命令如涉及其他单位和人员时，应同时发给相关单位和人员。

发布调度命令的基本要求如下：

（1）为确保列车运行安全，调度命令必须在列车进入关系区间（车站）前向司机发布或指定车站向司机交付，使司机明确有关事项；若来不及，必须使列车停车并向司机发布（交付）调度命令。

（2）随着铁路通信设备的发展，调度命令可通过无线传送系统或语音记录装置良好的列车无线调度通信设备向司机发布（转达）；语音记录装置良好是指列车调度台（车站行车室）配备的列车无线调度通信设备的语音记录装置设备正常。

（3）因机车乘务员值乘距离长，为减少对运输秩序的影响，对跨局的列车，接车铁路局列车调度员可委托发车铁路局列车调度员发布调度命令，提前交付司机，做好准备。遇更换机车或变更限速条件时，为确保行车安全，使司机明确有关事项，列车调度员应联系本局相关列车调度台，重新发给司机本局相关调度命令。乘务人员在途中换班时，应将调度命令内容交接清楚，防止遗漏。

（4）使用计算机、传真机、无线传送系统发布调度命令时，因已有书面记录，所以命令接受人无须复诵和抄写，但须确认无误后及时反馈回执。采用电话发布方式时，有关人员必须在《调度命令登记簿》上登记，并在命令用纸上抄写交付有关人员，为防止记录错误或口误，须指定受令人员中一人复诵命令内容。

2．调度命令的归类

（1）有关封锁区间的情况。

（2）有关变更闭塞方法的情况。

（3）有关列车在到、发、运行中须特别注意的情况。

（4）有关列车编组内容发生特殊变化的情况。

（5）有关临时加开或停运列车的情况。

（6）有关施工的情况。

（7）其他特殊情况。

3．揭示调度命令

有计划的施工，涉及限速、行车方式发生变化或设备变化时，应发布运行揭示调度命令，司机按运行揭示调度命令执行。因施工提前、延迟或其他原因造成运行揭示调度命令与实际限速、行车方式或设备不符时，列车调度员应取消前发运行揭示调度命令，向有关车站值班员、司机、施工负责人重新发布全部内容的调度命令。

为使车站、列车司机提前掌握行车条件，施工调度应依据施工日计划和主管业务处提报的申请，对涉及限速、行车方式变化和设备变化的有计划的施工编制运行揭示调度命令，内容应包括"时间、地点、因由、速度、行车方式变化、设备变化"六要素。

运行揭示调度命令是提前发布的，并将限速数据等行车要求写入了 IC 卡，因施工提前、延迟等特殊原因导致实际情况与运行揭示调度命令不符时，必须将运行速度限制等行车要求以调度命令方式告知车站、列车司机等相关人员，以确保行车安全。

四、列车运行限制速度规定

1. 列车运行限制速度规定

列车运行限制速度规定见表 7-3。

表 7-3　列车运行限制速度

项　目	速度/（km/h）
四显示自动闭塞区段通过显示绿黄色灯光的信号机	在前方第三架信号机前能停车的速度
通过显示黄色灯光的信号机及位于定位的预告信号机	在次一架信号机前能停车的速度
通过显示一个黄色闪光灯光和一个黄色灯光的信号机	该信号机防护进路上道岔侧向的允许通过速度
通过减速地点标	标明的速度，未标明时为 25
推进	30
退行	15
蒸汽机车逆向牵引	55
接入站内尽头线，自进入该线起	30

为了保证列车安全运行，司机在操纵机车时应注意不使列车超过规定的限制速度。根据信号的显示、机车牵引方式和接车线的特点，分别规定了以下不同情况下列车运行的限制速度。

（1）根据四显示自动闭塞的灯光排列绿、绿黄、黄及红的顺序，当列车通过显示绿黄灯光的通过信号机时，第二架信号应显示黄色灯光，而第三架则应显示红色灯光。因此要求列车应以在第三架信号机前以能停车的速度运行。

（2）当列车通过显示黄色灯光的信号机及位于定位的预告信号机时，由于次一信号机在关闭状态，因此，司机应按在次一信号机前能停车的要求掌握列车运行速度。

（3）列车通过一个黄色闪光灯光和一个黄色灯光的信号机时，表示运行前方经过 18 号及其以上道岔侧向运行，运行速度为该信号机防护进路上道岔侧向的允许通过速度。

（4）当列车通过减速地点标时，应按减速信号牌上标明的速度运行。如减速地点标上未标明速度时，应按不超过 25 km/h 的速度通过减速地点标。司机应根据牵引的列车长度，由减速地点标开始按限制速度运行，待全列车通过限速地段终点的减速地点标以后方可加速。

（5）列车推进运行时，因机车在列车后部，车列在前，司机瞭望困难，故规定速度不得超过 30 km/h。

（6）列车退行是在非正常情况下进行的。其运行方式为向原列车运行方向的反方向运行，并兼有列车推进运行的特点，是列车遇到灾害等情况被迫采取的运行方式，所以限制速度应比推进运行时更低，不得超过 15 km/h。

（7）列车接入站内尽头线时，为防止制动不当，机车越过线路终端而造成机车、车辆脱轨及建筑物损坏等，规定自列车进入该尽头线时起，运行速度不得超过 30 km/h。

2．单开道岔、对称道岔、交分道岔侧向允许通过速度规定

全路道岔型号繁多、限制速度不同，《技规》中不能全部列举，因此删除了单开道岔侧向容许通过速度表、对称道岔容许通过速度表、交分道岔侧向容许通过速度表。但相关速度表仍有较强的参考价值，因此本书仍列出下列构造的单开道岔、对称道岔、交分道岔侧向允许通过速度规定，具体见表 7-4、表 7-5、表 7-6。

表 7-4　单开道岔侧向允许速度表

道岔号数	导曲线半径/m	客车通过速度/（km/h）	客车通过速度/（km/h）
30	2 700	140	90
18	≥860	80	
	800	75	
12	350	50（45）*	
	330	45	
9	180～190	30	

注：（1）保留使用的 8 号、10 号、11 号单开道岔侧向通过的最高速度分别为 25 km/h、35 km/h 和 40 km/h。

（2）*括号内数据为 75 kg/m 钢轨 12 号道岔的侧向允许货车通过速度。

表 7-5　对称道岔允许通过速度

道岔号数	导曲线半径/m	客车、货车通过速度/（km/h）
9	355	50
6	180	30

表 7-6　交分道岔侧向允许通过速度

道岔号数	导曲线半径/m	客车、货车通过速度/（km/h）
12	380	45
9	220	30

注：其他构造道岔的侧向通过速度由铁路局集团规定。

五、动车组曲线半径与回送要求

（1）动车组一般情况下不得通过半径小于 250 m 的曲线，通过曲线半径为 250 m 曲线时，限速 15 km/h；不得侧向通过小于 9 号的单开道岔和小于 6 号的对称双开道岔。

动车组单节车辆长度为 25～27 m，由于受车辆长度和轴距的限制，通过半径小于250 m 的曲线时存在安全隐患，因此规定一般情况下不得通过半径小于 250 m 的曲线。困难条件下，通过曲线半径为 180 m 曲线时，应采取限速通过的方式，限速 15 km/h。同时，小于 9 号的单开道岔和小于 6 号的对称双开道岔因其导曲线半径小，动车组通过时安全风险大，因此规定不得侧向通过小于 9 号的单开道岔和小于 6 号的对称双开道岔。

虽然 9 号单开道岔存在导曲线半径为 180 m 的情况，但由于导曲线长度短，动车组单节车辆不会全部停留在导曲线上，所以动车组通过 9 号道岔侧向时，应按 9 号道岔侧向的限速要求运行。

（2）为确保动车组回送运行安全，因此做了如下规定：

① 动车组回送时接发列车按旅客列车办理，应执行相对方向同时接车以及同方向同时发接列车的相关规定，以及相邻线路调车作业限制的规定，原则上采用自走行方式。无动力回送时，可根据动车组回送技术条件，加挂的回送过渡车必须满足运行条件，并使用客运机车牵引，回送过渡车须挂于机后第一位。8 辆编组的动车组可两列重联回送。未装备 LKJ 的动车组需在 CTCS-0/1 级区段回送时，由于动车组没有 LKJ 装备，在 CTCS-0/1 级区段运行只能采取机车信号模式运行，缺少相应的设备安全控制手段，因此规定应采取无动力回送方式。

② 动车组回送运行时，为了确保及时处置在回送过程中发生的问题，以及满足动车组回送安全的要求，所以须安排动车组司机及随车机械师值乘。有动力回送时，非担当区段应指派带道人员。

③ 动车组均安装有自检系统，一旦发生故障后会自动报警，所以规定回送时不进行客列检作业。

④ 动车组安装过渡车钩回送时，为了防止高速运行中突发紧急制动发生车钩断裂等问题，所以规定应限速运行，尽可能避免实施紧急制动。发生紧急制动后，本务司机必须通知随车机械师，经随车机械师检查过渡车钩状态良好后方可继续运行。

⑤ 动车组回送时，由于各种型号动车组相应的回送技术条件不相同，因此相关动车段、动车运用所、造修单位应向调度所提出相应的回送技术条件，调度所根据提出的限速、回送方式（有动力、无动力）、可否折角运行等注意事项发布有关调度命令。

第二节　列车被迫停车后的处理

一、列车被迫停车

列车在区间被迫停车，是指列车在区间因自然灾害、事故、线路中断、接触网停电、动车组（电力机车）停在分相无电区、制动失效及其他机车车辆故障等原因，导致列车不能按信号显示（行车凭证）继续向前运行的情况。列车在区间因作业需要、信号（包括地面信号和车载信号）显示停车信号或显示不明、接到停车的通知而停车，以及发现线路上有行人或障碍物等而临时停车，不属于列车在区间被迫停车。

二、列车被迫停车处理方法

列车被迫停车不能继续运行时，司机应立即使用列车无线调度通信设备通知两端站（或列车调度员）及车辆乘务员（随车机械师），报告停车原因及停车位置，并根据具体情况请求救援。根据区间列车运行情况及救援方向，需要防护时，列车前方由司机负责，列车后方由车辆乘务员（随车机械师）负责，无车辆乘务员（随车机械师）时由列车乘务员负责。配备列车防护报警装置的列车应首先使用列车防护报警装置进行防护，再按上述规定进行防护。单班单司机值乘方式不具有全路普遍性，列车防护作业办法由各铁路局集团结合本局实际情况进行规定。

被迫停车后，如遇自动制动机发生故障时，动车组以外的旅客列车司机应立即通知车辆乘务员迅速组织列车乘务人员拧紧全列车辆的人力制动机，以使列车就地制动。其他列车的司机应立即采取一切安全措施，如放置铁鞋、组织人员拧紧人力制动机等，并向列车调度员报告，请求救援。

车站值班员在接到被迫停车司机的报告后，应停止向区间放行列车，立即使用列车无线调度通信设备通知该区间内运行的有关列车，并将该区间内列车运行的情况通知被迫停车司机。已请求救援的列车不得移动位置，并应按规定进行防护。

需组织旅客疏散时，车站值班员应根据申请，在报告列车调度员并得到准许后扣停邻线列车，再通知司机，由司机通知列车长（或通过车辆乘务员通知列车长）组织旅客疏散。

三、列车被迫停车后妨碍邻线时

列车在区间发生脱轨、颠覆等事故或其他原因被迫停车时，司机及车辆乘务员（随车机械师）应认真观察，注意是否妨碍邻线。如判定为可能妨碍邻线时：

（1）司机应立即用列车无线调度通信设备通知邻线上运行的列车，并通知区间两端车站或列车调度员。

（2）司机与车辆乘务员（随车机械师）分别在列车头部和尾部附近邻线上点燃火炬；自动闭塞区间还应对邻线来车方向短路轨道电路。火炬的燃烧时间一般为 8 min 左右，在这一段时间内，已进入区间的列车运行到被迫停车的列车附近时，即可看到火炬的火光，从而采取停车措施，也给司机等人下车察看是否妨碍邻线的工作留出时间。

（3）司机亲自或指派人员沿邻线一侧对列车进行检查，发现妨碍邻线时，立即派人按规定防护，如发现邻线有车开来时，司机应鸣示紧急停车信号，其他人应向列车显示停车信号。配备列车防护报警装置的列车应首先使用列车防护报警装置进行防护，再按上述规定进行防护。

（4）车站值班员接到列车被迫停车可能妨碍邻线的通知后，应立即通知邻线有关列车停车，在原因消除、确认不再妨碍邻线前不得向邻线放行列车。

（5）单班单司机值乘方式不具有全路普遍性，列车防护作业办法由铁路局结合本局实际情况进行规定。

四、响墩防护

为保证列车运行安全，列车被迫停车后应使用响墩对列车进行防护。

1．响墩设置方法

每组为 3 枚，其中，2 枚扣在来车方向的左侧钢轨上，1 枚扣在右侧钢轨上，彼此间隔 20 m。当机车压上响墩后，司机一侧可先听到响墩爆炸声，便于司机采取停车措施。每个响墩放置间隔 20 m，是为了使其爆炸声分清三响，不致与其他爆炸声相混淆。

2．在不同情况下放置响墩的要求

（1）已请求救援的列车，应在救援列车开来方向（不明时，从列车前后两方面）距停留车列不少于 300 m 处放置响墩，如图 7-1 所示。

规定 300 m，是因为已请求救援，列车调度员已在命令中指明了被迫停车列车的所在位置，所以救援列车司机心中有数，可以提前减速，能在 300 m 内停车。

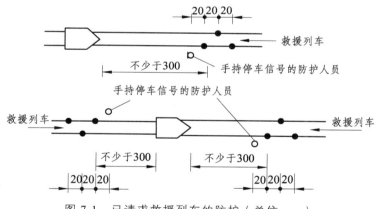

图 7-1　已请求救援列车的防护（单位：m）

（2）一切电话中断后区间运行的列车有两种，一种是持有《技规》红色许可证通知书之 1 的列车（后面无续行列车）；一种是持有红色许可证通知书之 2 的列车（后面有续行列车）。在后面有续行列车的情况下，因续行列车对前行列车在区间停车没有准备，因此列车后部防护距离应不少于列车制动距离，此制动距离为该线路最大速度等级规定的列车紧急制动距离。如该线路最大速度为 160 km/h，则制动距离为 1 400 m，防护距离应不少于 1 400 m。紧急制动距离 800 m 时的防护方法如图 7-2 所示。

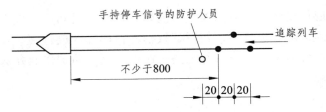

图 7-2　有续行列车运行的防护（单位：m）

（3）列车被迫停车后，如妨碍邻线行车时，为防止邻线列车开来发生冲突，应在邻线上放置响墩防护。在不能确认来车方向时，考虑邻线可能反方向行车，应从两端进行防护。如确知来车方向，可仅对来车方向进行防护。由于邻线运行的列车没有停车准备，故放置响墩的距离不应少于线路最大速度等级规定的列车紧急制动距离，防护方法如图 7-3 所示。

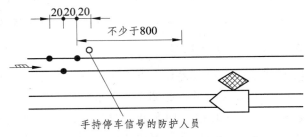

图 7-3　妨碍邻线的防护（单位：m）

（4）列车分部运行，机车进入区间挂取遗留车辆时，因其已知停留车地点，能提前减速及停车，故在车列前方不少于 300 m 处放置响墩防护，如图 7-4 所示。

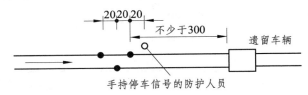

图 7-4　分部运行时机车挂取遗留车辆的防护（单位：m）

被迫停车的列车消除故障可以运行后，应用列车无线调度通信设备通知防护人员返回。此时防护人员可不撤除响墩返回列车，以便尽快恢复列车运行。但在列车运行图规定开行动车组列车的区段，考虑到动车组运行速度高，列车轴重轻，不撤除响墩不利于动车组运行安全，所以必须撤除响墩。

五、分部运行时

（1）列车在区间内发生断钩、制动主管破裂、脱轨、坡停等被迫停车，必须分部运行时，应按下列要求办理：

① 司机应立即将被迫停车的原因及需要分部运行的要求报告前方站或列车调度员。

② 组织和指挥有关人员做好遗留车辆的防溜工作，并按规定做好防护。

③ 遗留车辆派人看守。

④ 记明遗留车辆辆数和停留位置。

⑤ 牵引前部车辆开往前方站。在自动闭塞区间，在运行中仍应按信号机的显示运行。在半自动闭塞区间或电话闭塞法行车时，分部运行的前部车列运行至接车站进站信号机前，即使该信号机已开放，也必须在机外停车（司机已报告前方站或列车调度员列车为分部运行时可直接进站）。这是因为半自动闭塞区间机车车辆只要压上接车轨道电路，闭塞机即可解锁，区间即具有开通条件，电话闭塞法行车是通过人工检查确认和联系制度来保证实现列车运行空间间隔，列车到达发出电话记录号码即可办理区间开通。如车站值班员未得到列车为分部运行的通知，又未认真确认列车是否整列到达时，即开通区间并与邻站办理闭塞手续，就可能构成向占用区间开行列车，与区间遗留车列发生冲突。

⑥ 机车牵引的前部车辆整列进入车站后，车站值班员将情况报告列车调度员，列车调度员发布调度命令封锁区间。

⑦ 救援列车到达或返回车站，车站值班员确认遗留车辆全部取回、区间空闲后，向列车调度员报告，列车调度员发布调度命令开通区间。

（2）列车在区间发生断钩、制动主管破裂、脱轨及坡停等情况时，可采用分部运行办法。但以下情况不准分部运行：

① 经采取措施可整列运行时：如发生坡停后，派救援机车以双机牵引或后部补推的方式运行至车站，或在区间因车辆故障停车后，可由车辆乘务人员对车辆进行临修后继续运行等。

② 遗留车辆未采取防护、防溜措施时，可能造成停留车辆溜逸等，酿成事故。

③ 遗留车辆无人看守时，由于路外闲杂人员的破坏，可能撤除遗留车辆的防护、防溜措施，或损坏车辆、货物。

④ 司机与两端站及列车调度员均无法取得联系时，不能分部运行。

⑤ 遗留车辆停留在超过 6‰ 坡度的线路上时，即使采取防溜措施，但也存在车辆溜逸的风险，因此也不能分部运行。该处超过 6‰ 坡度是指遗留车辆所在线路的实际坡度。

六、火灾、爆炸应急处理

（1）列车发生火灾、爆炸时，应立即停车（使列车停车的方法：当车厢内设有紧急制动阀时，列车乘务员等有关人员应立即使用就近的紧急制动阀或紧急制动装置，使列车停车；当车厢内无紧急制动阀或紧急制动装置时，应报告司机停车）。机车乘务员发现火灾、爆炸情况或接到列车发生火灾、爆炸的通知时应立即停车。停车地点应尽量不在特大桥梁或长大隧道内，选择便于旅客疏散的地点，避免因地形限制，导致救援工作不易开展。此时，列车发生火灾、爆炸后已经影响邻线列车运行的安全，因此车站除了不再向区间放行列车，还要通知邻线及后续相关列车停车。

电气化区段立即停电不利于电力机车及动车组应急处置，因此规定根据现场需要停电时，应立即通知供电部门停电。

（2）列车停车后应利用当地条件就地灭火，需要分隔甩车时，应根据风向及装载货物性质确定分隔甩车位置。根据经验，一般为先甩下列车后部的未着火车辆，再甩下着火车辆，然后将机次未着火车辆拉至安全地段。

（3）对甩下的车辆，在车站由车站人员负责采取防溜措施，在区间由司机、车辆乘务员负责采取防溜措施。

七、列车（动车组列车除外）运行途中发生车辆故障应急处理

在旅客列车（动车组列车除外）运行中，随乘人员发现车辆剧烈振动、轮轴故障、车体下沉倾斜等危及行车安全时，应使用紧急制动阀或报告司机停车，然后由车辆乘务员对车辆进行检查。当对抱闸车辆采取关闭截断塞门的处理措施时，应注意执行关门车数量和位置的规定，抱闸车辆为列车最后一辆时，应甩车处理。列车热轴报告可能来自区间的轴温探测器，也可能来自旅客列车（客车车厢中安装有轴温报警装置），也可能来自车站接发车人员。列车调度员应按热轴预报等级迅速、果断处理。旅客列车在运行中遇安全监控系统报警或其他故障需列车限速时，车辆乘务员应使用列车无线调度通信设备报告司机。司机应立刻按规定速度运行并报告车站值班员及列车调度员。是否在前方站停车应按列车调度员指示办理。

八、列车退行

（1）列车在区间因自然灾害等原因必须退行时，应执行下列要求：

① 退行时，车辆乘务员或随车机械师（无车辆乘务员或随车机械师时为指派的胜任人员）应站在列车尾部，注视运行前方（不显示信号），发现危及行车或人身安全情况时，应立即使用紧急制动阀（紧急制动装置），或使用列车无线调度通信设备通知司机使列车停车。

② 列车退行速度不得超过 15 km/h，以便发现危及行车或人身安全的情况能随时停车。

③ 退行列车未得到后方站（线路所）车站值班员的准许时，不得越过后方车站（线路所）最外方预告标或预告信号机（双线区间为邻线预告标或特设的预告标），以防止与越出站界或跟踪出站调车的机车车辆发生冲突。列车退行到该处停车后，应立即向车站值班员报告，得到后方站（线路所）车站值班员准许后方可凭进站信号机的进行显示或引导信号进站。如事先已取得列车调度员或后方站车站值班员准许，可不在预告信号机外停车，凭进站信号机的进行显示或引导信号直接进站。

④ 车站值班员接到退行报告后，除立即向列车调度员报告外，还应根据车站线路占用情况准备进路，开放进站信号机或用引导办法将列车接入站内。

（2）以下情况不准退行：

① 在自动闭塞区段,列车是以出站和通过色灯信号机的进行显示作为占用闭塞分区的凭证，在区间实行追踪运行。在这种情况下，列车退行有与后方开来的追踪列车发生冲突的危险，因此不准退行。列车只有在列车调度员或后方站车站值班员确认至后方站间无追踪列车，并得到准许后方可退行。

② 在降雾、暴风雨雪及其他不良条件下，司机难以辨认信号，直接危及行车安全，所以不准退行。

③ 一切电话中断后发出的列车（持有附件三红色许可证通知书之 1 的列车除外），即车站将发出续行列车，后行列车是按时间间隔发出的，如果列车退行，就有可能与后行列车发生冲突，所以不准退行。

④ 挂有后部补机的列车，补机在区间内返回时，由于补机途中可能停车，如列车退行时，有与补机发生冲突的危险，除以上三种情况外是否准许退行，由铁路局集团规定。

九、动车组被迫返回时

动车组列车在区间被迫停车后，遇特殊情况必须返回后方站时，车站值班员不再向该区间放行列车，确认动车组列车至后方站间已空闲后，报告列车调度员并征得同意后通知司机返回。司机得到车站值班员的通知，应进行换端操作，在动车组列车运行方向前端操作，运行速度不得超过 40 km/h，按进站信号机显示进站。

第三节　救援列车的开行

救援列车是指为事故救援、抢修抢救而开行的事故救援列车、单机、重型轨道车等。

（1）当区间发生冲突、脱轨、颠覆等行车事故，机车车辆等发生故障不能继续运行，以及遇自然灾害危及行车安全时，为了尽快恢复正常行车，必须迅速救援。因此，车站值班员接到司机或工务、电务、供电等部门人员救援请求后，应立即报告列车调度员。列车调度员根据实际需要封锁区间，派出救援列车。

向封锁区间发出救援列车时，因为区间已发生事故或危及行车安全的灾害，不能按正常闭塞手续办理行车，必须以列车调度员的命令作为进入封锁区间的行车凭证。调度命令应指明救援列车进入封锁区间往返的运行车次、停车地点、任务及注意事项等。

当列车调度电话不通时，准许由接到救援请求的车站值班员通知邻站封锁区间，向救援列车发布书面车站值班员的命令（命令内容与上述调度命令内容相同）。救援列车可凭车站值班员的命令进入封锁区间。

司机接到救援命令后，应认真确认命令内容，明确救援任务，不能因救援时间紧迫而匆忙动车。对命令中表明的停车地点要做到心中有数，进入封锁区间后，要随时注意运行公里数，在接近被救援目标 2 km 时，严格控制速度，同时使用列车无线调度通信设备与被救援司机进行联系。以最高不超过 20 km/h 的速度运行，在防护人员处停车，或在压上响墩后停车，按要求进行作业。

（2）为使列车调度员正确掌握救援进度，安排救援人力和材料，及时做好区间开通后的列车运行计划，封锁区间的两端站，每当救援列车开往现场或由现场返回车站时，均应将到发时刻以及现场的救援工作进度及时向列车调度员报告。为使封锁区间对方站掌握救援进度和区间占用情况，亦应将上述内容通知对方站。

如果区间内事故现场设有临时线路所，该线路所车站值班员即为与该区间两端站办理行车的指挥人。车站向线路所开行救援列车时，必须取得线路所车站值班员同意，以便线路所及时做好接车前的准备和防护工作。

（3）为了确保机车救援动车组时列车运行安全，防止由于制动试验不彻底发生危及动车组列车运行安全的情况，所以规定采用机车救援动车组时，连挂妥当后必须进行制动试验。部分动车组当蓄电池电压低于规定值时，会自动抱死车轮，造成动车组无法运行，同时，动车组不升弓取电会影响车内相关设备设施的正常使用，所以规定具备升弓取电条件时，允许动车组升弓取电。

（4）在事故调查组人员到达前，关系区间发车站的站长或临时指派的胜任人员，应随乘发往事故地点的第一列救援列车到事故现场。必要时，由列车调度员指定该区间一端车站的站长或临时指派的胜任人员尽快赶赴现场。上述人员到达事故现场后，应立即了解事故实际情况，随时与列车调度员联系，汇报事故情况，并就地指挥列车有关工作。

列车分部运行时，机车开往区间挂取遗留的车辆，由于处理比较简单，车站站长或胜任人员不必前往，由司机进行处理。

第四节　施工及路用列车的开行

铁路营业线施工是指影响营业线设备稳定、使用和行车安全的各种施工作业，按组织方式、影响程度分为施工和维修两类。影响行车的施工（特别规定的慢行施工除外）、维修作业必须纳入运行图预留的"天窗"，不得利用列车间隔时间进行。

铁路营业线施工是运输组织的重要组成部分，要坚持运输、施工兼顾的原则，加强施工计划管理，加强施工组织和施工期间的运输组织，按计划、有组织地进行各项施工，积极推广使用技术先进的施工机具和施工方法，提高施工作业效率和质量。

天窗是运力的重要组成部分，为提高天窗利用率，工务、电务、通信和供电等部门必须提前一定时间提出施工、维修作业计划，运输部门应根据列车运行图确定的天窗时间，周密安排施工、维修作业计划，在保证运输生产畅通的情况下，满足行车设备施工维修的需要。各项施工、维修作业要尽可能采用平行作业的方式，综合利用天窗，不断提高天窗的利用率。

天窗为线路、桥梁、隧道、信号、通信、接触网及其他行车设备的施工、维修作业提供了时间上的保障。随着先进设备的采用和机械化程度的提高，施工、维修作业效率和安全有了可靠的保证，因此在施工结束后，力争做到不降低规定的行车速度，为天窗后的车流疏解、列车运行创造更为方便的条件。

一、封锁施工

（1）封锁施工时，施工负责人应确认已做好一切施工准备，按批准的施工计划（临时封锁区间抢修施工时除外），亲自或指派驻站联络员在车站《行车设备施工登记簿》内登记，按规定向车站或通过车站值班员向列车调度员申请施工。

封锁区间施工时，车站值班员根据封锁或开通命令，在信号控制台或规定位置上揭挂或摘下封锁区间表示牌。列车调度员应保证施工时间，并向施工区间的两端站、有关单位及施工负责人及时发出实际施工调度命令。施工负责人接到调度命令，确认施工起止时刻，设好停车防护后方可开工，并保证在规定时间内完成。

施工单位及设备管理单位应严格掌握开通条件，经检查满足放行列车的条件，且设备达到规定的开通速度要求，办理开通登记后，通过车站值班员向列车调度员申请开通区间。如因特殊情况不能按时开通区间或不能按规定的开通速度运行时，应提前通知车站值班员，要求列车调度员延长时间或限速运行。

施工时，除本项施工外的车列或列车不得进入封锁区间。进入封锁区间的施工列车司机应熟悉线路和施工条件。

（2）正常情况下，在施工前最后一趟列车到达前方站后才能封锁区间开始施工，但为了充分利用施工前最后一趟列车通过施工地点后至到达前方站的这段时间，增加施工时间，提高运输效率，准许在通过施工地点的最后一趟列车运行方向为不大于6‰上坡道的情况下，列车调度员根据施工负责人的申请，在施工调度命令中注明该次列车通过施工地点后，即可进行施工作业。待列车到达前方站后，再封锁区间。

在此种情况下，为进一步减少等待施工的时间，以便提前做好施工准备，按自动闭塞法行车时，允许施工路用列车在前行列车进入区间并出清第一闭塞分区后，凭出站信号机显示的允许运行的信号跟随前次列车进入区间。

上述调度命令应抄送通过施工地点的最后一趟列车的司机，接到该调度命令的列车不得退行。如通过施工地点的最后一趟列车的前进方向为超过6‰的上坡道时，则必须等该列车到站后方可封锁区间开始施工作业，以免列车失控或为了闯坡而后退时，危及行车、施工和人身安全。

二、施工时的行车办法

1．遇有施工又必须接发列车的特殊情况时的办理方法

因车站线路、信号设备施工引起信联闭设备停用，但在正线具备列车通行条件时，可按施工特定行车办法行车。施工中采用施工特定行车办法行车时，应在施工计划内明确。

（1）采用施工特定行车办法时，所有列车必须固定正线进路、固定在车站正线上办理到发或通过。车站施工开始前必须固定正线进路，并在整个采用施工特定行车办法的过程中不许变更进路，还要对进路上所有对向道岔、顺向道岔及邻线上的防护道岔按规定进行加锁。集中联锁良好时，在控制台上通过设备对正线进路上的道岔进行锁闭，可起到与现场加锁同样的目的，有利于运输效率的提高。由于部分分动外锁闭道岔、提速道岔设备不同，有关道岔密贴的确认及具体的加锁办法由铁路局规定。

当车站部分线路、信号设备施工，只影响进站或出站信号机之一时，可以开放出站或进站信号发车或接车。开放出站信号发车时，列车凭出站信号机显示的允许运行的信号发车；开放进站信号接车时，列车凭进站信号机显示的进入正线准备停车的信号进站。

（2）采用施工特定行车办法的列车通过车站正线时，须使用特定引导手信号接车，列车司机凭引导员显示的特定引导手信号，以不超过 60 km/h 的速度进站。与引导接车不同的是列车进站速度有了较大提高，主要是在施工开始前车站的接发车进路已固定正线，所有道岔均已按规定加锁，并且规定在整个采用施工特定行车办法的过程中不再改变进路，因而在接发列车进路方面已有了安全保证。为适应列车运行密度加大、速度提高，特别是繁忙线路运输能力紧张的状况，要求列车司机以不超过 60 km/h 的速度进站，降低施工对行车的干扰，有利于运输效率的提高。

（3）准许车站不向司机递交书面行车凭证和调度命令。由于出站信号不能开放，在车站发出列车时，一般需向列车司机递交书面行车凭证和调度命令。递交书面行车凭证和调度命令时，列车需降低运行速度甚至停车，为保证列车在车站有较高的通过速度，达到使用施工特定行车办法的目的，准许车站不再向司机递交书面行车凭证和调度命令。

但为了保证行车安全，避免车站简化作业程序，不办理发车作业盲目发出列车，规定车站仍按规定标准办理发车有关作业并填写行车凭证。车站值班员在行车凭证办理完毕后，须使用列车无线调度通信设备将行车凭证号码（路票为电话记录号码、绿色许可证为编号）和调度命令号码通知司机，并听取司机复诵。车站值班员在确认司机复诵正确后，方可通知接车人员显示通过手信号。列车凭接车人员显示的通过手信号通过车站。

使用施工特定行车办法行车时，车站的语音记录装置的记录功能必须良好，保证对通话过程有正确的记录。

（4）施工特定行车办法是为施工时提高列车运行速度、减少施工对行车的干扰而制定的，适用于行车量较大、施工繁忙的线路或区段，各铁路局应根据行车工作的特点和施工的需要，规定施工特定行车的具体安全行车办法，以保证列车运行和施工的安全。

2．向施工封锁区间开行路用列车时，列车进入封锁区间的行车凭证为调度命令

（1）向区间放入列车。

当路用列车运行在非封锁区间时，仍按该区间的行车闭塞法行车。路用列车进入施工封锁区间时，不办理行车闭塞手续，不开放出站信号，以调度命令作为进入施工封锁区间的许可。这样，一方面区别于正常列车，另一方面则可引起路用列车的注意，必须按调度命令的要求运行，命令中应包括列车车次、停车地点、到达车站的时刻等有关事项，需限速运行时在命令中一并注明。

为保证行车安全，原则上封锁区间的两端站，每端只准进入一列路用列车（包括线路施工机械）。列车必须在停车手信号前停车，使两端站同时进入的路用列车间有一隔开地段，不致发生正面冲突。因工作需要，如一端进入两列及其以上路用列车时，同向列车的间隔、前后列车的运行速度等安全措施及运行办法由铁路局制定，以防区间有数台机车、重型轨道车或线路施工机械作业而发生相互冲突。

（2）一线施工一线行车。

为避免施工维修作业时邻线列车高速通过可能造成的人身伤害，邻线列车应限速160 km/h。

线间距 6.5 m 满足各种大型养路机械作业、小型养路机械作业、人工作业的安全要求。在相邻两线线间距小于 6.5 m 时，作业人员应执行双线作业防护制度；邻线间距大于或等于 6.5 m 时，作业人员执行单线作业防护制度。

当线间距小于 6.5 m 的施工地点邻线来车时，防护人员应及时通知停止施工作业，但大型养路机械作业除外。

（3）相关人员避车。

施工、维修及各种上道检查巡视作业，应严格遵守作业人员和机具避车制度，采取措施保证邻线列车和施工作业人员安全。

3．路用列车应由施工单位指派胜任人员携带列车无线调度通信设备值乘，并在区间协助司机作业

向封锁区间开行的路用列车，可能在区间内进行装卸、检查线路、线路施工等作业，有时还需推进运行，停车后又必须根据施工负责人的要求，按调车办法进入指定地点。因此，路用列车应有施工单位指派的胜任人员值乘，并在区间协助司机作业。

为了保证施工人员和设备的安全，路用列车（线路施工机械）进入施工地段前，不得越过施工防护人员显示停车手信号的位置。停车后，根据施工负责人提出的要求，施工单位指派的胜任人员按调车方法使路用列车进入指定地点。

4．列车在区间卸车时

由于铁路施工或其他需要，列车必须在区间装卸车时，装卸车负责人应根据调度命令的要求，指挥列车停于区间指定地点。列车未停稳时不得打开车门。在装卸车作业过程中，装卸车负责人根据现场实际情况，变更装卸车地点时，可指挥列车适当移动位置，但必须在确认货物堆放距离不妨碍车辆移动和货物不偏重后才可显示信号移动。

装卸车负责人必须严格掌握装卸车时间。装卸车完毕后，由装卸车负责人认真检查车上及车下装卸货物的装载、堆码状态，确认限界，清好道沿，关好车门，经确认已无妨碍行车安全的情况后方可通知司机开车。

线路备用轨料应在车站范围内码放整齐，线路两侧散落的旧轨料、废土废渣应及时清理。因施工等原因在线路两侧临时摆放的轨料要码放整齐，并进行必要的加固。有栅栏的地段要置于两侧的封闭栅栏内；需临时拆除封闭栅栏时，应设置临时防护设施并派人昼夜看守。

5．安全防护

凡影响行车的施工及故障地点的线路均应设置防护。未设好防护的线路禁止开工。线路状态未恢复到准许放行列车的条件，禁止撤除防护、放行列车。施工防护的设置与撤除由施工负责人决定。

多个单位在同一个区间施工时，原则上应分别按规定进行防护，由施工主体单位负责划分各单位范围及分界。

（1）施工时的防护。

在区间或站内线路、道岔上封锁施工作业时，施工单位在车站行车室设驻站联络员，施工地点设现场防护人员。驻站联络员和现场防护人员应由指定的、经过考试合格的人员担任。施工负责人可指派驻站联络员负责在车站办理施工封锁及开通手续，向施工负责人传达调度命令，通报列车运行情况，并向车站值班员传达开通线路请求。驻站联络员和现场防护人员在执行防护任务时，应佩戴标志，携带通信设备；现场防护人员还应携带必备的防护用品，随时观察施工现场和列车运行情况。发现异常情况时及时通报车站值班员和施工负责人。

驻站联络员应与现场防护人员保持联系，若联系中断，现场防护人员应立即通知施工负责人停止作业，必要时将线路恢复到准许放行列车的条件。

（2）维修时的防护。

维修作业是铁路营业线施工的一种组织方式。在区间线路、站内线路、站内道岔上维修时，应在维修作业地点附近设置现场防护人员，在车站设驻站联络员。现场防护员应根据维修作业现场地形条件、列车运行特点、施工人员和机具布置等情况确定站位和移动路径，并做好自身防护。在作业过程中，现场防护员与驻站联络员必须保持通信畅通，及时掌握有关机车车辆动态。

（3）在区间线路上施工时，使用移动停车信号的防护办法。

① 单线区间线路施工如图 7-5 所示。

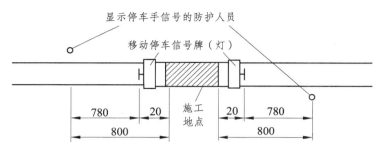

图 7-5 单线区间线路施工时防护办法（单位：m）

② 双线区间一条线路施工如图 7-6 所示。

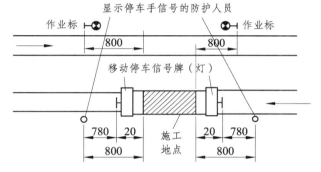

图 7-6 双线区间一条线路施工时防护办法（单位：m）

③ 双线区间两条线路同时施工如图 7-7 所示。

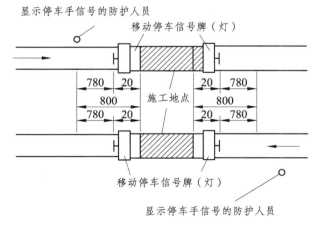

图 7-7 双线区间两条线路同时施工时防护办法（单位：m）

④ 作业地点在站外，距离进站信号机（反方向进站信号机）小于 820 m 时的防护办法如图 7-8 所示。

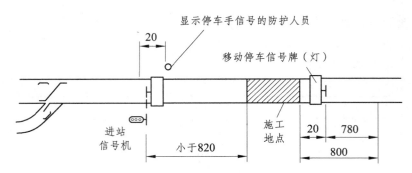

图 7-8　作业地点在站外防护办法（单位：m）

现场防护人员应站在距施工地点 800 m 附近（见图 7-5 ~ 图 7-7）且瞭望条件较好的地点显示停车手信号；施工作业地点在站外，距离进站信号机（反方向进站信号机）小于 820 m 时，现场防护人员应站在距进站信号机（反方向进站信号机）20 m 附近（见图 7-8）；在尽头线上施工，施工负责人经与车站值班员联系确认尽头一端无列车、轨道车时，则尽头一端可不设防护。

（4）在区间线路上施工时，使用移动停车信号防护的防护办法。

① 取消响墩。响墩厚度约为 15 mm、直径约 60 mm，体积较小。据现有资料统计，近年来响墩作为听觉信号基本没有防止过事故，反而响墩错放或忘记撤除被列车触发的情况却时有发生。尤其是夜间天窗，响墩遗漏概率增大。同时考虑到天窗内允许进入封锁区间的多为速度较低的路用列车，且均已安装运行监控装置，对冒进信号有多种控制手段，还有手信号和通信手段防护，较多年前要求设置响墩时控车的技术手段有了很大的进步，因此取消响墩防护。

② 在区间线路上施工时，其防护距离为：自施工地点边缘起，向外方 20 m 处设移动停车信号，距施工地点边缘 800 m 处、来车方向左侧，设有显示停车手信号的防护人员，防护人员负责向驶来的列车显示停车手信号。使用移动停车信号的防护，必须严格遵照以下防护办法：

a. 在单线线路上施工的防护：自施工地点边缘起，向两端分别设置防护。

b. 在双线区间一条线路上施工的防护：防护办法与单线相同，但对其邻线距施工地点边缘两端各 800 m 处设置作业标，目的是引起邻线列车司机注意运行。司机看到作业标时应立即鸣笛通知施工人员，施工人员应按规定避车。

c. 双线区间两条线路同时施工的防护：防护办法与单线相同，只是在每端来车方向左侧各设一名显示停车手信号的防护人员，负责两条线路的防护。

d. 区间线路施工：当靠近车站一端由施工地点边缘至进站信号机（反方向进站信号机）的距离小于 820 m 时，对区间方向仍按区间线路上施工防护办法进行防护。对车站方向的防护，在进站信号机（反方向进站信号机）处设移动停车信号，现场防护人员应站在距进站信号机（反方向进站信号机）20 m 附近。

③ 关于防护中的几个问题：

施工防护人员应站在距离施工地点 800 m 附近且瞭望条件较好的地点显示停车

手信号。施工地点与防护员间应有良好的瞭望条件并设电话联系。如实现以上要求有困难时，应设中间防护人员，以免往返派人联络耽误时间。

在尽头线上施工，施工负责人经与列车调度员（车站值班员）联系确认尽头一端无列车、轨道车时，则尽头一端可不设防护。

凡用停车信号防护的施工地段，在停车信号撤除后，如还需列车减速通过施工地点时，应设置移动减速信号和减速地点标进行防护。

第五节　轻型车辆及小车的使用

一、轻型车辆及小车的含义

轻型车辆是指由随乘人员能够随时撤出线路的轻型轨道车及其他非机动轻型车辆，如养路使用的 16 kW（22 马力）及其以下的轨道车、养路发电车及线路平车。16～90 kW 的轨道车虽装有自动下道装置，但当机械故障时，因轨道车过于笨重，随乘人员不易把它抬下线路，故不能按轻型车辆办理。

小车是指轨道检查仪、钢轨探伤仪、单轨小车及吊轨小车等。在任何情况下，小车的使用不得影响列车的正常运行。

轻型车辆带有简易制动装置或不带制动装置，为了能够及时采取停车措施，其仅限于昼间封锁施工作业时使用。小车由于下道容易，在昼间使用时，可跟随列车后面推行，但夜间使用时仅限于封锁施工作业时。

在夜间或遇降雾、暴风雨雪，为消除线路故障或执行特殊任务，必须使用轻型车辆时，应按列车办理。同时轻型车辆还必须配备照明及停车信号装置等备品。

轻型轨道车虽属于轨道车范畴，但由于车体轻、车轮直径小、无车钩缓冲装置，极易发生断钩或脱轨事故，因此，过岔速度不得超过 15 km/h、区间运行最高速度不得超过 45 km/h、连挂拖车时不得推进运行，且不得与重型轨道车连挂运行。

为保证作业人员人身安全，双线地段使用单轨小车时，应面对来车方向并远离邻线的外股钢轨上推行。

轻型车辆及小车自身重量轻，可由随乘人员随时撤出线路，而且在设有轨道电路的线路、道岔上运行的轻型车辆，装有绝缘车轴，不会影响信号的正常显示，所以日常使用时不按列车办理（规定按列车办理时除外）。

运营速度 160 km/h 以上的区段，列车运行速度高，禁止利用列车间隔使用小车。

二、轻型车辆及小车的使用条件

轻型车辆使用书是使用轻型车辆的依据。当轻型车辆在区间占用线路前，为取得车站值班员的承认，允许在区间进行电话联系，双方分别填写轻型车辆使用书并复诵核对，互对姓名以备查考。若车站值班员承认时间已到，而轻型车辆未到达目的地时，不论是否有列车驶来，都应将轻型车辆撤出线路外，如还需继续使用，必须重新取得车站值班员的承认并重新进行登记。

车站值班员在承认前，须与列车调度员及邻站车站值班员联系，根据列车运行情况确定使用时间，在承认时间内不得将列车提前开入区间。

使用小车时，由于小车自重轻，载重量不大，撤出线路方便，故不必取得车站值班员的承认。使用小车的负责人应切实了解列车运行情况，按规定进行防护后才能使用，并保证在列车到达之前撤出线路外。

在车站内使用装载较重的单轨小车（具体装载重量由各铁路局规定）时，考虑到站内接发车和调车作业频繁，条件复杂，使用负责人不易掌握站内机车车辆的动态，且撤出线路较为费时，因此必须取得车站值班员的承认，办理承认手续后方可使用。

1．必备条件

为了确保轻型车辆和小车的安全，不影响列车的正常运行，使用时必须具备下列条件：

（1）使用轻型车辆前，使用单位应提前指定负责人和防护人员。防护人员应由经过铁路局有关部门培训合格的正式员工担任。

（2）轻型轨道车和养路发电车，必须由铁路局集团考试合格、持有驾驶证的专职人员驾驶。非机动轻型车辆（脚踏车、手压车、手推车）必须由所属段、队审查批准的专人使用。各种小车的使用负责人由工区工长指派。上述使用负责人均应由熟悉铁路行车知识和轻型车辆或小车技术状态的人员担任，以便遇到问题能够正确、及时处理。

（3）为保证轻型车辆和小车能随时撤出线路以外，不影响列车正常运行，必须有足够的随乘人员。若牵引拖车，必须增加能同时撤出线路的随乘人员。

（4）应备有钟表、信号旗、喇叭、通信设备、短路铜线、列车运行时刻表，轻型车辆还应携带电话机或区间电话柱钥匙。在夜间或降雾、暴风雨雪，还应备有信号灯，以便掌握时间，进行联系，设置防护。增加中间防护员时应增加防护用具。

（5）带动力的轻型车辆及其牵引的拖车均应装有制动装置，运行时，拖车上的专人应配合轻型轨道车驾驶人员同步进行制动，以控制运行速度，保证安全。不带动力的轻型车辆可视装载重物的需要确定是否安装制动装置。

（6）在有轨道电路的线路或道岔上运行的轻型车辆和小车应有绝缘车轴，如无绝缘车轴运行，将会使轨道电路短路，使有关信号的电气设备动作，影响正常列车的运行。要经常检查绝缘车轴的绝缘状态。

2．利用列车间隔在区间使用时

利用列车间隔在区间使用轻型车辆和小车时不得影响列车运行，但在使用中可能发生各种意外情况，如列车运缓或早点，轻型车辆和小车在运行中发生故障等。为了保证轻型车辆、小车及列车运行的安全，应该分不同情况进行防护。

（1）在线路上人力推运各种轻型车辆，包括在轨道上走行的养路、养桥机械等，应派防护人员在车辆前后按线路最大速度等级的列车紧急制动距离位置显示停车手信号并随车移动防护。一旦发生特殊情况，上述轻型车辆不能及时撤出线路时，开来的列车也可在上述轻型车辆前停车。如天气不良或地形影响，防护人员不能与车辆使用负责人正常联系时，应增设中间防护人员。

（2）使用小车，尤其是装载较重的单轨小车，例如推运一根钢轨、一组辙叉、一根混凝土轨枕、五根以上木枕或与以上物品体积重量相当的料具，会延长撤出线路的时间；遇天气不良或受地形影响，瞭望条件不良时，难以掌握撤出线路的时机。因此，应按线路最大速度等级的列车紧急制动距离位置显示停车手信号，随车移动。

（3）遇有特殊情况，轻型车辆不能在承认时间内撤出线路或小车不能随时撤出线路时，为了保证列车、轻型车辆和小车的安全，必须在车辆前后按线路最大速度等级的列车紧急制动距离位置以停车信号进行防护，自动闭塞区段还应在轨道电路调谐区外使用短路铜线短路轨道电路。

（4）当轻型车辆跟随列车后面运行时，前行列车在运行中可能发生紧急停车等意外情况，为了防止轻型车辆与前行列车相撞，轻型车辆应与前行列车尾部保持不少于500 m的距离。

（5）轻型车辆及小车显示的停车手信号，是向本线开来列车司机显示的。在双线地段，轻型车辆上显示的停车手信号容易造成邻线列车司机的误认，所以遇有邻线列车开来时，应暂将停车手信号收回，待列车过后再行显示。

第六节　设备检修及故障处理

一、设备检修

施工、维修作业的天窗时间相对固定。为避免施工、维修作业和行车相互干扰，确保行车安全，规定影响设备使用的检修均纳入天窗进行。

当工、电部门在线路、道岔上进行作业或检修信号、联锁、闭塞设备及 CTC、TDCS 设备影响其使用时，必须事先根据设备管理的权限，在车站或列车调度台《行车设备施工登记簿》内登记，并经车站值班员（列车调度员）签认。车站值班员（列车调度员）通过《行车设备施工登记簿》，对检修的内容、起止时间以及影响使用程度能清楚了解，然后根据列车运行和站内作业情况进行签认，使设备检修部门和设备使用部门的人员共同掌握检修作业，有利于行车和检修作业的安全。若检修地点距行车室较远，可在扳道房或信号楼填写《行车设备施工登记簿》，由扳道员或信号员取得车站值班员同意后，在登记簿上签字，然后才能进行检修作业。驼峰、调车场、货场等不影响接发列车的行车设备检修时，具体的签认人员在《站细》规定。

检修作业中需要使用该项设备时，必须取得检修人员的同意，以便检修人员及时将设备恢复正常状态，以保证行车和检修人员的安全。检修完了后，经试验确认良好后方可恢复使用，并将检修结果记入《行车设备施工登记簿》。

对处于闭塞状态的闭塞设备和办理进路后处于锁闭状态的信号、联锁设备，严禁进行检修作业。因为这些设备（无论是机械的，还是电气的）处于闭塞或锁闭状态时，检修时有可能破坏其闭塞或锁闭状态，带来安全隐患，因此禁止进行检修作业。

二、临时发现故障后的处理

（1）行车指挥人员发现故障的处理方法。

车站值班员发现或接到行车设备故障的报告后，应立即通知设备管理单位相关人员，并在《行车设备检查登记簿》内登记。

列车调度员发现或接到调度台行车设备故障的报告后，应立即通知设备管理单位相关人员，并在《行车设备检查登记簿》内登记。

设备管理单位应在《行车设备检查登记簿》内签认，尽快组织修复。对暂时不能修复的，应登记停用内容和影响范围，并注明行车限制条件。

（2）工务人员发现故障的处理方法。

沿线工务人员发现线路设备故障，如钢轨折损、路基塌陷、坍方落石，以及水、砂、雪害等，危及行车安全的情况时，应立即在故障地点设置停车手信号防护，同时使用列车无线调度通信设备等通信工具，迅速通知车站或通知列车司机紧急停车，区间设有固定信号机时，应先使其显示停车信号防护故障地点，还应迅速通知工长或车间主任，并采取紧急措施修复故障设备。如不能立即修复，应通过车站值班员立即向列车调度员请求，由列车调度员发布命令封锁区间或限速运行。车站值班员接到区间发生故障的警报后，应立即通知有关列车停车，并报告列车调度员。必要时，工务部门的工长或车间主任随乘第一趟列车去故障现场，以便迅速组织和指挥抢修工作。已进入区间的列车须在故障地点前停车，由工长或车间主任根据故障判断影响行车的程度，确定运行办法并通知司机，司机按其指挥办理。在工长或车间主任到达故障地点之前，列车运行办法由现场工务人员确定。

（3）设备维修人员发现故障的处理方法。

设备维修人员发现信号、通信设备故障危及行车安全时，应按规定进行防护、立即在《行车设备检查登记簿》内登记停用，并积极组织修复。

（4）其他人员发现故障的处理方法。

为了保证列车运行和人民生命财产的安全，铁路职工和其他人员发现线路塌方、钢轨折断、钢轨变形、线路桥梁遭受自然灾害、信号机柱或电杆倒斜侵入限界、线路有障碍物、接触网异常等危及行车和人身安全的故障时，均有义务通知铁路有关部门，并积极采取保证行车安全的措施和协助做好故障地点的防护工作。通知时应利用一切可利用的通信工具，如无线调度通信设备、移动或固定电话、无线对讲设备等，或前往就近的车站、工区等处所通知。遇有紧急情况，发现已有列车开来且来不及通知时，应迎上前去，向开来的列车发出紧急停车信号，并注意自身的人身安全。有条件的，昼间用红旗、夜间用红灯防护。没有防护用具的，昼间可向列车开来方向两臂高举头上向两侧急剧摇动；夜间用白色灯光上、下急剧摇动，或在线路旁点燃篝火，迫使列车在故障地点前方停车，然后设法通知就近车站、工务、供电或电务人员。

专栏 7-1　列尾主机箱断裂脱落，一般 C17 事故

一、事故概况

8 月 8 日 22 时 52 分，南宁局黔桂线 X9548 次货物列车在德胜站开车后，列尾主机软管与 15 号道岔连接杆刮碰，造成列尾主机箱断裂脱落，列车紧急制动停车，构成铁路交通一般 C17 事故。

事故原因是泗亭站列尾安装人员在下提式车钩的钩提杆上安装列尾时，不清楚主机软管须在钩提杆上缠绕和使用铁丝捆绑的规定，仅将主机安装在靠近钩提杆座处，造成列尾主机在列车运行中向车钩处下滑，软管下坠与道岔连接杆发生刮碰，将列尾主机拉断脱落。此次事故柳州车务段负全部责任。

二、经验教训

（1）柳州车务段对高职生见习、定职管理不到位。泗亭站列尾安装人员是车站值班员，高职生，没有安装过列尾主机，也没有在助理值班员岗位上独立工作的经历，仅有学习助理值班员岗位的过程，定职后马上学习值班员并定职。

（2）调度计划安排不当。泗亭站为分界站，X9548 次货物列车计划交出，因调度与成都局沟通不彻底，成都局不接，南宁局调度又安排 X9548 次货物列车折返开，导致平常难以遇到列尾作业的泗亭站进行列尾摘解、安装作业。

（3）车站值班盯岗干部抓不住安全关键，没有盯列尾作业，反而去盯单机转头、挂头作业。

第八章　安全工作

本章重点：

✧ 生产经营单位的安全生产管理
✧ 事故及铁路行车事故分类
✧ 铁路行车事故调查

第一节　生产经营单位的安全生产管理

一、安全生产管理基本概念

1．安全生产、安全生产管理

（1）安全生产的定义。

安全生产是为了使生产过程在符合物质条件和工作秩序下进行的，防止发生人身伤亡和财产损失等生产事故，消除或控制危险、有害因素，保障人身安全与健康、设备和设施免受损坏、环境免遭破坏的总称。

（2）安全生产管理内容。

安全生产管理，就是针对人们在生产过程中的安全问题，运用有效的资源，发挥人们的智慧，通过人们的努力，进行有关决策、计划、组织和控制等活动，实现生产过程中人与机器设备、物料、环境的和谐，达到安全生产的目标。

生产目标包括减少和控制危害，减少和控制事故，尽量避免生产过程中由于事故所造成的人身伤害、财产损失、环境污染以及其他损失。

生产管理包括安全生产法制管理、行政管理、监督管理、工艺技术管理、设备设施管理、作业环境管理、条件管理等。

安全生产管理的内容包括安全生产管理机构、安全生产管理人员、安全生产责任制、安全生产管理规章制度、安全生产策划、安全生产培训、安全生产档案等。

安全生产管理的基本对象是企业的员工，涉及企业中的所有人员、设备设施、物料、环境、财务、信息等各个方面。

2．事故、事故隐患、危险、危险源与重大危险源

（1）事故。

按照导致事故发生的原因，根据《企业职工伤亡事故分类标准》（GB 6441—1986），将工伤事故分为 20 类，分别为物体打击、车辆伤害、机械伤害、起重伤害、触电、淹溺、灼烫、火灾、高处坠落、坍塌、冒顶片帮、透水、放炮、瓦斯爆炸、火药爆炸、锅炉爆炸、容器爆炸、其他爆炸、中毒和窒息及其他伤害等。《生产安全事故报告和调查处理条例》（国务院令第 493 号）将"生产安全事故"定义为：生产经营活动中发生的造成人身伤亡或者直接经济损失的事件。

（2）事故隐患。

国家安全生产监督管理总局颁布的第 16 号令《安全生产事故隐患排查治理暂行规定》，将"安全生产事故隐患"定义为："生产经营单位违反安全生产法律、法规、规章、标准、规程和安全生产管理制度的规定，或者因其他因素在生产经营活动中存在可能导致事故发生的物的危险状态、人的不安全行为和管理上的缺陷。"

事故隐患分为一般事故隐患和重大事故隐患。一般事故隐患是指危害和整改难度较小，发现后能够立即整改排除的隐患。重大事故隐患是指危害和整改难度较大，应当全部或者局部停产停业，并经过一定时间整改治理方能排除的隐患，或者因外部因素影响致使生产经营单位自身难以排除的隐患。

（3）危险。

根据系统安全工程的观点，危险是指系统中存在导致发生不期望后果的可能性超过了人们的承受程度。从危险的概念可以看出，危险是人们对事物的具体认识，必须指明具体对象，如危险环境、危险条件、危险状态、危险物质、危险场所、危险人员、危险因素等，一般用风险度来表示危险的程度。在安全生产管理中，风险用生产系统中事故发生的可能性与严重性给出，即

$$R = f(F, C)$$

式中　　R ——风险；

　　　　F ——发生事故的可能性；

　　　　C ——发生事故的严重性。

（4）危险源。

从安全生产角度来说，危险源是指可能造成人员伤害、疾病、财产损失、作业环境破坏或其他损失的根源或状态。根据危险源在事故发生、发展中的作用，一般把危险源划分为两大类，即第一类危险源和第二类危险源。

第一类危险源是指生产过程中存在的，可能发生意外释放的能量，包括生产过程中各种能量源、能量载体或危险物质。第一类危险源决定了事故后果的严重程度，它具有的能量越多，发生事故后果越严重。

第二类危险源：导致能量或危险物质约束或限制措施破坏或失效的各种因素。广义上包括物的故障、人的失误、环境不良以及管理缺陷等因素。第二类危险源决定了事故发生的可能性，它出现得越频繁，发生事故的可能性越大。

（5）重大危险源。

从广义上说，可能导致重大事故发生的危险源就是重大危险源。《中华人民共和国安全生产法》第九十六条对重大危险源做出了明确的规定：重大危险源，是指长期地或者临时地生产、搬运、使用或者储存危险物品，且危险物品的数量等于或者超过临界量的单元（包括场所和设施）。

3．安全、本质安全

（1）安全。

安全，泛指没有危险、不出事故的状态。生产过程中的安全，即安全生产，指的是"不发生工伤事故、职业病、设备或财产损失"。工程上的安全性，是用概率表示的近似客观量，用以衡量安全的程度。系统工程中的安全概念，认为世界上没有绝对安全的事物，任何事物中都包含有不安全因素，具有一定的危险性。安全是一个相对的概念，危险性是对安全性的隶属度；当危险性低于某种程度时，人们就认为是安全的。安全工作贯穿于系统整个寿命期间。

（2）本质安全。

本质安全是指设备、设施或技术工艺含有内在的能够从根本上防止发生事故的功能。具体包括两方面的内容：

① 失误-安全功能。指操作者即使操作失误，也不会发生事故或伤害，或者说设备、设施和技术工艺本身具有自动防止人的不安全行为的功能。

② 故障-安全功能。指设备、设施或技术工艺发生故障或损坏时，还能暂时维持正常工作或自动转变为安全状态。

上述两种安全功能应该是设备、设施和技术工艺本身固有的，即在其规划设计阶段就被纳入其中，而不是事后补偿的。本质安全是安全生产管理预防为主的根本体现，也是安全生产管理的最高境界。实际上，由于技术、资金和人们对事故的认识等原因，目前还很难做到本质安全，只能作为我们的奋斗目标。

二、安全生产"五要素"及其关系

1．安全生产"五要素"

安全生产"五要素"是指安全文化、安全法制、安全责任、安全科技和安全投入。安全生产是指在生产经营活动中，为了避免造成人员伤害和财产损失的事故而采取相应的事故预防和控制措施，使生产过程在符合规定的条件下进行，以保证从业人员的人身安全与健康、设备和设施免受损坏、环境免遭破坏，保证生产经营活动得以顺利进行的相关活动。

（1）安全文化。

安全文化即安全意识，是存在于人们头脑中支配人们行为是否安全的。对公民和职工要加强宣传教育工作，普及安全常识，强化全社会的安全意识，强化公民的自我保护意识。

（2）安全法制。

安全法制是指安全生产法律法规和安全生产执法。主要内容包括：广为宣传《安全生产法》，要健全《安全生产法》的配套法规和安全标准；行业、企业要结合实际建立和完善安全生产规章制度，将已被实践证明切实可行的措施和办法上升为制度和法规。

（3）安全责任。

安全责任主要是指搞好安全生产的责任心。主要含义有两层：企业是安全管理的责任主体；企业法定代表人、企业"一把手"是安全生产的第一责任人。第一责任人要切实负起职责，要制定和完善企业安全生产方针和制度，层层落实安全生产责任制，完善企业规章制度，治理安全生产重大隐患，保障发展规划和新项目的安全"三同时"。

（4）安全科技。

安全科技是指安全生产科学与技术。主要内容有：企业要采用先进实用的生产技术，组织安全生产技术研究开发；国家要积极组织重大安全技术攻关，研究制定行业安全技术标准、规范；积极开展国际安全技术交流，努力提高我国安全生产技术水平。

（5）安全投入。

安全投入是指保证安全生产必需的经费。主要内容包括：建立企业、地方、国家多渠道的安全投资机制。企业是安全投资主体，要按规定从成本中列支安全生产专项资金，加强财务审计，确保专款专用；国家和地方要支持企业的设备更新和技术改造，要制定源头治本的经济政策，并严格依法执行。

2．安全生产"五要素"之间的关系

安全生产"五要素"既相对独立，又是一个有机统一的整体，相辅相成甚至互为条件。

安全文化是灵魂和统帅，是安全生产工作中的基础，是安全生产工作的精神指向，其他各个要素都应该在安全文化的指导下展开工作。安全文化又是其他各个要素的目的和结晶，只有在其他要素健全、成熟的前提下，才能培育出深入人心的"以人为本"的安全文化。安全法制是安全生产工作进入规范化和制度化的必要条件，是开展其他各项工作的保障和约束；安全责任是安全法制进一步落实的手段，是安全法律法规的具体化；安全科技是保证安全生产工作现代化的工具；安全投入为其他各个要素能够开展提供物质的保障。

三、安全生产责任制

《安全生产法》明确规定生产经营单位必须建立、健全安全生产责任制。安全生产责任制是生产经营单位岗位责任制和经济责任制度的重要组成部分，是生产经营单位各项安全生产规章制度的核心，同时也是生产经营单位最基本的安全管理制度。

安全生产责任制是按照职业安全健康工作方针"安全第一，预防为主"和"管生产的同时必须管安全"的原则，将各级负责人员、各职能部门及其工作人员和各岗位生产工人在职业安全健康方面应做的事情和应负的责任加以明确规定的一种制度。

1．建立安全生产责任制的目的和意义

（1）目的。

① 增强生产经营单位各级负责人员、各职能部门及其工作人员和各岗位生产人员对安全生产的责任感。

② 明确生产经营单位中各级负责人员、各职能部门及其工作人员和各岗位生产人员在生产安全中应履行的职责和应承担的责任。

（2）意义。

① 落实安全生产方针及有关安全生产法规和政策的具体要求。

② 通过明确责任使各级各类人员真正重视安全生产工作，确保安全生产。

2．建立安全生产责任制的要求

（1）建立的安全生产责任制必须符合国家安全生产法律、法规和政策、方针的要求，并应适时修订。

（2）建立的安全生产责任制体系要与生产经营单位管理体制协调一致。

（3）制定安全生产责任制要根据本单位、部门、班组、岗位的实际情况，明确、具体、具有可操作性，防止形式主义。

（4）制定、落实安全生产责任制要有专门的人员与机构来保障。

（5）在建立安全生产责任制的同时，建立安全生产责任制的监督、检查等制度，特别要发挥职工群众的监督作用，以保证安全生产责任制得到真正落实。

3．安全生产责任制的主要内容

（1）生产经营单位主要负责人的职责。

① 建立、健全本单位安全生产责任制。

② 组织制定本单位安全生产规章制度和操作规程。

③ 保证本单位安全生产投入的有效实施。

④ 督促、检查本单位的安全生产工作，及时消除生产安全事故隐患。

⑤ 组织制定并实施本单位的生产安全事故应急救援预案。

⑥ 及时、如实报告生产安全事故。

⑧ 组织开展安全生产教育培训工作，依法开展安全生产标准化建设、安全文化建设和班组安全建设工作。

⑨ 组织实施职业病防治工作，保障从业人员的职业健康，组织制定并实施事故应急救援预案。

（2）生产经营单位其他负责人的职责。

生产经营单位其他负责人在各自职责范围内协助主要负责人搞好安全生产工作。

（3）生产经营单位职能管理机构负责人及其工作人员的职责。

职能管理机构负责人按照本机构的职责，组织有关工作人员做好安全生产责任制的落实，对本机构职责范围的安全生产工作负责；职能机构工作人员在本职责范围内做好有关安全生产工作。

（4）班组长的职责。

班组是抓好安全生产工作的关键，班组长全面负责本班组的安全生产，是安全生产法律法规和规章制度的直接执行者。班组长应贯彻执行本单位对安全生产的规定和要求，督促本班组的工人遵守有关安全生产规章制度和安全操作规程，切实做到不违章指挥、不违章作业、遵守劳动纪律。

（5）岗位工人的职责。

岗位工人对本岗位的安全生产负直接责任。岗位工人要接受安全生产教育和培训，遵守有关安全生产规章制度和安全操作规程，不违章作业，遵守劳动纪律。特种作业人员必须接受专门的培训，经考试合格取得操作资格证书方可上岗作业。

四、生产经营单位安全生产管理组织保障

组织保障包括两个方面：一是安全生产管理机构的保障；二是安全生产管理人员的保障。

安全生产管理机构是指生产经营单位中专门负责安全生产监督管理的内设机构。安全生产管理人员是指在生产经营单位中从事安全生产管理工作的专职或兼职人员。

《安全生产法》第十九条提出：生产经营单位的安全生产责任制应当明确各岗位的责任人员、责任范围和考核标准等内容。生产经营单位应当建立相应的机制，加强对安全生产责任制落实情况的监督考核，保证安全生产责任制的落实。

五、建设项目"三同时"

1．建设项目"三同时"的含义和性质

（1）含义。

建设项目"三同时"是指生产性基本建设项目中的安全设施必须符合国家规定的标准，必须与主体工程同时设计、同时施工、同时投入生产和使用，以确保建设项目

竣工投产后符合国家规定的安全生产标准,保障从业人员在生产过程中的安全与健康。

（2）性质。

建设项目"三同时"是一种事前保障措施，是一种本质安全措施。

2．实施建设项目"三同时"的主要法律依据

《安全生产法》第二十四条：生产经营单位的主要负责人和安全生产管理人员必须具备与本单位所从事的生产经营活动相应的安全生产知识和管理能力。

《职业病防治法》第十六条：建设项目的职业病防护设施所需费用应当纳入建设项目工程预算，并与主体工程同时设计、同时施工、同时投入生产和使用。

《劳动法》第六章第五十三条：劳动安全卫生设施必须符合国家规定的标准。新建、改建、扩建工程的劳动安全卫生设施必须与主体工程同时设计、同时施工、同时投入生产和使用。

3．建设项目"三同时"的主要内容

（1）可行性研究阶段。

进行劳动安全卫生论证，并将其作为专门章节编入建设项目可行性研究报告。

将劳动安全卫生设施所需投资纳入投资计划。

在建设项目可行性研究阶段，实施建设项目劳动安全卫生预评价。

对符合下列情况之一的，由建设单位自主选择并委托本建设项目设计单位以外的、有劳动安全卫生预评价资格的单位进行劳动安全卫生预评价：

① 大中型或限额以上的建设项目。

② 火灾危险性生产类别为甲类的建设项目。

③ 爆炸危险场所等级为特别危险场所和高度危险场所的建设项目。

④ 大量生产或使用Ⅰ级、Ⅱ级危害程度的职业性接触毒物的建设项目。

⑤ 大量生产或使用石棉粉料或含有10%以上游离二氧化硅粉料的建设项目。

⑥ 安全生产监督管理机构确认的其他危险、危害因素大的建设项目。

预评价工作完成后，由建设单位将预评价报告报送安全生产监督管理机构。

预评价工作应在建设项目初步设计会审前完成并通过安全生产监督管理机构的审批。

（2）初步设计阶段。

设计单位在编制初步设计文件时，应严格遵守我国有关劳动安全卫生的法规、标准，同时编制《劳动安全卫生专篇》，并应依据劳动安全卫生预评价报告及安全生产监督管理机构的批复完善初步设计。

建设单位在初步设计会审前，应向安全生产监督管理机构报送建设项目劳动安全卫生预评价报告和初步设计文件及图纸资料。安全生产监督管理机构根据国家有关法规和标准，审查并批复初步设计文件中的《劳动安全卫生专篇》。审查同意后，及时办理《建设项目劳动安全卫生初步设计审批表》。

（3）施工阶段。

建设单位对承担施工任务的单位提出落实"三同时"规定的具体要求，并负责提供必需的资料和条件。

施工单位应严格按照施工图纸和设计要求，确实做到劳动安全卫生设施与主体工程同时施工，并对建设项目的劳动安全卫生设施的工程质量负责。

（4）试生产阶段。

建设单位在试生产设备调试阶段，应同时对劳动安全卫生设施进行调试和考核，对其效果做出评价；组织、进行劳动安全卫生培训教育，制定完整的劳动安全卫生方面的规章制度及事故预防和应急处理预案。

建设单位在试生产运行正常后、建设项目预验收前，委托安全生产监督管理机构认可的单位进行劳动条件检测和有关设备的安全卫生检测、检验，并将结果数据、存在的问题以及采取的措施写入劳动安全卫生验收专题报告，报送安全生产监督管理机构审批。

（5）竣工验收阶段。

安全生产监督管理机构根据建设单位报送的建设项目劳动安全卫生验收专题报告，对建设项目竣工进行劳动安全卫生验收。

凡符合需要进行预评价的建设项目，在正式验收前应进行劳动安全卫生预验收或专项审查验收，对预验收中提出的劳动安全卫生方面的改进意见应按期整改。建设项目劳动安全卫生设施和技术措施经安全生产监督管理机构验收通过后，应及时办理《建设项目劳动安全卫生验收审批表》。

建设项目劳动安全卫生验收专题报告的主要内容包括：

① 初步设计中的劳动安全卫生设施已按设计要求与主体工程同时建成、投入使用的情况。

② 建设项目中特种设备已经由具有法定资格的单位检验合格，取得安全使用证（或检验合格证书）的情况。

③ 工作环境、劳动条件经测试符合国家有关规定的情况。

④ 建设项目中劳动安全卫生设施经现场检查符合国家有关劳动安全卫生标准的情况。

⑤ 设立了安全卫生管理机构，配备了必要的检测仪器、设备，建立、健全了劳动安全卫生规章制度和安全操作规程，组织进行了劳动安全卫生培训教育，特种作业人员已经通过培训、考核并取得安全操作证的情况，制定了事故预防和应急处理预案情况。

六、铁路的安全生产

铁路行车组织工作必须贯彻安全生产的方针，坚持高度集中、统一领导的原则。运输、机务、车辆、工务、电务、供电、信息、房建等部门要发扬协作精神，主动配合，紧密联系，协同动作，组织均衡生产，不断提高效率，挖掘运输潜力，完成和超额完成铁路运输任务。

安全生产是铁路运输组织的一贯方针，也是对铁路职工职责的基本要求。铁路发生事故会给人民生命财产造成严重损失，因此行车有关各部门、各单位必须认真贯彻安全生产的方针。

铁路行车工作具有点多、线长、面广且多工种协同动作的特点，只有坚持高度集中、统一领导的原则，才能把各部门集成为统一的整体，使各项工作环环相扣、紧密衔接，保证运输生产安全、迅速、准确、协调进行。

铁路运输各部门之间联系密切，应加强协作，树立全局观念；在行车工作中，应加强调度指挥，组织均衡运输，挖掘生产潜力，不断提高工作效率，积极总结和推广先进经验，以保证全面完成和超额完成运输生产任务。

七、救援设备

在国铁集团指定地点设事故救援列车、电线路修复车、接触网抢修车，配备应急通信设备，并处于整备待发状态，车上工具备品应保持齐全整洁、作用良好。

根据运输生产需要，铁路局应在无救援列车的编组站、区段站和二等以上车站成立事故救援队，配备简易起复设备和工具。

国铁集团、铁路局应急救援指挥中心应建设应急平台，配备相应的应急指挥设施和通信等设备，确保事故现场的图像、话音及数据在规定的时限内传送至应急救援指挥中心。

机车、自轮运转特种设备上均应备有复轨器和铁鞋（止轮器）。

动车组应配备止轮器（铁鞋）、紧急用渡板、应急梯、过渡车钩和专用风管。

救援列车停留线原则上应设在两端接通、便于救援列车出动的段管线（站线）上。救援列车基地应配备生产、生活、培训设施设备。

八、养护维修及检查

铁路技术设备的养护维修工作，应实现机械化、自动化、专业化、信息化，落实责任制和检验制，坚持以预防为主、检修与保养并重、预防与整治相结合的原则，合理确定检修项目和检修周期，组织定期检查，加强日常维修，提高设备质量。

基础设施实行天窗修制度，并推行预防性计划修、专业化集中修制度。

铁路技术设备应保持完整良好状态。根据设备变化规律和季节特点安排设备检修。检修单位应保证检修质量符合规定的标准和使用期限，并经检验合格后方准交付运用。

为满足检修需要，应建立检修基地，设置检修、试验设备（包括检查车、试验车）、运输工具、必要的生产辅助车间和生产房屋，并应储备定量的器材和备品，以备急需和替换时使用。储备的器材和备品动用后应及时补齐。

对各种机械设备应制定相应的检修、保养范围及安全操作规程。有关人员应做到正确使用、精心保养、细心检修以保持其良好状态。

铁路技术设备，除由直接负责维修及管理的部门经常检查、周期维修外，铁路局集团还应按规定组织有关人员进行定期全面检查和专项检查，具体办法由铁路局集团规定。

固定行车设备定期全面检查和专项检查的检查结果记入《行车设备检查登记簿》。检查中发现问题的，要及时解决；对危及行车安全的，须立即采取措施；当时不能解决的，要安排计划，限期完成，并进行复查；需要上级解决的，要按程序上报。

铁路局有关专业管理部门应按规定组织专项检查，其中：

（1）对重要线路的平面及纵断面复测、限界检查，每五年不少于一次；技术复杂及重要的桥梁、隧道检定，其他线路的平面及纵断面复测、限界检查，每十年不少于一次；对其他桥梁、隧道检定，应根据实际需要进行；对驼峰及调车场线路溜放纵断面复测，每五年不少于一次。

（2）登乘机车、动车组列车或其他旅客列车尾部对线路进行全面检查，每月不少于一次。

（3）对干线地面信号、机车信号、轨道电路设备和列车无线调度通信设备等的运用状态检查，每月一次；场强覆盖每季度检查一次。登乘机车检查信号显示距离、机车信号显示状态及列车无线调度通信设备运用质量，每月不少于一次。

（4）对接触网状态检查，每月一次；对接触网设备限界检查，每五年不少于一次；对其他供电设备定期检查。

（5）对为客货运服务的建（构）筑物（包括限界）和生产、办公房屋检查，每年不少于一次；对客运服务设备，每年春运前进行一次全面检查。

铁路局根据需要可加密检查或随时检查。

国铁集团专业技术机构根据线路的年通过总重、线路允许速度，使用专用设备定期对主要线路进行轨道、通信信号、接触网检查和钢轨探伤。

九、灾害防护

铁路局集团公司应根据历年降雨、洪水规律和当年的气候趋势预测，发布防洪命令，制定防洪预案，汛期前进行防洪检查处理，组织有关部门对沿线危树、危石进行检查，完成防洪工程和预抢工程，储备足够的抢险料具及机具，组织抢修队伍并进行演练，依靠当地政府建立群众性的防洪组织。加强雨中和雨后的检查，严格执行汛期安全行车措施，强化降雨量和洪水位警戒制度、防洪重点处所监护制度。对于可能危及行车安全的地点，有条件时可安装自动报警装置。对水流量大、河床不稳定的桥梁，要设置必要的监测仪器，建立观测制度，掌握桥梁水文及河床变化情况，及时采取预防和整治措施。汛前须将防洪重点处所抄送相邻、相关铁路局集团。

一旦发生灾害，积极组织抢修，尽快修复，争取不中断行车或减少中断行车时间。设备修复后，须达到规定标准。

加强对电子电气设备的雷电防护及电磁兼容防护工作，逐步建立雷电预警系统，减少或防止雷电等自然灾害对设备的影响。

对防寒工作，应提前做好准备，铁路局集团要抓好以下工作：

（1）对有关人员进行防寒过冬培训，并按规定做好防寒劳动防护用品的配备和发放工作。

（2）对铁路技术设备进行防寒过冬检查、整修，并根据需要做好包扎管路等工作。

（3）做好易冻设备、物资的防冻解冻工作。

（4）储备足够的防寒过冬材料、燃料和工具，检修好除冰雪机具和防雪设备，组织好除冰雪队伍。

在需要进行防暑工作的调度室、行车人员值班室、较大车站的生产车间、作业人员间休室等重要生产房屋，应设有降温设备。露天作业场所根据需要设置凉棚。

在炎热季节应有足够的防暑用品和药物，并应有供职工饮用的清凉饮料。

在暑季前，应对防暑降温设备进行检查、整修。

有旅客或工作人员的机车车辆内，均须备有灭火器。客车内的燃煤锅炉、茶炉、餐车低压锅炉、炉灶须有防火措施。餐车低压锅炉还须有防爆措施。

机车车辆停车及检修库、油脂库、洗罐所、通信信号机械室、计算机机房、牵引变电所控制室及为客货运服务的建（构）筑物等主要处所，均须备有完好的消防专用器具。

有关单位应建立和健全消防组织，定期进行检查。

十、行车安全检测设备

铁路行车安全监测设备是保障铁路运输安全的重要技术设备，应具备监测、记录、报警、存取功能，保持其作用良好、准确可靠，并定期进行计量校准。

铁路行车安全监测设备主要包括：

（1）机车车辆的车载监测设备。

（2）机车车辆的地面监测设备。

（3）轨道、通信、信号、牵引供电、电力等固定设备的移动检测设备。

（4）线路、桥梁、隧道、通信、信号、牵引供电、电力等固定设备的在线自动监测设备。

（5）车站行车作业监控设备。

（6）自然灾害综合监测预警设备。

（7）列车安全防护预警系统、道口及施工防护设备。

铁路行车安全监测设备应实现信息共享，为运输组织、行车指挥、设备检修、救援及事故分析等提供信息。

第二节 事故报告、调查与处理

一、事故报告

1．铁路交通事故等级划分的规定

依据《铁路交通事故应急救援和调查处理条例》规定，事故分为特别重大事故、重大事故、较大事故和一般事故四个等级。

（1）特别重大事故。

有下列情形之一的，为特别重大事故：

① 造成 30 人以上死亡。

② 造成 100 人以上重伤（包括急性工业中毒，下同）。

③ 造成 1 亿元以上直接经济损失。

④ 繁忙干线客运列车脱轨 18 辆以上并中断铁路行车 48 小时以上。

⑤ 繁忙干线货运列车脱轨 60 辆以上并中断铁路行车 48 小时以上。

（2）重大事故。

有下列情形之一的，为重大事故：

① 造成 10 人以上 30 人以下死亡。

② 造成 50 人以上 100 人以下重伤。

③ 造成 5000 万元以上 1 亿元以下直接经济损失。

④ 客运列车脱轨 18 辆以上。

⑤ 货运列车脱轨 60 辆以上。

⑥ 客运列车脱轨 2 辆以上 18 辆以下，并中断繁忙干线铁路行车 24 小时以上或者中断其他线路铁路行车 48 小时以上。

⑦ 货运列车脱轨 6 辆以上 60 辆以下，并中断繁忙干线铁路行车 24 小时以上或者中断其他线路铁路行车 48 小时以上。

（3）较大事故。

有下列情形之一的，为较大事故：

① 造成 3 人以上 10 人以下死亡。

② 造成 10 人以上 50 人以下重伤。

③ 造成 1 000 万元以上 5 000 万元以下直接经济损失。

④ 客运列车脱轨 2 辆以上 18 辆以下。

⑤ 货运列车脱轨 6 辆以上 60 辆以下。

⑥ 中断繁忙干线铁路行车 6 小时以上。

⑦ 中断其他线路铁路行车 10 小时以上。

（4）一般事故。

一般事故分为：一般 A 类事故、一般 B 类事故、一般 C 类事故、一般 D 类事故。

① 一般 A 类事故。

有下列情形之一，未构成较大以上事故的，为一般 A 类事故：

A1 造成 2 人死亡。

A2 造成 5 人以上 10 人以下重伤。

A3 造成 500 万元以上 1 000 万元以下直接经济损失。

A4 列车及调车作业中发生冲突、脱轨、火灾、爆炸、相撞，造成下列后果之一的：

A4.1 繁忙干线双线之一线或单线行车中断 3 小时以上 6 小时以下，双线行车中断 2 小时以上 6 小时以下。

A4.2 其他线路双线之一线或单线行车中断 6 小时以上 10 小时以下，双线行车中断 3 小时以上 10 小时以下。

A4.3 客运列车耽误本列 4 小时以上。

A4.4 客运列车脱轨 1 辆。

A4.5 客运列车中途摘车 2 辆以上。

A4.6 客车报废 1 辆或大破 2 辆以上。

A4.7 机车大破 1 台以上。

A4.8 动车组中破 1 辆以上。

A4.9 货运列车脱轨 4 辆以上 6 辆以下。

② 一般 B 类事故。

有下列情形之一，未构成一般 A 类以上事故的，为一般 B 类事故：

B1 造成 1 人死亡。

B2 造成 5 人以下重伤。

B3 造成 100 万元以上 500 万元以下直接经济损失。

B4 列车及调车作业中发生冲突、脱轨、火灾、爆炸、相撞，造成下列后果之一的：

B4.1 繁忙干线行车中断 1 小时以上。

B4.2 其他线路行车中断 2 小时以上。

B4.3 客运列车耽误本列 1 小时以上。

B4.4 客运列车中途摘车 1 辆。

B4.5 客车大破 1 辆。

B4.6 机车中破 1 台。

B4.7 货运列车脱轨 2 辆以上 4 辆以下。

③ 一般 C 类事故。

有下列情形之一，未构成一般 B 类以上事故的，为一般 C 类事故：

C1 列车冲突。

C2 货运列车脱轨。

C3 列车火灾。

C4 列车爆炸。

C5 列车相撞。

C6 向占用区间发出列车。

C7 向占用线接入列车。

C8 未准备好进路接、发列车。

C9 .未办或错办闭塞发出列车。

C10 列车冒进信号或越过警冲标。

C11 机车车辆溜入区间或站内。

C12 列车中机车车辆断轴，车轮崩裂，制动梁、下拉杆、交叉杆等部件脱落。

C13 列车运行中碰撞轻型车辆、小车、施工机械、机具、防护栅栏等设备设施或路料、坍体、落石。

C14 接触网接触线断线、倒杆或塌网。

C15 关闭折角塞门发出列车或运行中关闭折角塞门。

C16 列车运行中刮坏行车设备设施。

C17 列车运行中设备设施、装载货物（包括行包、邮件）、装载加固材料（或装置）超限（含按超限货物办理超过电报批准尺寸的）或坠落。

C18 装载超限货物的车辆按装载普通货物的车辆编入列车。

C19 电力机车、动车组带电进入停电区。

C20 错误向停电区段的接触网供电。

C21 电化区段攀爬车顶耽误列车。

C22 客运列车分离。

C23 发生冲突、脱轨的机车车辆未按规定检查鉴定编入列车。

C24 无调度命令施工，超范围施工，超范围维修作业。

C25 漏发、错发、漏传、错传调度命令导致列车超速运行。

④ 一般 D 类事故。

有下列情形之一，未构成一般 C 类以上事故的，为一般 D 类事故：

D1 调车冲突。

D2 调车脱轨。

D3 挤道岔。

D4 调车相撞。

D5 错办或未及时办理信号致使列车停车。

D6 错办行车凭证发车或耽误列车。

D7 调车作业碰轧脱轨器、防护信号，或未撤防护信号动车。

D8 货运列车分离。

D9 施工、检修、清扫设备耽误列车。

D10 作业人员违反劳动纪律、作业纪律耽误列车。

D11 滥用紧急制动阀耽误列车。

D12 擅自发车、开车、停车、错办通过或在区间乘降所错误通过。

D13 列车拉铁鞋开车。

D14 漏发、错发、漏传、错传调度命令耽误列车。

D15 错误操纵、使用行车设备耽误列车。

D16 使用轻型车辆、小车及施工机械耽误列车。

D17 应安装列尾装置而未安装发出列车。

D18 行包、邮件装卸作业耽误列车。

D19 电力机车、动车组错误进入无接触网线路。

D20 列车上工作人员往外抛掷物体造成人员伤害或设备损坏。

D21 行车设备故障耽误本列客运列车1小时以上，或耽误本列货运列车2小时以上；固定设备故障延时影响正常行车2小时以上（仅指正线）。

国铁集团可将影响行车安全的其他情形列入一般事故。

因事故死亡、重伤人数7日内发生变化，导致事故等级变化的，应相应地改变事故等级。

2．事故报告

（1）事故报告的提交。

事故发生后，事故现场的铁路运输企业工作人员或者其他人员应当立即向邻近铁路车站、列车调度员、公安机关或者相关单位负责人报告。有关单位和人员接到报告后，应立即将事故情况向企业负责人和事故发生地安全监管办安全监察值班人员报告，安全监管办安全监察值班人员按规定向安全监管办负责人报告。

铁路运输企业列车调度员要认真填写《铁路交通事故（设备故障）概况表》（安监报1），分别向事故发生地安全监管办安全监察值班人员、国铁集团列车调度员报告。

事故发生地安全监管办安全监察值班人员接到"安监报1"或现场事故报告后，要立即填写《铁路交通事故基本情况表》（安监报3），并向国铁集团安全监察司值班人员报告。报告后要进一步了解事故情况，及时补报"安监报3"。

涉及其他安全监管办辖区的事故，发生地安全监管办安全监察值班人员应及时将"安监报3"传送至相关安全监管办的安全监察部门。

国铁集团列车调度员接到事故报告后，应及时收取或填写"安监报1"，并立即向值班处长和安全监察司值班人员报告；值班处长、安全监察司值班人员按规定分别向本部门负责人、国铁集团办公厅部长办公室报告，由部门负责人向部领导报告。事故涉及其他部门时，由办公厅部长办公室通知相关部门负责人。

发生特别重大事故、重大事故时，由国铁集团办公厅负责向国务院办公厅报告，并通报国家安全生产监督管理总局等有关部门。

发生特别重大事故、重大事故、较大事故或者有人员伤亡的一般事故时，安全监管办应向事故发生地县级以上地方人民政府及其安全生产监督管理部门通报。

（2）事故报告的主要内容。

① 事故发生的时间、地点、区间（线名、公里、米）、线路条件、事故相关单位和人员。

② 发生事故的列车种类、车次、机车型号、部位、牵引辆数、吨数、计长及运行速度。

③ 旅客人数，伤亡人数、性别、年龄以及救助情况，是否涉及境外人员伤亡。

④ 货物品名、装载情况，易燃、易爆等危险货物情况。

⑤ 机车车辆脱轨辆数、线路设备损坏程度等情况。

⑥ 对铁路行车的影响情况。

⑦ 事故原因的初步判断，事故发生后采取的措施及事故控制情况。

⑧ 应当立即报告的其他情况。

（3）事故报告后的其他事项。

事故报告后，人员伤亡、脱轨辆数、设备损坏等情况发生变化时，应及时补报。

事故现场通话按"117"立接制应急通话级别办理。

国铁集团、铁路安全监督管理办公室（以下简称安全监管办）、铁路运输企业应向社会公布事故报告值班电话，受理事故报告和举报。

二、事故调查

1. 事故调查组基本分级原则

（1）特别重大事故。

按《铁路交通事故应急救援和调查处理条例》规定，特别重大事故由国务院或国务院授权的部门组织事故调查组进行调查。

（2）重大事故。

重大事故由国家铁路局组织事故调查组进行调查。调查组组长由国家铁路局负责人或指定人员担任，安全监察司、运输局、公安局等部门和国铁集团派出机构、相关安全监管办等部门（单位）派员参加。

（3）较大事故和一般事故。

较大事故和一般事故由事故发生地安全监管办组织事故调查组进行调查。调查组组长由安全监管办负责人或指定人员担任，安全监管办安全监察部门、有关业务处室、公安机关等部门派员参加。

2. 事故调查组特殊分级原则

国铁集团认为必要时，可以参与或直接组织对较大事故和一般事故进行调查。

根据事故的具体情况，事故调查组还可由工会、监察机关有关人员以及有关地方人民政府、公安机关、安全生产监督管理部门等单位派人组成，并应当邀请人民检察院派人参加。事故调查组认为必要时，可以聘请有关专家参与事故调查。

发生一般 B 类以上、重大以下事故（不含相撞的事故），涉及其他安全监管办辖区时，事故发生地安全监管办应当在事故发生后 12 小时内发出电报通知相关安全监管办。相关安全监管办接到电报后，应当立即派人员参加事故调查组。

自事故发生之日起 7 日内，因事故伤亡人数变化导致事故等级发生变化，依照《条例》规定由上级机关调查的，原事故调查组应当及时报告上级机关。

3．事故调查组的职责

（1）事故调查组的基本职责。

① 查明事故发生的经过、原因、人员伤亡情况及直接经济损失。

② 认定事故的性质和事故责任。

③ 提出对事故责任者的处理建议。

④ 总结事故教训，提出防范和整改措施。

⑤ 提交事故调查报告。

（2）事故调查组的具体职责。

事故调查组在事故发生后应当及时通知相关单位和人员；一般 B 类以上、重大以下的事故（不含相撞的事故）发生后，应当在 12 小时内通知相关单位并接受调查。

事故调查组到达现场前，组织事故调查组的机关可指定临时调查组组长，组成临时调查组，勘查现场，掌握人员伤亡、机车车辆脱轨、设备损坏等情况，保存痕迹和物证，查找事故线索及原因，做好调查记录，及时向事故调查组报告。

事故调查组到达后，发生事故的有关单位必须主动汇报事故现场真实情况，并为事故调查提供便利条件。事故发生单位的负责人和有关人员在事故调查期间应当随时接受事故调查组的询问，如实提供有关资料和物证。

事故调查组有权向有关单位和个人了解与事故有关的情况，并要求其提供相关文件、资料，有关单位和个人不得拒绝。

事故调查组根据需要，可组建若干专业小组进行以下调查取证：

① 搜集事故现场物证、痕迹，测量并按专业绘制事故现场示意图，标注现场设备、设施、遗留物的名称、尺寸、位置、特征等。

需要搬动伤亡者、移动现场物体的，应做出标记，妥善保存现场的重要痕迹、物证；暂时无法移动的，应予守护，并设明显标志。

② 询问事故当事人及相关人员，收取口述、笔述、笔录、证照、档案，并复制、拍照。不能书写书面材料的，由事故调查组指定人员代笔记录并经本人签认。无见证人或者当事人、相关人员拒绝签字的，应当记录在案。

③ 对事故现场全貌、方位、有关建筑物、相关设备设施、配件、机动车、遗留物、致害物、痕迹、尸体、伤害部位等进行拍照、摄像。及时转储、收存安全监控、监测、录音、录像等设备的记录。

④ 收取伤亡人员伤害程度诊断报告、病理分析、病程救治记录、死亡证明、既往病历和健康档案资料等。

⑤ 对有涂改、灭失可能或以后难以取得的相关证据进行登记封存。

⑥ 查阅有关规章制度、技术文件、操作规程、调度命令、作业记录、台账、会议

记录、安全教育培训记录、上岗证书、资质证书、承（发）包合同、营业执照、安全技术交底资料等，必要时将原件或复印件附在调查记录内。

⑦ 对有关设备、设施、配件、机动车、器具、起因物、致害物、痕迹、现场遗留物等进行技术分析、检测和试验，组织笔迹鉴定，必要时组织法医进行尸表检验或尸体解剖，并写出专题报告。

⑧ 脱轨事故发生后，在全面调查的基础上，必要时应对事故地点前后一定长度范围内的线路设备进行检查测量，并调阅近期内该段线路质量检测情况；对事故地点前方（列车运行相反方向）一定长度的线路范围内，有无机车车辆配件脱落、刮碰行车设备的痕迹等进行检查，对脱轨列车中有关的机车车辆进行检查测量，并调阅脱轨机车车辆近期内运行情况监测记录。

事故调查中需要对相关的铁路设备、设施进行技术鉴定或者对财产损失状况以及中断铁路行车造成的直接经济损失进行评估的，事故调查组应当委托具有国家规定资质的机构进行技术鉴定或者评估。技术鉴定或者评估所需时间不计入事故调查期限。

各专业小组应按调查组组长的要求，及时提交专业小组调查报告。调查组组长应组织审议专业小组调查报告，并研究形成《铁路交通事故调查报告》，由调查组所有成员签认。调查组成员意见不一致时，应在事故报告中分别进行表述，报组织调查的机关审议、裁定。

事故调查中发现涉嫌犯罪的，事故调查组应当及时将有关证据、材料移交司法机关。

4.《铁路交通事故调查报告》的内容

《铁路交通事故调查报告》应包括下列内容：

（1）事故概况。

（2）事故造成的人员伤亡和直接经济损失。

（3）事故发生的原因和事故性质。

（4）事故责任的认定以及对事故责任者的处理建议。

（5）事故防范和整改措施建议。

（6）与事故有关的证明材料。

5.《铁路交通事故调查报告》的提交期限

事故调查组应在下列期限内向组织事故调查组的机关提交《铁路交通事故调查报告》：

（1）特别重大事故的调查期限为 60 日。

（2）重大事故的调查期限为 30 日。

（3）较大事故的调查期限为 20 日。

（4）一般事故的调查期限为 10 日。

事故调查期限自事故发生之日起计算。

三、事故处理

1.《铁路交通事故认定书》

（1）《铁路交通事故认定书》的提交。

事故调查组形成《铁路交通事故调查报告》，报组织事故调查的机关同意后，事故调查组的工作即告结束。国铁集团、安全监管办的安全监察部门应在事故调查组工作结束后15日内，根据事故报告制作《铁路交通事故认定书》，经批准后，送达相关单位。

一般B类以上、重大以下事故（相撞事故为较大事故）的档案材料，应报国铁集团备案（3份）。

国铁集团发现安全监管办对事故认定不准确时，应予以纠正，必要时可另行组织调查。

事故调查组成员在事故调查工作中应诚信公正、恪尽职守，遵守事故调查组的纪律，保守事故调查的秘密。未经事故调查组组长允许，调查组成员不得擅自发布有关事故的调查信息。

调查事故应配备必要的调查设备和装备，保证调查工作顺利进行。调查设备和装备包括通信设备、摄影摄像设备、录音设备、绘图制图设备、便携电脑以及其他必要的装备。

（2）《铁路交通事故认定书》的内容。

《铁路交通事故认定书》应按照国铁集团规定的统一格式制作，内容包括：

① 事故发生的原因和事故性质。

② 事故造成的人员伤亡和直接经济损失。

③ 事故责任的认定。

④ 对有关责任单位及人员的处理决定或建议。

2.《铁路交通事故处理报告表》

事故责任单位接到《铁路交通事故认定书》后，应于7日内填写《铁路交通事故处理报告表》（安监报2），按规定报送《铁路交通事故认定书》制作机关并存档。

第三节　事故责任判定和损失认定

一、事故责任判定

1．事故的分类

事故分为责任事故和非责任事故。

责任事故是指工厂、矿山、建筑、交通、医疗及其他部门工作人员，由于严重不负责任，违反规章制度，使公私财产遭受损失或危害人身安全的事故。

非责任事故是指由于自然界的因素而造成不可抗拒的事故，或由于当前科学技术条件的限制而发生的难以预料的事故。

2．事故责任

（1）事故责任的分类。

事故责任分为全部责任、主要责任、重要责任、次要责任和同等责任。

根据《交通事故处理程序规定》第四十五条规定：公安机关交通管理部门经过调查后，应当根据当事人的行为对发生交通事故所起的作用以及过错的严重程度，确定当事人的责任：

① 因一方当事人的过错导致交通事故的，承担全部责任；当事人逃逸，造成现场变动、证据灭失，公安机关交通管理部门无法查证交通事故事实的，逃逸的当事人承担全部责任；当事人故意破坏、伪造现场、毁灭证据的，承担全部责任。

② 因两方或者两方以上当事人的过错发生交通事故的，根据其行为对事故发生的作用以及过错的严重程度，分别承担主要责任、同等责任和次要责任。

③ 各方均无导致交通事故的过错，属于交通意外事故的，各方均无责任；一方当事人故意造成交通事故的，他方无责任。

省级公安机关可以根据有关法律、法规制定具体的道路交通事故责任确定细则或者标准。

（2）责任事故的界定。

凡经国铁集团批准或铁路运输企业批准并报国铁集团核备后的技术革新项目、科研项目在运营线上试验时，在限定的试验期限内确因试验项目本身原因发生事故，不定责任事故；但由于违反操作规程以及其他人为因素造成的事故，定责任事故。

铁路作业人员在从事与行车相关的作业过程中，不论作业人员是否在其本职岗位，由于违反操作规程、作业纪律，或铁路运输生产设备设施、劳动条件、作业环境不良，或安全管理不善等造成伤亡，定责任事故。

作业人员伤亡事故原因不清，或公安机关已立案但尚无明确结论的，定责任事故。暂时不能确定事故性质、责任的，按待定办理。若跨年度仍不能确定或处理时间超过法定期限的，定伤亡人员所在单位责任。在年度统计截止前，该事故已查清并做出与原处理决定相反结论的，可向原处理部门申请更正。

二、事故损失认定

事故相关单位要如实统计、申报事故直接经济损失，制作明细表，经事故调查组确认后，在《铁路交通事故认定书》中认定。

1．事故直接经济损失费用类别

下列费用列入事故直接经济损失：

① 铁路机车车辆、线路、桥隧、通信、信号、供电、信息、安全、给水等设备设施的损失费用。报废设备按报废设备账面净值计算，或按照市场重置价计算；破损设备设施按修复费用计算。

② 铁路运输企业承运的行包、货物的损失费用。

③ 事故中死亡和受伤人员的处理、处置、医治等费用（不含人身保险赔偿费用）。

④ 被撞机动车、非机动车、牲畜等财产物资，造成的报废或修复费用。

⑤ 行车中断的损失费用。

⑥ 事故应急处置和救援费用。

⑦ 其他与事故直接有关的费用。

有作业人员伤亡的，直接经济损失统计范围、计算方法等按《企业职工伤亡事故经济损失统计标准》（GB 6721—86）执行。

2．事故直接经济损失费用比例

负有事故全部责任的，承担事故直接经济损失费用的 100%；负有主要责任的，承担损失费用的 50% 以上；负有重要责任的，承担损失费用的 30% 以上、50% 以下；负有次要责任的，承担损失费用的 30% 以下。

有同等责任、涉及多家责任单位承担损失费用时，由事故调查组根据责任程度依次确定损失承担比例。

负同等责任的单位，承担相同比例的损失费用。

第四节　事故统计、分析

国铁集团、安全监管办、铁路运输企业及基层单位应按照本规则规定，建立事故统计分析制度，健全统计分析资料，并按规定及时报送。各级安全监察部门负责事故统计分析报告的日常工作，并负责监督指导有关部门（单位）做好事故统计分析报告工作。

一、事故统计

1．事故统计原则、分类、时间

原则：及时、准确、真实、完整。

事故的统计分类：应按照事故类别、等级、性质、原因、部门、责任等项目分别进行统计。

每日事故的统计时间：由上一日 18 时至当日 18 时止。但填报事故发生时间时，应以实际时间为准，即以零点改变日期。

2．事故统计方法

（1）责任事故件数统计在负全部责任、主要责任的单位，非责任事故和待定责事故件数统计在发生单位，相撞事故统计在发生单位。

（2）负同等责任或追究同等责任的，在总数中不重复统计件数。

（3）一起事故同时符合两个以上事故等级的，以最高事故等级进行统计。

（4）发生人员伤亡的事故应按以下规定统计：

① 人员在事故中失踪，至事故结案时仍未找到的，按死亡统计。

② 事故受伤人员因正常手术治疗而加重伤害程度的，按手术后的伤害程度统计。

③ 事故受伤人员经救治无效，在 7 日内死亡的，按死亡统计；经医疗事故鉴定委员会确认为医疗事故，或 7 日后死亡的，按原伤害程度统计。

④ 事故受伤人员在 7 日内由轻伤发展成重伤的，按重伤统计。

⑤ 未经医疗事故鉴定委员会确认为医疗事故的伤亡，按责任事故统计。

⑥ 相撞事故发生后，经调查确认为自杀、他杀的，不在伤亡人数中统计。

3．事故统计报告的填写

铁路各级安全监察部门应建立《铁路交通事故登记簿》（安监统 1）、《铁路交通事故统计簿》（安监统 2）、《铁路运输企业安全天数登记簿》（安监统 3）、《铁路作业人员伤亡登记簿》（安监统 4）和《铁路交通事故分析会记录簿》。

铁路运输企业专业部门、各基层站段应分别填记《铁路交通事故登记簿》（安监统 1），并建立《铁路交通事故分析会记录簿》。

以上台账长期保存。

二、事故分析

1．事故分析报告的填写

有关部门、单位应按以下规定填写、传送、管理各种事故表报。

（1）各级安全监察部门须建立《铁路交通事故（设备故障）概况表》（安监报 1）和《铁路交通事故基本情况表》（安监报 3）的管理制度，规范统计、分析、总结、报送及保管工作。要及时补充填记"安监报 3"各项内容，事故结案后，必须准确填写。

铁路运输企业调度部门应当及时、如实填写《铁路交通事故（设备故障）概况表》（安监报 1），建立登记簿，进行统计分析，并制定管理制度。

铁路运输企业的专业部门应当建立"安监报 1"登记簿，认真统计分析。

（2）安全监管办须建立《铁路交通事故处理报告表》（安监报2）管理制度，基层单位按要求做好填记上报。"安监报2"保管3年。

（3）安全监管办于月、半年、年度后次月5日前填写《铁路交通事故报告表》（安监报4），报国铁集团。"安监报4"长期保存。

（4）安全监管办于月、半年、年度后次月5日前填写《铁路交通事故路外伤亡统计分析表》（安监报5），报国铁集团。"安监报5"长期保存。

（5）有从业人员伤亡的事故，事故发生单位填写《铁路作业人员伤亡概况表》（安监报6-1），上报安全监管办；一般B类以上事故，安全监管办填写《铁路作业人员伤亡概况表》（安监报6-1），上报国铁集团。

2．事故分析报告提交时间

安全监管办应于事故发生后次月5日前（次年1月10日前）填写《铁路作业人员伤亡统计报表》（安监报6-2），报国铁集团。

国铁集团所属铁路运输企业每月27日前将本月安全分析总结报国家铁路局安全监察司。企业内部各业务部门须按月、半年、年度，对本系统事故进行分析总结，向上级主管部门报告，并抄送安全监管办安全监察部门。

合资铁路、地方铁路、专用铁路须按月、半年、年度，对本单位事故进行分析，并报安全监管办。

专栏8-1 "6.27"成渝线87031次货运列车脱轨铁路交通较大事故

一、事故概况

2020年6月27日5时51分，87031次货运列车运行至成渝线栏杆滩至临江场站间347千米999米处，因线路下行方向左侧发生滑坡，列车停车不及撞上侵入线路的坍体，造成机车倾覆，机后1位车辆脱轨，无人员伤亡，中断正线行车21小时14分。

二、应急处置情况

事故发生后，成都铁路监督管理局、重庆市应急管理局、重庆市永川区人民政府、重庆铁路公安处、成都局集团公司等单位立即行动，共同做好事故应急救援等工作。经救援，6月28日3时05分开通线路，恢复成渝线行车。

三、事故造成的人员伤亡和直接经济损失

事故无人员伤亡，造成直接经济损失602.6万元。

四、事故发生的原因

事发区段位于路堑地段，且线路为左向曲线。该地段原始地形为坡面型冲沟，上缓下陡，坡体前缘因开挖路堑形成陡立临空面，坡体岩石性质软弱，易风化，遇水易软化，强度迅速降低。堑坡岩体中构造节理、风化节理、卸荷节理发育，为地下水富集创造了条件。2020年6月份以来，重庆市永川区境内连续出现集中强降水，导致事发区段堑坡岩土体处于饱和状态，地下水静水压力和动水压力迅速升高，且堑坡上部填土平台形成附加压力，降水下渗导致地下水压增高，岩土体软化，在岩土体重力和地下水压力等因素综合作用下，快速贯通岩土体中原有剪切裂面，形成贯通滑动面，堑坡沿滑动面向临空方向快速运动，形成推动式滑坡。滑坡体前缘部分坍体上道，致使运行至该处的87031次货运列车撞上脱轨。属自然灾害导致的事故。

五、事故定性定责

依据《铁路交通事故应急救援和调查处理条例》《铁路交通事故调查处理规则》的有关规

定，该起事故是恶劣气象和特殊地质条件下路堑边坡突发滑坡所致，为自然灾害造成的铁路交通较大事故。

六、事故防范和工作要求

1. 提高认识，严格落实企业安全生产主体责任和政府属地安全责任。成都局集团公司、相关地方各级人民政府要深入贯彻落实习近平总书记关于铁路安全系列重要指示批示精神，清醒认识到当前铁路安全工作面临的复杂、严峻形势，坚持"红线"意识、"底线"思维，以高度的政治责任和历史担当，积极推动铁路沿线环境安全治理常态化、制度化，采取人防、物防、技防措施，加大广泛宣传力度，做到守土有责、守土尽责，共同保障铁路运输安全。

2. 深刻吸取事故教训，举一反三，开展隐患排查治理。成都局集团公司要对铁路沿线环境安全隐患排查治理工作再动员、再部署，转变思维惯性，切实提升对低风险防洪区段的认识，将低堑坡地段、铁路用地红线内及其临近区域的环境地貌等纳入隐患排查治理范围；要进一步增强主动意识，加强与铁路沿线各级地方人民政府的协调联系，组织开展联合排查，主动报告外部环境安全隐患排查治理相关情况。相关地方各级人民政府要将铁路安全管理工作纳入当地安全生产、社会综合治理范围，加强保障铁路安全的教育，落实护路联防责任制，广泛宣传、公布铁路沿线地质灾害报警电话，推动形成铁路沿线外部环境隐患群防群控、综合治理的良好氛围。

3. 强化汛期设备检查，优化恶劣天气条件下保障行车安全的措施。成都局集团公司要进一步梳理有关汛期设备检查作业标准，突出老旧挡墙、护墙、喷浆防护坡面等检查重点，采用"图示化"等方式，直观、准确指导现场提升设备检查工作质量。要借鉴防汛期间在高风险区段停开旅客列车的有效经验，在瞭望条件不良的区段、夜间及暴风雨时段以更加严格有效的措施保障客货列车行车安全，必要时对易发生水害区段在暴雨期间采取列车停运的措施。

4. 加强防洪关键岗位人员教育培训，提升培训工作质量。成都局集团公司要严格落实全员防洪知识培训要求，突出机车乘务员、线桥路人员等防洪关键岗位人员培训。各级职教管理部门要切实履行职责，突出重点，加强对一线职工的防洪培训工作，切实提升培训工作质量，提高从业人员业务技能水平。

近年来，我国铁路部门不断加强铁路安全工作，为安全生产工作做出了重要贡献。但是，由于列车或调车超速、救援不当、施工作业防护不当或失效、机车车辆溜逸、错发行车凭证等多种原因，仍然发生了一定数量的事故，造成了一定的人员伤亡和财产损失。[①]

案例一　2012 年 3 月 29 日 HEB 铁路局 3.29 救援追尾事故

2012 年 3 月 29 日加格达奇运用车间司机郭 ×、学习司机宋 × 担当加格达奇—嫩江间 40982 次乘务，机车 DF4B1818，总重 3 377 t，现车 41 辆，计长 52.5 m。

列车运行至乌鲁布铁—春亭阁间，因机车主发电机故障，机车内部有烟，19 时 37 分停于嫩林线 K105 + 481 处，报告春亭阁站请求救援。

嫩林线下行 81707 次 DF4B3795 机车担当救援任务。

大杨树站 19 时 59 分开 51011 次单机，20 时 06 分到达春亭阁站，20 时 16 分开 57801 次进入区间救援，20 时 22 分与被救援机车发生冲突，造成两台机车不同程度的损坏。

1．事故原因

请求救援机车：

（1）司机没有准确报告列车停留位置。汇报过程中，司机未认真确认监控显示，凭机车附近地面半公里标错误认为停车地点是 K106 + 500，司机用手持电台报告春亭阁站请求救援，而列车实际停于 K105 + 485，报告误差 1 015 m。

（2）乘务员没有按规定进行防护。乘务员只忙于处理故障，没有按照《技规》要求进行防护。

（3）乘务员没有坚持规章制度。

救援机车：

[①] 注：本章事故或案例部分选自铁路部门内部文电、报纸、图书或者网络。尽管部分资料（特别是从网络获取的部分资料）缺乏一定的严谨性，但是为了尊重资料来源及资料提供者的工作成果，本书未做过多删节或更改。因此，各案例分析结论仅供使用本书的读者参考，不做任何其他用途。

（1）司机没有按照《行规》要求使用调车模式运行。

（2）救援机车超速运行。

（3）乘务员没有坚持规章制度。

乘务员没有按照《技规》要求，执行距停留车 2 km 时速度控制在 20 km/h 以下，并与被救援列车司机进行联系。致使距停留车 137 m 处时（速度 68 km/h）使用非常制动，以 58 km/h 速度与停留被救援列车冲突，20 时 22 分与停留车冲突。

行车指挥人员：

（1）盲目指挥，催促乘务员加快进度。指挥被救援机车乘务员进行灭火，未做安全防护；指挥救援机车乘务员加快进度。

（2）指示机车乘务员违章作业。

（3）机车乘务员未严格坚持执行规章制度。

2．停车后确认区间公里数的具体方法

（1）汇报停留公里时，要以地面为准，LKJ 数据因空转、滑行等原因可能会产生误差，要与地面核对。

（2）如发生监控器黑屏或失电时，必须确认地面公里标和百米标，注意区分上下行公里数加减的区别，以防计算错误。

（3）下车后首先确认百米标，未超过半公里的，下行车次可以向后查找整公里标，然后加上百米标显示的米数；上行车次向前查找整公里标加上百米标显示的米数；超过半公里的，下行车次可以向前查找整公里标，然后减去 1 公里，再加上百米标，就是实际机车停车位置；上行车次可以向后查找整公里标，然后减去 1 公里，再加上百米标，就是实际机车停车位置。

（4）自动闭塞区段可以分区信号机编号做参考，信号机编号基本就是信号机在该区段的公里坐标。

（5）如果救援列车从尾部救援，尾部停车位置为：下行车次要从机车停车位置减去列车长度；上行车次要从机车停车位置加上列车长度。

（6）通过监控器确认区间公里时，要清楚长短链所差米数，算好实际位置并二人核对正确。

案例二　2012 年 8 月 23 日 JMS 站内发生调车追尾事故

8 月 23 日电，记者 23 日晚从 HEB 铁路局证实，23 日 17 时 24 分，佳木斯火车站两列旅客列车发生事故，造成 24 名未来得及下车的旅客摔伤。

HEB 铁路局的消息称，事故是由于两车车厢在连接过程中由于连挂冲动较大造成的。

据 HEB 铁路局相关工作人员介绍，23 日 17 时 24 分，JMS 火车站两列旅客列车

车厢在连接过程中由于连挂冲动较大，造成 24 名未下车旅客轻微摔伤。事件发生后，车站开展了紧急救治工作。

目前，共有 5 名旅客留院观察，留院观察人员均为表皮擦伤，身体无大碍。其他旅客伤势轻微，已由车站安排车辆分批送回家。车站现正在组织进行深入调查，待责任认定后，将依法依规进行严肃处理。同时，铁路部门对由此给旅客造成的影响和伤害深表歉意。估计是司机未执行一度停车制度，连挂速度没有控制好！

调车司机速度把握不准确，没有在旅客乘降结束后进行作业。

HEB 铁路局的消息称，事故是由于两车车厢在连接过程中由于连挂冲动较大造成的。黑龙江电视台报道称，17:47 左右，在佳木斯火车站内，一辆佳木斯开往南岔的火车停在第三站台上，这时一辆鹤岗到佳木斯的火车进入站内，从后面直接冲向了停在站台的佳木斯到南岔的火车，造成 10 多名乘客受伤，其中 3 名重伤。

对此次事故，网络上一般有如下质疑：

（1）是排错路导致进站进入有车线直接刹车不及撞上了，还是连挂冲动较大造成的？

（2）司机、调车员对车速没控制住？

（3）什么情况？这类作业怎么还有 24 名未来得及下车的旅客？

案例三　2012 年 4 月 24 日 JN 铁路局 4.24 一般 B 类铁路交通事故

2012 年 4 月 24 日 2 时 13 分，JN 局安监室接到青岛电务段报告，临沂信号车间平邑信号工区副工长在泉林至鲁舒上行区间配合大机作业施工中，被下行 5025 次旅客列车撞上导致当场死亡。JN 局立即组织安监室、电务处、社保处、路局工会和 JN 局等部门有关人员赶赴事故现场，现将事故初步调查情况报告如下：

一、事故概况

路局月度施工计划 150 项：23 日 23 时 40 分至 24 日 3 时 10 分，临沂工务段在兖石线泉林—鲁舒间上行线 K63＋500—K66＋000 段进行大机捣固、稳定施工。临沂工务段为施工主体单位；济南供电段，青岛电务段为施工配合单位。

4 月 23 日，根据当日施工配合作业方案，青岛电务段临沂信号车间平邑信号工区在兖石上行线 K63＋500—K66＋000 段负责配合大机施工作业，原施工方案中明确施工负责人为临沂车间平邑信号工区工长，临时变更由副工长担任施工负责人及监控工作。按照施工配合方案由副工长负责大机后检查作业，刘×担当驻站联络员，李×担当现场安全防护员，陈×负责大机前方补偿电容、调谐单元等阻线的绑扎、固定作业。

23 日 21 时 50 分左右，副工长带领刘×、陈×、李×到达泉林站，副工长按规定参加了施工点名签到会。

23 日 23 时 40 分，路局行调以 57038 号调度命令下达准许作业命令，自 23 日 23 时 40 分至 24 日 3 时 10 分，准许在兖石线的上行线 K63+500—K66+000 段进行施工。驻站联络员刘×于 23 时 46 分，向现场防护员李×传达了调度命令，自 23 日 23 时 40 分开始作业至 24 日 3 时 10 分结束，准许作业人员上道作业。副工长、防护员李×、作业人员陈×接通知后，按照计划上道开始作业，防护员李×、作业人员陈×在大机前（东侧）30 m 左右绑扎电容，副工长离开作业组自己向大机后方走去。作业过程中，驻站联络员刘×于 24 日 0 时 13 分通知现场防护员李×，下行客车 5025 次从鲁舒站发车，24 日 0 时 15 分刘×通知李×列车接近注意安全。

24 日 0 时 20 分左右，现场防护员李×发现下行线 5025 次客车停车，询问驻站联络员刘×停车原因。经值班员联系 5025 次司机，知道撞人了。陈×和李×赶往出事地点检查确认，被撞人是副工长，已死亡。

据现场调查，青岛电务段临沂信号车间平邑信号工区副工长在配合大机施工作业中，在 K64+206 m 处侵入下行线，被通过的 5025 次旅客列车碰撞致死。

二、事故原因

（1）自我保护意识不强。副工长作业中违反《电务人身作业标准》侵入邻线是导致此次事故的直接原因。

（2）段施工监控不到位。本次施工为Ⅲ级施工，青岛电务段未能严格按照路局《JN 铁路局营业线施工安全管理实施细则》（J 铁总发〔2010〕326 号）、《电务系统营业线施工安全监控办法》（J 铁总发〔2011〕315 号）规定，安排段或车间干部进行施工现场监控，仅安排工区工长为施工负责人并负责监控。在施工开始前，又未按规定临时更换施工负责人，致使施工现场监控不到位，现场作业失控，是导致事故发生的主要原因。

（3）施工方案审核把关不严。施工方案中由副工长负责大机后的设备复查，违反了《行车作业人身安全通用标准》（以下简称《人安标》）中"一人作业、一人防护"的规定，形成了单人作业无人防护；车间、段对施工方案的审核把关不负责；施工方案制定的安全措施针对性、操作性不强。以上是造成事故的重要原因。

（4）防护员履职不到位。防护员在施工作业过程中未严格履行防护员职责、认真落实防护员现场联络制度；未能认真执行防护员作业标准，在防护过程中联系、确认不彻底，是造成事故的又一重要原因。

（5）监控大队监控不到位。菏兖日监控大队未能将大机维修作业作为重点施工项目实施现场监控，监控计划安排不合理。

三、事故教训

"4.24"职工死亡事故，是继"3.14""3.16"事故之后，再次发生的因施工作业诱发的铁路交通事故。事故的发生不仅存在上述分析的主要原因和重要原因，而且暴露出部分单位没有真正汲取"3.14""3.16"事故教训，没有切实把其他系统发生的事故当作自己的事故认真对待，做到眼睛向内、举一反三，充分反映出当前各级干部中存在的作风不实、工作漂浮的突出问题。对此，各级干部、各系统必须引起高度重视，痛定思痛，切实汲取事故惨痛教训，切实转变干部作风，切实强化施工安全管理。

（1）施工方案审核把关不严是应汲取的深刻教训。施工方案的严细周密是确保施工安全有序可控的源头，施工方案编制的严肃性和安全措施针对性不强，车间、段、相关业务处对施工方案逐级审核把关不严，给施工安全埋下严重隐患。

（2）施工监控问题是应汲取的又一深刻教训。这起事故反映出青岛电务段对配合施工领导思想不重视，不按规定落实段或车间干部现场监控，致使施工现场管理和监控不到位。这一问题带有一定的倾向性，部分单位在落实干部监控方面，不是坚持"职级就高"的原则，而是采取以"低职代高职"的做法。施工临时变更施工负责人，不能认真履行报告、批准程序，施工委托书制度流于形式。监控大队对施工作业重点把握不准，不能合理调配监控力量并对重点施工作业实施有效监控。

四、事故定性定责

1．事故定性

依据《铁路交通事故调查处理规则》第十三条规定，构成一般 B 类铁路交通事故，B1 项。

2．事故定责

依据《铁路交通事故调查处理规则》第四十九条规定，事故调查组认定该事故系因违标和管理不到位造成的责任铁路交通事故，定青岛电务段全部责任。

五、整改措施

（1）强化职工遵章守纪意识，深入开展风险辨识。一是立即将事故进行通报，并记名式传达到每名干部、职工，开展一次全员事故案例安全警示教育，警醒干部职工深刻吸取事故教训，使所有干部职工切实认识到劳动安全涉及个人生命、家庭幸福，将以人为本落实在行动中。二是立即针对劳动安全开展安全隐患排查，以强化《人安标》为切入点，针对六大伤害，分析风险源点，开展危害辨识，制定对策措施，实现关口前移，初步形成劳动安全风险管理体系，并在各系统全面实施。

（2）加强施工过程控制。一是严格按照《JN铁路局营业线施工安全管理实施细则》（J铁总发〔2010〕326号）规定，在安排干部施工监控人员时，必须坚持"职级就高"的原则，坚决杜绝"低职代高职"问题发生，切实履行监控职责。二是施工负责人无特殊情况，不得随意变更，如确需变更时，严格报告、审批程序，严格落实站段长亲自签发委托书制度，坚决杜绝委托书"满天飞"的现象。

（3）加强施工方案管理。一是施工方案制定必须做到严细周密，施工方案编制单位必须建立方案编制会议制度，并严格逐级审批程序。施工方案中必须做到作业负责人、监控人员、作业人员、防护人员职责明确、人员固定。二是施工方案中的安全措施必须结合现场实际和施工特点，不得生搬硬套、格式化，确保安全措施的针对性和操作性。

（4）强化现场作业防护。一是各系统要修订完善驻站联络员、现场防护员一次作业标准和程序，规范驻站联络员和现场防护员的联系用语，规范驻站联络员和现场防护员的通话记录等规定和制度。二是要高度重视驻站联络员和现场防护员的任用，必须选拔业务熟练、责任心强的人员担任防护工作。三是加强防护配品管理，严格检验制度，确保性能良好。驻站联络员要配备使用带有录音功能的对讲机。

（5）强化施工现场检查监控。监控办及各监控大队要深入分析排查月度重点施工项目，按要求参与施工方案审查，对施工安全措施严格把关。各监控大队要认真制定月、周、日施工监控计划，统筹安排监控力量，对重点施工作业项目实施全过程监控，对施工准备、登销记、现场防护、作业安全、干部监控等关键环节实施严格检查监督。监察人员要严格执行现场检查监控和添乘检查作业标准，及时发现和纠正施工作业中各类违章违纪行为，对严重问题及时组织相关单位进行分析，严格追究相关人员责任。

案例四　2012年6月7日青藏铁路致3人死亡较大铁路交通事故

星岛环球网消息：青藏铁路青海段内发生的6.7铁路交通事故原因查明。在基层工作的36名工作人员被追责，分别受到撤职、行政降职、降级、严重警告和调离的处分。

中广网报道，据悉，2012年6月7日9时12分，57907次列车运行至青藏铁路青海境内连湖至欧龙山间下行线K582＋740处时，撞向正在铁路线上作业的3名在职职工，造成其中2人当场死亡，1人在送往医院的途中死亡。

据事故调查组分析的原因称："德令哈工务段泉水梁线路工区'天窗'点外违章使用捣固机等机具上道整治线路病害，违反了《铁路营业线施工安全管理办法》；在现场作业的防护员违反《铁路工务安全规则》，未及时通知现场作业人员下道避车且离岗参与作业，导致防护失效；工区工长擅离职守，离开作业点从事其他工作，致使现场作业失控；值乘司机违反《技规》，在运行中间断瞭望，且在听到撞击异响时臆测行车，既未采取停车措施，也未报告。"

青藏铁路公司据此定责："德令哈工务段负主要责任，追究西宁机务段同等主要责任。"依据青藏铁路公司制定的有关规定，青藏铁路公司安全监察室、工务部、机务部、德令哈工务段、西宁机务段等部门的36人分别受到撤职、行政降职、降级、严重警告和调离的处分。

案例五　2012年8月22日四平工务段铁路交通较大事故

8月22日6点10分，SY铁路局四平工务段郭家店工区代工长带领9名线路工共10人由工区乘坐四轮农用车到京哈下行线K912—K915段进行捣固作业，由于当时下雨，路不好走，四轮农用车又发生故障，工区于7点10分到达K912+800处进入线路。7点15分作业人员在K912+910处开始上道作业，事故发生时他们正在下行线K912+880m处进行紧固钢轨扣件作业，现场防护员站在K912+910处上行线路肩上进行防护。7点32分，上行11102次货物列车通过作业地点，将在下行作业的作业人员与现场防护员隔开，此时，下行线87021次货物列车开来，由于作业人员失去防护，4名线路工来不及下道，被通过的87021次货物列车撞上，造成3名作业人员抢救无效死亡，1名作业人员重伤，构成铁路交通较大事故。

事故处理：给予SY铁路局工务处处长记大过处分；给予工务处主管维修副处长兼线路科科长撤职处分；给予四平工务段段长、书记撤职处分；给予四平工务段主管维修副段长和主管安全副段长撤职处分；对车间主任、代理工长、防护员等责任人移交公安机关依法从重处理；主管工务副局长报铁道部处理。

案例六　2008年2月3日沪昆铁路小鸡街站货运列车溜逸事故

2008年2月3日凌晨6时22分，停留在沪昆铁路线云南宣威小鸡街站的一列货运列车发生溜逸，造成重大安全事故。多节车厢脱线倾覆，并撞毁宣威市双龙街道办事处龙华村两户民房，致使2人死亡、2人受伤、2人失踪，贵昆线一度中断正常运行。

上午10时，省政府接到KM铁路局紧急报告后，省委副书记、省长率副省长等省级有关部门负责人赶赴事故现场，察看事故情况，指导和组织救援工作，慰问龙华村群众。省领导顾不上吃中饭，便来到宣威市第一人民医院看望了受伤群众。与此同时，受铁道部委托，正在成都的铁道部副部长也迅速赶到宣威，部署指挥现场救援工作，看望慰问伤员。

下午2时30分，省政府和铁道部在宣威召开紧急会议，听取KM铁路局、宣威市关于事故情况汇报，部署救援、恢复运输和事故处理等工作。省长在讲话中说，这起严重的安全事故，致使贵昆线一度中断，经济损失严重，也给人民生命财产造成了重大损失。事故发生后，铁道部门与地方各级党委政府紧密配合，迅速开展救援工作，对事故的处理是及时、有效的，避免了造成更大的损失和更严重的后果。省长强调，各级各有关部门要进一步强化安全管理措施，切实做到责任到人、监管到人，确保全省春运交通安全。一是要抓紧抢修受损的铁路线，尽快恢复贵昆线正常通行；二是继续做好事故现场清理工作，千方百计搜寻失踪人员，同时注意救援人员的安全；三是努力救治好伤员，做好死者的善后工作；四是要举一反三，认真吸取教训，进一步检查落实好道路安全生产各项措施。省长要求，省级有关部门和曲靖、宣威各级地方政府要全力配合铁道部，做好事故处理工作。

铁道部副部长对云南省委、省政府高度重视事故救援，地方各级党委、政府密切配合、共同做好救援工作表示衷心感谢，并向受害群众表示深深歉意，向死难群众致以深切哀悼。他说，这次事故暴露了铁路方面在安全管理上存在的问题，一定要认真总结，抓好检查落实，确保春运畅通、安全。他要求 KM 铁路局全体干部职工要坚守岗位，全面落实各项安全措施，严防货运车列溜逸事故的再次发生，以最快速度搜救失踪人员，全力以赴抢救伤员，尽快开通受影响线路，全力做好安全生产、事故救援和运输保通工作。

据介绍，事故发生后，KM 铁路局和曲靖、宣威市委、市政府立即启动应急预案；安监、公安、卫生等职能部门第一时间赶到现场开展工作，组织有关部门、公安干警和当地群众共 500 多人积极参与救援，及时救治受伤群众。截至下午 2 时 46 分，事故地点的铁路线已恢复开通，搜救失踪人员的工作仍在进行，事故原因尚未查明。

案例七 2010 年 1 月 20 日襄渝台 K358 次列车运缓事故

一、基本情况

1 月 20 日，临巴溪站 23:10 分至 21 日 3:00 分重庆电务段进行道岔 ZY4 改 ZYJ7 提速施工，停止下行线接发列车及调车作业，上行线接车使用引导信号，正方向发车采用绿色许可证。K358 次在临巴溪站（2:10 开）至三汇镇站（3:36 到）间运行 1 小时 26 分，运缓 1 小时 11 分。

二、问题分析

21 日 0:23，10901 次列车反方向行车后，因设备原因，上行区间 12 架通过信号无法恢复正常使用（无显示），电务、车站也没有及时将情况汇报调度员，调度员也没有认真了解情况、查看调监，盲目使用绿色许可证将 K358 次列车发出，导致列车在区间每架信号机前停车，最后区间运缓 1 小时 11 分。

三、处罚决定

按《调度所管理细则》159 页第 8 条第 10 项规定，对襄渝台列车调度员罚款 50 元。

四、规章学习

《技规》第 246 条、250 条、251 条对自动闭塞区段行车凭证做出了明确规定：

第 246 条：遇下列情况，应停止使用基本闭塞法，改用电话闭塞法行车。基本闭塞设备发生故障导致基本闭塞法不能使用、自动闭塞区间内两架及以上通过信号机故障或灯光熄灭时。自动站间闭塞设备故障，半自动闭塞设备良好时，可根据调度命令改按半自动闭塞法行车。

第 250 条：自动闭塞区段遇下列情况发车的行车凭证，在三显示区段规定见表 9-1。

表 9-1　自动闭塞区段（三显示）特殊情况行车凭证表

列车出发情况	行车凭证	发给行车凭证的依据	附带条件
1. 出站信号机故障时发出列车 2. 由未设出站信号机的线路上发出列车 3. 由未设出站信号机的线路上发车	绿色许可证	1. 监督器表示第一个闭塞分区空闲，不表示时为接到列车到达邻站的通知或前次列车发出后不少于 10 min 的时间 2. 确认道岔位置正确及进路空闲 3. 单线须取得对方站确认区间内无迎面列车的电话记录	从监督器上不能确认第一个闭塞分区空闲时，车站须书面通知司机，以在瞭望距离内能随时停车的速度，最高不超过 20 km/h，运行到第一架通过信号机，按其显示的要求执行
4. 发车进路信号机发生故障时发出列车 5. 超长列车头部越过发车进路信号机发出列车	绿色许可证	确认道岔位置正确及进路空闲	列车到达次一信号机按其显示的要求执行
6. 自动闭塞作用良好，监督器故障时发出列车 7. 双线双向闭塞设备的车站，反方向发出列车	出站信号机显示的允许运行的信号	1. 区间占用表示灯表示区间空闲 2. 双线反方向行车的调度命令	与邻站车站值班员及本站信号员联系 反方向发车进路表示器显示一个白色灯光（进路表示器故障时通知司机）

第 251 条：自动闭塞区间通过信号机显示停车信号（包括显示不明或灯光熄灭）

时，列车必须在该信号机前停车，司机应使用列车无线调度通信设备通知车辆乘务员（随车机械师）。停车等候 2 min，该信号机仍未显示进行的信号时，即以遇到阻碍能随时停车的速度（最高不超过 20 km/h）继续运行越过该闭塞分区，运行到次一通过信号机（进站信号机），按其显示的要求运行。在停车等候的同时，与车站值班员、列车调度员、前行列车司机联系，如确认前方闭塞分区内有列车时，不得进入。

装有容许信号的通过信号机显示停车信号时，准许铁路局规定停车后起动困难的货物列车在该信号机前不停车，按上述速度通过。当容许信号灯光熄灭或容许信号和通过信号机灯光都熄灭时，司机在确认信号机装有容许信号时，仍按上述速度通过该信号机。

装有连续式机车信号的列车，遇通过信号机灯光熄灭而机车信号显示进行的信号时，应按机车信号的显示运行。

司机发现通过信号机故障时，应将故障信号机的号码通知前方站（列车调度员）。车站值班员（列车调度员）发现或得到区间通过信号机故障的报告后，在故障修复前，对尚未进入区间的后续列车改按站间组织行车。

五、采取措施

为确保列车安全正点和良好的运行秩序，列车调度员应加强与现场行车有关人员联系，及时布置重点工作。

调度指挥必须坚持安全生产。各级调度人员应做到：

（1）熟悉有关站段及列车的技术设备、作业过程、各项技术作业标准及各站接发列车的有关规定，正确指挥列车运行。

（2）值班中要精力集中、坚守岗位、严格遵守规章制度，及时、正确处理问题。

（3）遇有施工慢行、设备故障、"天窗"施工、区间装卸、天气不良、铁路交通事故等情况和对区间封锁、开通的处理，列车调度员要严格遵守有关规定，值班主任（值班副主任）应加强检查，调度台监控人员要加强监控。双线反方向行车必须确认区间空闲。

案例八　2010 年 1 月 11 日列车冒进出站信号机的一般 C 类事故

2010 年 1 月 11 日 22 时 26 分，沪昆线 D5556 次列车在嘉兴东站发生了冒进出站信号机的一般 C 类事故。

一、事故概况

2010年1月11日，SH局上海机务段双班单司机冯×、李×值乘温州南—上海南间D5556次列车，指导司机张×添乘。当列车运行至嘉兴东站外时，车站告知司机嘉兴东站2道停车，在列车进站停车过程中，嘉兴东站使用列车无线调度通信设备向司机转达5009#调度命令："准许动车D5556次嘉兴东站至嘉善站间利用下行线反方向运行"，22时24分30秒，列车在嘉兴东站2道停车。22时25分05秒，司机对LKJ进行"虚拟路票"操作，并对监控装置进行了解锁。22时25分23秒，列车起动。22时26分39秒，嘉兴东站呼叫司机停车。22时26分43秒，列车停于K106+307处，越过嘉兴东站2道出站信号机251m。22时31分41秒，列车后退至嘉兴东站2道。

二、原因及教训

1．错误将调度命令当作反方向行车凭证

根据《技规》第181条规定："双线反方向行车及由双线改为单线或恢复双线行车须发布调度命令"，但调度命令不能作为反方向行车凭证。根据《技规》第250条规定"双线双向闭塞设备的车站，反方向发出列车，行车凭证为出站信号机的绿色灯光"。同时，《技规》第288条规定："司机必须确定占用区间行车凭证及发车信号或发车表示器显示正确后，方可起动列车"。但该机班错误将调度命令当作反方向行车凭证，不确认发车信号显示，盲目起动列车，是导致此次事故的直接原因。

2．没有进行车机联控

该机班在没有得到发车信号的情况下，没有主动联控车站确认发车进路，直接起动列车，也是导致此次事故的主要原因。

3．非正常情况下行车培训不到位

此次事故暴露出指导司机和机车乘务员对非正常行车办法不熟悉，特别是对反方向的行车办法、行车凭证不掌握，对相关规章制度不清楚，反映了机车乘务员尤其是运用安全干部的业务培训还存在相当大的不足。

三、有关要求

D5556次列车冒进信号机事故性质严重，影响恶劣，必须引起全路机务系统的高度重视和警觉。

（1）各铁路局接电后，要立即将此次事故的概况、原因及教训记名传达到每名机车乘务员和运用安全干部，深刻吸取事故教训。

（2）各铁路局必须加强非正常情况下行车办法的针对性培训，尤其要把"路票""绿色许可证""调度命令"的适用条件及有（无）双向自动闭塞设备的双线区间反方向发车条件作为培训重点，对日常发生的非正常情况逐一进行分析和整理，深入开展案例教育，并将非正常行车办法和关键作业环节制成卡片，下发到每名机车乘务员手中。

（3）各铁路局要以动车组指导司机位重点，立即组织一次对指导司机的业务鉴定，从理论、实作等方面逐人进行打分、排序，实行严格的尾数淘汰机制。

（4）各铁路局要切实加强对运用安全干部的业务培训，定期组织考试，不断提高其业务素质和指导水平。

案例九　2021 年 6 月 4 日 K596 次旅客列车与跨越线路的作业人员发生相撞事故

2021 年 6 月 4 日 5 时 18 分，甘肃省金昌市境内兰新线 K596 次旅客列车运行至玉石至金昌站间与跨越线路的作业人员发生相撞，造成 9 人死亡，构成铁路交通较大事故。

一、事故基本情况

1．事故概况

2021 年 6 月 4 日 5 时 18 分，中国铁路 LZ 局集团有限公司武威工务段金昌车间在兰新线玉石至金昌站间下行线进行线路机械维修作业，因捣固稳定车临时故障，作业负责人在组织作业人员转场跨越铁路线路时，跨线人员与 K596 次旅客列车发生相撞，造成 9 人死亡。

2．事故发生经过

按照维修计划，此次维修作业共有两台捣固稳定车配合作业，分别从 K361＋850 处、K364＋500 处开始自东向西进行机械维修作业。

6 月 4 日 2 时 54 分，武威工务段金昌线路车间副主任张×作为作业负责人，组织车间参与作业人员召开维修作业准备会，部署维修作业组织方案和人员分工，共有 5 名武威工务段职工和 18 名劳务工参与 K361＋850 处机械维修作业，指定周×为带班人员。因作业地段处于曲线和通信不良地段，将负责作业人员防护的防护员调整为中间防护员，将负责应急组的防护员调整为负责作业人员防护的防护员。

6月4日4时20分，按照武威工务段驻站联络员登记请求，玉石站车站值班员向列车调度员申请，列车调度员发布调度命令，自接令时起封锁金昌站至玉石站间下行线，准许武威工务段在K360＋000—K368＋000段进行线路机械维修作业，限7时22分维修完毕。

6月4日4时38分，作业负责人张×带领作业人员从K361＋900处上行线一侧作业门进入防护网，跨越上下行线，沿路肩行走到K361＋850处作业地点。

6月4日4时48分，捣固稳定车按作业计划从玉石站运行至K361＋850处开始作业。

6月4日5时04分，捣固稳定车发生蓄能器漏油故障，无法继续作业。

6月4日5时09分，驻站联络员通知现场防护员，K596次旅客列车玉石站预告，05时10分通过玉石站。

6月4日5时15分，捣固稳定车作业现场防护员王×两次确认收到K596次旅客列车接近信息。

6月4日5时16分，确认捣固稳定车故障无法修复，不能继续作业，作业负责人张×下达作业人员向K364＋500处作业地点转移指令，安排带班人员周×带领15名作业人员跨越上下行线，从K361＋900处作业门出防护网乘汽车前往K364＋500处参与作业，指定原跟随捣固稳定车移动防护的防护员王×负责转场跨线作业人员防护。之后，防护员王×、带班人员周×带领15名作业人员走到故障捣固稳定车东侧5m位置（K361＋820处）路肩上。准备跨越线路期间，作业负责人张×3次催促跨线。

6月4日5时18分，负责作业人员防护的王×仍在与中间防护员联控K596次旅客列车位置，在中间防护员没有应答的情况下，没有下达禁止跨线的指令，也没有阻止人员跨线。带班人员周×在没有确认有无列车通过的情况下，盲目组织跨线人员跨线。由于瞭望视线被故障捣固稳定车阻挡，跨线人员跨越线路前未看到接近的K596次旅客列车，在跨越上行线的过程中与通过的K596次旅客列车相撞，9名作业人员当场死亡，3名作业人员已跨越通过上行线，另3名作业人员被带班人员周×阻拦在上下行线路间。

二、应急处置情况

事故发生后，K596次旅客列车副司机、车辆乘务员、乘警立刻下车，查看事故现场。司机立即向金昌站报告，并拨打120、110电话请求救援和报警。车站接到报告后立即组织金昌站派出所公安干警等有关人员赶赴事故现场，开展相撞人员抢救工作。经120医务人员确认，9人被撞死亡，其他人员未受伤。现场处置后K596次旅客列车于6时43分区间开车。

中国铁路 LZ 局集团有限公司接到事故报告后，主要负责人带领相关人员赶赴事故现场进行应急和善后处置工作。

中国国家铁路集团有限公司接到事故报告后，主要领导立即赶到应急指挥中心指挥应急救援，并指派一名副总经理带队组成工作组赶赴事故现场，指导 LZ 局集团有限公司开展应急救援、善后处理、安全稳定、配合事故调查等工作。

LZ 铁路公安局主要负责人赶赴事故现场，组织抽调 120 名干警，成立 8 个工作组，全力投入现场维护、勘查和善后处置工作。

LZ 铁路监督管理局接到事故报告后，立即启动应急预案，主要负责人带领相关人员赶赴事故现场指导事故救援，成立事故调查组开展事故调查。

甘肃省委省政府高度重视，指派省政府领导赶赴现场，指导金昌市委市政府、武威市委市政府全力配合铁路部门开展善后及家属安抚和慰问等工作。

应急管理部派员赶赴事故现场指导应急处置和事故调查工作。

三、事故发生原因和性质、责任认定

1．事故直接原因

维修作业过程中，因捣固稳定车发生故障，作业人员在转场跨线过程中有关人员盲目指挥、联控不彻底、现场防护失效、违章跨越线路是事故发生的直接原因。

（1）带班人员违反《中华人民共和国安全生产法》第五十四条、《铁路安全管理条例》第五条以及《铁路工务安全管理规则》（铁总运〔2014〕272 号）第 3.2.2 条："通过桥梁、道口或横越线路时，应'手比、眼看、口呼'，做到'一停、二看、三通过'，严禁抢越线路"、《LZ 局集团公司工务部门普速铁路劳动安全卡控措施》（工安函〔2020〕66 号）第 6 条："严禁未确认本线或邻线来车，盲目跨越线路"、第 68 条："在作业人员上道及跨线前应选择瞭望条件良好地点跨线"等规定，在带领作业人员跨越线路时，没有确认有无列车通过，违章盲目带领作业人员跨越线路。

（2）现场防护员违反《中华人民共和国安全生产法》第五十四条、《铁路安全管理条例》第五条以及《LZ 局集团公司工务部门普速铁路劳动安全卡控措施》（工安函〔2020〕66 号）第 24 条："防护员在作业时应集中精力，认真瞭望，正确显示和使用信号备品，准确掌握列车运行情况，及时、清晰地向所有作业负责人和带班人员通知开向作业地点的各次列车的预告、开车时分，监督作业人员（机具）及时下道避车"等规定，在明知 K596 列车接近、再次联控未得到答复并确认安全的情况下，没有下达禁止跨线的指令，没有阻止跨线人员跨越线路。

（3）作业负责人违反《中华人民共和国安全生产法》第五十四条、《铁路安全管理条例》第五条以及《铁路营业线施工安全管理办法》（铁运〔2012〕280 号）第 19 条："施工负责人的主要职责：负责施工现场的组织指挥工作，指挥现场施工、安排施工防护，确认放行列车条件；负责总结分析施工组织、进度和安全等情况，对施工现场的安全负责"等规定，没有布置跨越线路安全注意事项，不遵守现场防护规定，盲目催促转场人员跨越线路。

2．事故性质和责任认定

依据《铁路交通事故应急救援和调查处理条例》（国务院令第 501 号）第十一条和《铁路交通事故调查处理规则》（铁路总公司令第 30 号）第十条、第四十九条规定，该起事故为铁路交通较大责任事故，中国铁路 LZ 局集团有限公司负全部责任。

四、事故暴露出的问题

1．现场作业标准执行不到位

武威工务段基本作业制度不落实。一是现场防护人员、带班人员安全意识淡薄，落实作业标准不彻底，不按规定履行岗位职责；二是作业负责人不按既有方案指挥作业，违章临时变更方案、调换防护和带班人员；三是非正常应急处置不到位，在捣固稳定车发生故障、组织转场跨线作业时，没有制定应急处置方案和提出安全注意事项。

2．现场作业安全风险管控不到位

武威工务段没有结合作业现场实际开展安全风险预想预判。一是未针对下行线无作业门需跨越上行线制定针对性措施；二是未结合施工地点处于连续曲线区段，存在安全防护视线范围受限的问题制定卡控措施；三是施工防护方案存在漏洞，联控环节过于复杂，信息传递冗长，对讲机通话频道繁忙，存在关键行车信息漏传、传递链条不稳定的情况。

3．维修作业管理不到位

中国铁路 LZ 局集团有限公司有关部门、武威工务段对车间组织的营业线维修作业标准不执行、现场管控不到位等问题失管失察，业务指导、监督检查等工作不到位。武威工务段未按规定组织对参与作业的劳务工进行安全教育培训。

参考文献

[1] 中国铁路总公司. 铁路技术管理规程（普速铁路部分）[M]. 北京：中国铁道出版社，2014.

[2] 中华人民共和国铁道部. 特别重大事故调查程序暂行规定 铁路行车事故处理规则[M]. 北京：中国铁道出版社，1999.

[3] 中华人民共和国铁道部. 列车运行图编制管理规则[M]. 北京：中国铁道出版社，2008.

[4] 《技规》条文说明编写组.《铁路技术管理规程》条文说明（上册）[M]. 北京：中国铁道出版社，2014.

[5] 《技规》条文说明编写组.《铁路技术管理规程》条文说明（中册）[M]. 北京：中国铁道出版社，2014.

[6] 《技规》条文说明编写组.《铁路技术管理规程》条文说明（下册）[M]. 北京：中国铁道出版社，2014.

[7] 胡德臣. 技规导读[M]. 北京：中国铁道出版社，2000.

[8] 徐志胜，姜学鹏. 安全系统工程[M]. 2版. 北京：机械工业出版社，2012.

[9] CTCS-2 级列控系统[J]. 郑铁科技通讯，2007，（2）：13-15.